KB061470

사기의 숲에서
사람을 배우다

사마천이 가르쳐주는 거의 모든 인간사의 해법

史記

사기의 숲에서
사람을 배우다

사마천이 가르쳐주는 거의 모든 인간사의 해법

신동준 지음

위즈덤하우스

《사기》, 인간사의 지혜를 말하다

사마천은 태사령太史令으로 있던 부친 사마담의 유언을 좇아 궁형宮刑의 치욕을 견디며 《사기》를 탈고한 것으로 유명하다.

사마천은 사마담의 벼슬을 물려받아 태사령으로 복무하던 중 이릉李陵 사건에 연루되었다. 흉노족의 포로가 된 장군 이릉을 홀로 두둔하다가 당시 황제인 무제武帝의 노여움을 사 관직에서 파면당하고 사형에 처하게 되었다. 그는 남성의 기능을 제거하는 궁형을 자처해 죽음을 면했는데, 당시 사람들은 궁형을 죽음만도 못한 것으로 여겼다. 그는 궁형을 당한 후 친구 임안에게 보낸 〈보임안서〉에서 최악의 치욕을 감내한 배경을 다음과 같이 설명했다.

사람은 죽기 마련이다. 그러나 태산보다 무겁게 죽기도 하고, 기러기 깃털보다 가볍게 죽기도 한다. 인생관이 다르기 때문이다.

사마천은 《사기》의 저술을 마무리 짓기 위해 '태산보다 무겁게 죽는 길'을 택했다. 《사기》에 자신의 모든 삶을 바친 셈이다. 많은 사람이 《사기》를 두고 부친 사마담의 유한遺恨과 사마천 개인의 통한을 승화시킨 천고의 역저로 평하는 이유다.

또한 사마천은 장자莊子처럼 왕조의 창업이 나라를 훔친 뒤 자신들의 찬역 행위를 인의로 포장하는 것에 불과하다는 것을 통찰했다. 〈자객열전刺客列傳〉과 〈유협열전游俠列傳〉 등을 잇달아 편제한 것에서 그의 의중을 짐작할 수 있다. 다음은 〈유협열전〉의 한 구절이다.

사람들은 흔히 "무엇으로 인의를 알 수 있는가? 나에게 이익을 준 자가 곧 유덕자有德者다"라고 말한다. 백이와 숙제는 주나라의 은나라 찬탈에 반발해 수양산에서 굶어 죽었지만 후대인은 이를 이유로 주문왕과 주무왕을 비난하지 않았다. 도척은 흉포한 자였지만 그 무리는 그의 의리가 무궁하다고 칭송했다. 이를 보면 '갈고리를 훔치는 절구자竊鉤者는 주륙을 당하지만 나라를 훔치는 절국자竊國者는 왕후장상이 된다. 왕후장상이 되는 자의 집에 곧 인의가 존재한다'는 말은 결코 허언이 아니다.

〈유협열전〉의 이 대목은 위정자들의 위선적인 인의를 폭로한 천고의 명언에 해당한다. '절구자'와 관련된 부분은 원래 《장자莊子》〉거협胠篋〉에 나오는 말이다. 왕조가 뒤바뀌는 난세에는 군웅들 모두 겉으로는 인의를 내걸고 나라와 백성을 구해야 한다고 떠벌린다. 그러나 그 내막을 보면 인의는 양두구육羊頭狗肉에 지나지 않는다. 이기면 모든 것이 미화되어 '만세의 구세주'가 되고, 패하면 모든 것이 폄하되어 '만고의 역적'이 된다.

장자와 사마천 모두 권력의 흑막을 통찰했다는 점에서 같다. 다만 난세의 시기를 사는 해법이 달랐을 뿐이다. 장자는 세속의 명리를 초월한 가운데 천지자연과 함께 청고한 도인의 삶을 사는 무위자연無爲自然을 주장했다. 이에 반해 사마천은 절국자에게 머리 숙일 필요 없이 부를 쌓아 사실상 제후나 다를 바 없는 소봉素封으로 살 것을 권했다.

장자와 사마천은 인의의 가면 뒤에 숨어 있는 역사의 실체와 권력의 흑막을 통찰했다는 점에서는 궤를 같이한다. 장자는《장자》〈도척盜跖〉에서 도척과 공자를 등장시켜 이를 풍자했고, 사마천은 〈유협열전〉을 통해 자신에게 덕을 베푼 사람이 인의를 행하는 사람이라는 뜻의 향리유덕饗利有德이라는 표현으로 이를 풍자했다. 두 사람 모두 군자들의 가면을 벗겨내 역사의 실체와 권력의 흑막을 폭로한 것이다. 이들의 이런 폭로는 세인들의 입장을 대신한 것이기도 했다.

《사기》의 또 다른 특징 중 하나는 바로 현실을 중심에 둔 서술이다. 한고조 유방과 맞서 싸운 항우의 사적을 세가가 아닌 본기에 실었을 뿐 아니라 〈고조본기高祖本紀〉 앞에 배치한 것이 대표적인 예다. 비록 패하기는 했으나 한때나마 유방에 앞서 천하를 호령한 사실을 적극 수용한 결과다. 2대 황제인 한혜제漢惠帝를 명목뿐인 허수아비 황제로 간주해 본기를 편제하지 않은 것은 물론, 사실상의 여제女帝로 군림해 후대인의 지탄을 받은 여후呂后를 본기에 편제한 것도 같은 맥락이다. 《사기》가 전한의 7대 황제인 한무제 때 집필된 점을 감안할 때 위험하다고도 할 수 있는 편제였다. 하지만 이는 사마천이《사기》를 집필할 때 역사적 사실과 정치현실을 중시한 결과로 볼 수 있다.

세가의 편제도 유사한 맥락에서 이해할 수 있다. 공식적으로는 제후들의 사적에 대한 기록이라고 밝혔음에도 제후가 아니었던 공자孔子는 물론 반란군의 괴수에 지나지 않은 진승陳勝을 세가에 넣었다. 실제로《한서》를 쓴 반고는 이를 문제 삼기도 했다. 그러나 공자는 중국뿐 아니라 동아시아 전체를 통틀어 만세萬世의 사표師表로 칭송받은 인물이다. 사마천이 공자를 열전이 아닌 세가에 편제한 것 역시 공자의 학문과 사상적 업적이 그 어떤 인물보다 더 위대하다는 판단에 따른 것이다. 사마천은 자공子貢을 비롯해 자로子路와 안회顏回 등 공자 제자들의 사적을 따로 〈중니제자열전仲尼弟子列傳〉에 수록했다. 제후도 아닌 인물을 그의 제자들과 함께 세가와 열전에 따로 나누어 기록한 것은 공자가 유일하다.

본기와 세가 및 열전은 형식적인 차이가 있음에도 뛰어난 인물의 경우는 일종의 전기傳記 형식을 띠고 있다는 점에서 동일하다. 그렇기에 이 책에서는 춘추전국시대와 초한지제 및 전한시대를 대표하는 16인을 형식에 구애받지 않고 선정한 뒤 그들의 장단점 분석을 통해 인간사의 요체를 정밀하게 추적했다.

이 책에서 선정한 16인은 각 시기를 대표하는 인물들이다. 이들의 파란만장한 삶 속에는 난세의 시기에 등장할 수 있는 온갖 종류의 계책이 가득하다. 그들이 자기 앞에 주어진 문제들을 해결하는 방식을 살펴보면 난세에 비견되는 작금의 현실에 적용할 만한 것들이 매우 많다. 부디 이 책이 현대라는 난세를 슬기롭게 헤쳐나갈 지략을 터득하는 데 일조할 수 있기를 기원한다.

2015년 겨울 학오재學吾齋에서
신동준

【목차】

제1장

관중,
균등한 분배가 곧
가장 큰 이득을 얻는 길이다

사람은 성과로 평가받는다

—

제나라의 명재상 관중管仲은 《관자管子》에서 농상병중農商竝重을 통해, 백성을 부유하게 만드는 것이 나라를 부유하게 만들고 군대를 강하게 하는 길이라고 역설했다. 또한 그는 사상 최초의 정치경제학파인 상가商家를 창립한 인물로 평가받는데, 《사기》〈화식열전貨殖列傳〉은 《관자》에서 출발한 상가 이론을 집대성한 것으로 유명하다.

관중은 제자백가의 효시이며, 그의 사상은 법가와 유가, 도가 등이 모두 섞여 있다. 그는 중국의 정치사와 사상사를 논할 때 반드시 짚고 넘어가야 할 중요한 인물로 간주된다. 공자가 《논어》에서 제자들과 함께 관중을 수시로 언급하며 '진정한 의미의 인仁'을 논한 것이 그 증거라고 할 수 있다. 춘추전국시대 당시 순자, 한비자韓非子 등도 난세를 평정한 관중의 뛰어난 업적에 공명했다.

그런데 《논어》를 보면 공자가 관중을 두고 엇갈리게 평가한 대목이 있다. 먼저 〈팔일八佾〉에서는 관중을 크게 비판한 일화가 나온다.

"관중은 그릇이 작구나."

이를 듣고 어떤 사람이 물었다.

"관중은 검소합니까?"

"관중은 여러 부인을 두었으니 어찌 검소할 수 있는가?"

어떤 사람이 다시 물었다.

"그러면 관중은 예를 압니까?"

공자가 대답했다.

"군주만이 안이 들여다보이지 않도록 세문塞門을 설치할 수 있는데도 그 또한 이를 두었다. 군주만이 제후 사이의 친선을 도모할 때 술잔을 돌려놓기 위한 반점反坫을 둘 수 있는데도 그 또한 이를 두었다. 그런데도 그가 예를 안다면 누가 예를 알지 못한다고 하겠는가?"

공자는 관중의 직분에 어울리지 않는 사치를 통렬하게 지적한 것이다. 이와 정반대로 〈헌문憲問〉에는 관중의 업적을 높이 평가한 일화가 나온다.

하루는 제자 자로가 공자에게 말했다.

"제환공 소백小白이 공자 규糾를 죽였을 때 공자 규의 신하 소홀召忽은 그를 위해 죽었으나 관중은 그를 위해 죽지 않았습니다. 그러니 관중을 어질지 못하다고 해야 할 것입니다."

공자가 말했다.

"제환공이 제후들을 규합하며 병거兵車를 동원하지 않은 것은 모두 관중의 공이다. 그 누가 그의 인仁만 하겠는가!"

관중의 패업 자체를 높이 평가하고 나선 것이다. 공자는 왜 관중에 대해 이같이 엇갈린 평을 한 것일까? 〈헌문〉의 다른 대목에서 그 이유를 짐작하게 하는 일화가 나온다.

하루는 자공이 공자에게 말했다.

"관중은 어진 자가 아닌 듯합니다. 제환공이 공자 규를 죽일 때 주군을 좇아 죽지 못하고 제환공을 섬겼으니 말입니다."

공자가 말했다.

"관중은 제환공을 도와 제후들을 단속하고, 일거에 천하를 바로잡는 일광천하一匡天下의 업적을 이루었다. 덕분에 백성들이 지금까지 그 혜택을 받고 있는 것이다. 그가 없었다면 우리는 지금 머리를 풀고 옷깃을 왼편으로 여미는 오랑캐가 되었을 것이다. 어찌 그를 필부匹夫가 작은 절개를 위해 목숨을 끊는 것에 비유할 수 있겠는가?"

공자는 관중이 천하를 바로잡고 외적의 침입으로부터 중원을 수호한 점을 높이 산 것이다. 이는 관중의 업적을 왕실을 보호하고 중원문화를 지킨 존왕양이尊王攘夷로 평가한 데 따른 것이다.

공자가 관중의 비례非禮를 지적하면서도 그가 이룩한 공업功業을 높이 산 것을 두고 흔히 일포일폄一襃一貶이라고 한다. 하지만 관중에 대한 공자의 일포일폄은 폄貶보다는 포襃에 무게를 둔 것이다. 공자 규를 모시던 소홀이 주군을 좇아 죽은 것을 두고 '필부의 작은 절개'에 비유한 것은 관중의 사치와 비례는 시비를 걸 것도 없다는 취지를 드러낸 것이나 다름없다.

일의 근본이 어디에 있는지 생각하라

—

관중은 부국강병을 기치로 내걸고 이를 실현시킨 최초의 사상가에 해당한다. 특히 주목할 점은 백성을 부유하게 만드는 부민을 생략한 채 곧바로 부국강병으로 나아가고자 한 제환공의 성급한 행보를 제지하고 부민을 관철시킨 점이다.《관자》〈치국治國〉에 이에 관한 내용이 나온다.

무릇 치국의 길은 반드시 우선 백성을 잘살게 하는 데서 시작한다. 백성들이 부유하면 다스리는 것이 쉽고, 백성들이 가난하면 다스리는 것이 어렵다.

관중의 사상을 관통하는 가장 중요한 이념 가운데 하나가 바로 부민이다. 부민은 부국강병의 대전제에 해당한다. 이는 부민이 이루어져야 부국이 가능하고, 부국이 가능해야 강병이 실현된다는 지극히 간단한 이치에 기초를 둔다. 이에 관한 매우 유명한 대목이 《관자》 〈목민牧民〉에 나온다.

창고 안이 충실해야 예절을 알고, 의식이 족해야 영욕을 안다.

여기에서 말하는 예절은 예의와 염치의 도덕적 가치, 영욕은 귀하고 천함의 국법질서와 존엄을 말한다. 관중은 국가가 존립하기 위해서는 백성들 개개인이 예의와 염치를 좇고 국법의 질서와 국가의 존엄을 이해하는 지례지법知禮知法이 전제되어야 한다고 설파한다. 지례지법은 곧 나라의 부강을 의미한다. 여기서 지례지법을 달성하는 데 관건이 되는 것은 창고를 채우고 백성들을 배불리 먹이는 실창족식實倉足食의 여부다. 관중은 나라를 다스리는 요체로 '부민은 곧 부강'이라는 도식을 제시한 것이다.

관중은 일련의 중본억말重本抑末 정책으로 부민 철학을 구체화했다. 중본억말 정책에서 말末과 관련해 그가 시행한 일련의 정책을 보면 부민의 정신이 더욱 뚜렷하게 나타난다. 많은 사람들이 중본억말의 말을 상업으로 이해하고 있으나 이는 잘못된 것이다. 관중이 반대한 것은 사치소비재의 생산 및 유통과 고리대 이식을 주업으로 하는 금융서비스 산업이다. 이들 산업을 백성들의 생산의욕을 저하시켜 나라의 부강을 가로막는 걸림돌로 본 것이다. 제1, 2차 산업이 제대로 육성되지 않은 상태에서 금융서비스 산업을 기반으로 하는 제3차 산업이 기형적으로 비대해질 경우 경제는 이내 파탄이 날 수밖에 없다.

관중이 제3차 산업에서 중시한 것은 수재輸財였다. 이는 물류物流와 인류人流를 포함한 것이다. 일반 재화를 비롯해 인력 및 정보의 신속하고도 원활한 유통을 의미한다.

중본과 억말은 불가분의 관계를 맺고 있다. 제조업 분야의 생산력 증대와 이를 지원하기 위한 재정 분야의 건전화 정책이 이를 뒷받침한다. 염철鹽鐵에 세금을 부과해 재정을 충당한 것이 그 실례다.

소금과 철은 농민들의 입장에서 일상생활에 빼놓을 수 없는 것이다. 관중은 이 두 가지에 세금을 부과한다면 다른 모든 세금을 없앨지라도 능히 국가재정을 충당할 수 있다고 주장했다.

제1, 2차 산업의 생산력 증대는 필연적으로 물류 및 인류의 원활한 흐름을 자극할 수밖에 없다. 이에 그는 제나라로 들어오거나 제나라에서 빠져나가는 모든 물류 및 인류에 대한 관세를 철폐했다. 이로 인해 열국을 넘나들며 장사를 하는 상인들이 제나라의 도성인 임치성에 몰려든 것은 말할 것도 없다. 임치성은 전국시대 말기까지 가장 번화한 도시로 존재했다. 학자들은 임치성에 대략 10만 명 이상의 인구가 상주했던 것으로 보고 있다. 물류와 인류의 원활한 유통이 이루어지자 농민은 물론 상공업자들의 자본과 기술이 제나라로 물밀듯이

유입되었다. 또한 관중은 금융자산으로 거품경제가 생성될 것을 우려했다. 이에 그는 금·은 등의 유동성 재화가 곡물·염철 등의 제1, 2차 산업 생산물보다 비싸지 않도록, 시장에 적극 개입해 가격변동 등을 조정해 백성의 생활이 안정되도록 했다.

남는 것은 덜고 부족한 것은 보탠다

관중의 저서《관자》에는 유가와 도가, 법가, 병가 등 제자백가의 사상은 물론 그 이후의 제왕학 이론까지 빠짐없이 수록되어 있다. 전한시대 말기까지 후대인에 의해 꾸준히 보완이 이루어진 덕분이다. 보완 작업은 무려 800년의 장구한 세월에 걸쳐 이루어졌다.

《관자》는 정치와 경제, 외교, 군사 등 21세기에도 극히 중시되는 모든 부문을 깊숙이 논하고 있다. 춘추전국시대의 제자백가를 논할 때 반드시 그를 짚고 넘어가는 이유다. 주목할 것은 방대한 분량의《관자》가 전체 분량의 절반가량을 정치·경제에 관한 논의에 할애하고 있는 점이다.《관자》를 사상 최초의 정치·경제학 텍스트로 간주하는 것도 바로 이 때문이다.

관중을 효시로 하는 상가는 오랫동안 사람들의 뇌리에서 사라진 제자백가였다. 그러나 춘추전국시대는 물론 그 이후의 진한시대에 이르기까지 상가는 분명 하나의 사상적 흐름으로 존재했다. 전한 초기 사마천이《사기》를 쓰면서 〈평준서平準書〉와 〈화식열전〉을 편제한 사실이 이를 뒷받침한다.

《사기》〈화식열전〉의 화貨는 조개가 상품과 화폐로 변용되어 사용되고 있는 점에 착안해 조개 패貝와 변화할 화化를 조합해 만든 문자다. 조개를 화폐로 사용할 당시의 원시경제 상황을 반영하고 있다. 식殖은 증식을 뜻한다. 즉 화식은 곧 자원의 생산 및 교환을 통해 재화의 이익을 추구하는 상공업활동을 의미한다. 사마천은《사기》〈태사공자서太史公自序〉에서 〈화식열전〉을 편제하게 된 배경을 다음과 같이 기술해놓았다.

포의布衣의 필부가 정사에 해를 끼치지도 않고, 백성을 방해하지도 않고, 때에 따라 매매하면서 그 이식으로 재부를 쌓았다. 지자知者도 이를 택한 바 있다. 그래서 〈화식열전〉을 열전의 제69편에 편제하게 된 것이다.

거만의 재산을 모은 부상대고富商大賈에 대한 그의 기본적인 입장이 잘 드러나 있다. 이들 중에는 목장 주인이나 하층 장사꾼, 부녀자 등도 있었다. 사마천은 이처럼 다양한 부류의 사람이 부상대고가 된 비결을 모든 정성을 기울여 사업에 매진하는 성일誠壹에서 찾았다. 그러나 반고班固는 사마천의 이런 입장에 극히 비판적인 모습을 보였다. 사마천이 성일의 예로 든 행상인 출신 옹락성雍樂成 등의 치부 방법을 두고 '교화를 해치고 풍속을 깨뜨리는 대란의 길이다'라며 혹평을 가했다. 이는 기본적으로 사마천은 상가, 반고는 유가의 관점에서 상공업을 바라본 결과다.

사마천의 이런 주장에는 돈이 없어 궁형을 당했던 개인적인 경험이 작용했을 것으로 보인다. 당시에는 속죄금을 내면 비록 죽을죄라 하더라도 이내 사면을 받는 속사贖死 제도가 있었다. 궁형은 죽을죄보다 가벼운 죄다. 사마천도 돈을 내기만 했으면 얼마든지 궁형을 면할수 있었다. 그러나 그 비용이 엄청났다. 사마천의 집에는 그런 큰돈이없었다. 그는 이를 원통하게 생각했을 공산이 크다. 그가 이익을 향해질주하는 인간의 호리지성好利之性을 통찰하게 된 것도 이런 배경과무관하지 않다.

《관자》와《사기》〈화식열전〉의 핵심 중 하나가 백성에게 이익을 안기는 이민利民인 것도 이런 맥락에서 이해할 수 있다. 관중은《관자》〈해언解言〉'판법해版法解'에서 전설상의 성군인 순舜임금만이 오직 백성들의 이익을 위해 헌신했다고 보았다.

무릇 자신을 위하는 이기利己는 추호도 없고 오직 백성만을 이롭게 하는 불리리인不利利人의 행보를 보인 사람은 오직 순임금뿐이다. 당초 그는 역산歷山에서 밭을 갈고, 하빈河濱에서 그릇을 굽고, 뇌택雷澤에서 고기를 잡았다. 이때 자신은 조금도 이익을 취하지 않고 그 이익으로 백성을 가르치고, 백성이 모든 이익을 갖도록 했다.

관중은 부민이 이루어져야 부국강병이 가능하다고 보았다. 부민은백성을 이롭게 하는 이민에서 시작한다. 따라서 관중은 이민을 부국강병의 요체로 보았다. 다음은《관자》〈외언外言〉'오보五輔'에 해당하는대목이다.

치국의 방법으로 백성에게 이익을 주는 것보다 나은 것이 없다.

백성에게 이익을 주는 이민 정책을 펼쳐야 백성이 부유해지는 부민을 달성할 수 있고, 부민이 완성되어야 나라도 부유해질 수 있고, 부국이 되어야 강병도 실현할 수 있다는 것이다. 이는 모든 백성을 고루 잘살게 만드는 균부均富 사상으로 요약된다. 필선부민과 균부는 동전의 양면과 같은 관계를 이룬다. 관자경제학의 균부 이념은 남는 것을 덜어내 부족한 부분을 메우는 이치와 같다. 국가공동체가 오래도록 번영할 수 있는 길 역시 바로 남는 것을 덜어내고 부족한 것은 보태는 데 있다. 내부의 민력을 하나로 모으는 경세제민이 이루어져야 부국강병을 이룰 수 있고, 궁극적으로 예의염치를 아는 문화대국을 건설할 수 있다.

여기서 나온 것이 바로 관중이 《관자》〈경언經言〉 '목민'에서 역설한 족식지례足食知禮의 기본원리다. 이는 말할 것도 없이 균부의 기본 이념에서 흘러나온 치국평천하의 이치다. 신하에게 정사를 전적으로 맡겨서는 안 된다는 취지를 담고 있다. 늘 폭리를 꾀하는 부상대고와 유착할 가능성을 염두에 둔 것이다. 《관자》〈단어短語〉 '군신君臣' 상편에 이와 관련된 구절이 나온다.

군주가 백성과 더불어 일체를 이루는 것이, 곧 나라로써 나라를 지키고 백성으로써 백성을 지키는 길이다.

이민을 전제하지 않은 한 부민은 달성할 길이 없고, 국가가 적극 개입하지 않으면 균부를 실현할 길이 없다는 것이 《관자》를 관통하는 기본정신이다. 《관자》〈단어〉 '치미侈靡'에서 남는 것을 덜어 부족한 것을 보충하라고 주문한 것도 이런 맥락에서 이해할 수 있다. 풍년이 든 해에 비축해두었다가 흉년이 들어 서민의 기근을 해결할 때 사용하라고 주문한 것이다. 바로 균부의 이념에 해당한다. 다음은 '치미'에 나오는 구절이다.

> 백성들로 하여금 가장 좋은 음식을 물리도록 먹게 하고, 지극한 즐거움을 물리도록 누리게 하고, 새알에 장식을 한 뒤 삶아 먹고, 땔감에 조각을 한 뒤 불을 때는 것을 허용해야 합니다. 불사약으로 불리는 돌 단사丹砂가 나오는 광산의 굴을 막지 않으면 이를 판매하려는 상인의 발길이 그치지 않을 것입니다. 부자가 원하는 만큼 소비하게 하면, 덕분에 빈자도 일자리를 얻게 됩니다. 이것이 백성을 기르고, 부자와 빈자가 서로 협력해 먹고살게 하는 길입니다. 이는 어느 한쪽의 노력만으로는 이룰 수 없습니다. 반드시 재화의 축적이 전제되어야 합니다.

"부자가 원하는 만큼 소비하게 하면 덕분에 빈자도 일자리를 얻게 된다"라고 언급한 대목에 주목할 필요가 있다. 균부에 방점을 찍고 부자의 사치성 소비를 언급한 것이다.

주의해야 할 것은 관자는 군주를 위시한 위정자에게 사치성 소비를 권한 적이 없다는 점이다. 위정자는 치국평천하를 담당하고 있는 까닭에 늘 근검한 행보를 보여야 한다. 이들이 사치성 향락에 빠지면 이내 부정의 근원이 되기 때문이다. 사치성 소비는 부유한 상공인과 토호의 행보만으로도 충분하다는 것이《관자》의 기본입장이다. 관중은 늘 균부의 이념을 염두에 두고 모든 재정경제 정책을 시행했다. 사마천도 이에 공명했다. 그가 《사기》〈순리열전〉에 전국시대 노나라 재상 공의휴公儀休를 예로 든 것에서도 알 수 있다.

공의휴는 노나라의 박사博士였다. 그는 뛰어난 재능과 덕망으로 노나라의 재상이 되었다. 법을 숭상하고 이치를 따르며, 변칙적으로 바꾸는 일이 없게 되자, 자연히 모든 관리들의 행동도 단정해졌다. 봉록을 누리는 자는 일반 서민들과 이익을 다투지 않게 하고, 높은 봉록을 누리는 자는 사소한 이익을 탐하지 못하게 했다. 어떤 빈객이 그에게 생선을 선물했다. 그가 이를 받지 않았다. 빈객이 묻기를, "소문에 재상께서 생선을 좋아하신다고 하기에 생선을 보낸 것인데 왜 받지 않는 것입니까?"라고 했다. 그가 대답하기를, "생선을 좋아하기 때문에 받지 않았소. 오늘날 나는 재상의 자리에 있기에 충분히 생선을 살 수가 있소. 지금 생선을 받다가 파면되면, 누가 다시 나에게 생선을 주겠소? 나는 이 때문에 받지 않은 것이오"라고 했다. 어느 날 그가 채소를 먹어보니 맛이 좋았다. 그는 이내 자신의 밭에 있는 채소들을 뽑아 폐기시켰다. 또 자기 집에서 짜는 베가 질이 좋은 것을 보고는 당장 베 짜는 여인을 쫓아내고는 베틀을 불태웠다. 그러면서 말하기를, "농부와 직녀織女는 어디에서 그 물건들을 팔아야 한다는 말인가?"라고 했다.

벼슬아치들이 백성들과 이익을 다투지 않는 것을 당연시한 것이다. 일각에서 관자경제학을 두고 자유주의 시장경제와 대치되는 국가주의 시장경제로 규정하는 것은 나름대로 일리가 있으나 이는 핵심이 아니다. 관자경제학은 오히려 자유주의 시장경제를 존중했다고 보는 것이 옳다. 다만 시장 질서를 교란하는 자는 가차 없이 솎아내야 한다고 역설했다. 《관자》〈승마乘馬〉와 〈구부九府〉 및 〈경중輕重〉에 나오는 모든 재정경제 정책이, 부상대고의 폭리를 원천봉쇄하는 데 초점을 맞춘 것이 그 증거다.

관중은 국가가 시장에 개입하지 않고 방임하면 시장은 반드시 자본이 많고 힘이 센 부호가 관원과 유착해 폭리를 취하게 된다고 보았다. 역사적 사실에 비추어볼 때 관중의 이런 관점은 타당하다. 난세의 시기라면 더욱 그렇다. 이를 방치한다면 결코 균부 이념을 달성할 길이 없다. 관중이 국가의 적극적인 개입을 역설한 근본배경이다. 그렇기 때문에 관중은 부상대고의 폭리를 차단해 그 이익을 국고로 환수한 뒤 부국강병과 약자를 위한 복지사업에 쓸 것을 권했다.

관자경제학의 궁극적인 목적은 부국강병을 통해 예의염치를 아는 문화대국의 건설에 있다. 일국의 국민을 포함해 전 세계의 모든 인민이 고루 잘 사는 유일한 길은 부자가 '리세스 오블리주'를 실천하고, 국가가 적극 나서 시장 질서를 교란하는 자를 솎아내며 사회적 약자인 빈자를 적극 부조하고 나서는 길밖에 없다.

제2장

안영,
자신에게 엄하고
다른 이에게 관대하라

신념과 의지는 끝까지 관철하라
—

안영은 제경공齊景公을 도와 제나라의 중흥을 이끌었다. 제영공齊靈公
과 제장공齊莊公, 제경공 등 3대를 섬기면서 근면한 정사를 펼쳐 백성
들의 두터운 신망을 얻었다. 갖옷 한 벌을 30년 동안 입어 안자구晏子
裘의 성어를 만들어낸 것이 그 대표적인 예다. 자신에게 엄격해 절약
과 검소를 몸소 실천한 결과다.

안영은 공자와 거의 비슷한 시기에 살았다. 명대 말기에 나온 풍몽
룡馮夢龍의 《열국지列國志》에는 공자와 안영이 몇 차례 만난 것으로
묘사해놓았으나 이는 사실이 아니다. 사서의 기록을 종합해볼 때 두
사람은 한 번도 조우한 적이 없다고 보는 것이 옳다. 《안자춘추晏子春
秋》에는 공자와 안영에 관한 일화가 모두 여섯 번 나온다. 여기서는
공자가 안영에게 누차 굴복하는 것으로 묘사되어 있다. 이는 공자가
안영을 그다지 높게 평가하지 않은 데 따른 보복인지도 모른다. 하지
만 사마천은 안영을 춘추전국시대에 등장한 여러 재상 가운데 최고
의 인물로 평했다. 그 이유는 무엇일까? 먼저 〈관안열전管晏列傳〉에 나
오는 사마천의 사평을 살펴보자.

관중은 세인이 흔히 현신賢臣이라고 말하지만 공자는 그의 그릇이 작다고
지적했다. 주나라의 왕도가 쇠미한 가운데 제환공이 현명한 제후였음에
도 그에게 왕도를 적극 권하는 대신 패도를 추구한 것을 지적한 것이 아니

겠는가? 안자는 제장공이 대부 최저崔杼에게 죽임을 당하자 시신 위에 엎드려 곡을 하고 예를 다한 후 떠났다. 이것이 어찌 '의를 보면 용기를 드러내지 않은 적이 없다'는 말에 해당하는 사례가 아니겠는가? 또 간언을 할 때는 군주의 면전에서 심기를 거스르며 시비를 가리는 범안犯顏을 행했다. 이 어찌 '나아가면 군주에게 충성을 다할 것을 생각하고, 물러나면 군주의 과실을 보완한다'는 취지에 부합한 것이 아니겠는가? 안자가 다시 살아난다면 나는 비록 말채찍을 들어 그의 마부 노릇을 할지라도 이를 기뻐하며 즐겨 할 것이다.

사마천이 안영을 얼마나 사모했는지 능히 짐작할 수 있는 대목이다. 사평의 내용을 분석하면 동병상련을 느낀 나머지 안영을 극찬한 것으로 짐작되는 부분이 있는데 크게 두 가지다. 첫째, 안영은 사직과 백성을 위해 군주 앞에서 간쟁을 했다고 말했다. 한무제 앞에서 간쟁을 했다가 궁형을 당한 사마천의 심경을 투사한 결과라고 볼 수 있다. 둘째, 의를 보면 죽음을 무릅쓰고 반드시 용맹을 떨쳤다고 평했다. 이는 비록 죽을 고비를 넘기기는 했으나 안영이 간쟁을 한 논지는 여전히 정당하다는 취지를 담고 있다. 사관의 자부심이 뚜렷이 드러나는 대목이다.

여기서 공자와 사마천의 난세에 대한 기본인식의 차이가 극명하게 드러난다. 공자는 군주에게 간언을 할지라도 군주 앞에서 얼굴을 붉히며 다투는 면절정쟁面折廷爭을 결코 높이 평가하지 않았다. 자칫 역린逆鱗으로 인해 무고하게 목숨을 잃을수도 있음을 우려한 것이다. 이에 반해 사마천은 안영의 면절정쟁을 높이 평가했다. 제장공이 시해를 당했을 때의 행보를 두고 "의를 보면 용기를 드러내지 않은 적이 없다"고 평한 것이 그렇다. 사마천이 특이하게도 죽음을 무릅쓰고 의를 위해 용맹을 떨친 자들을 추적한 〈자객열전刺客列傳〉을 편제한 것도 바로 이 때문이다. 자객을 '열전'으로 다룬 것은 중국 역대 사서 가운데 오직 《사기》밖에 없다. 모두 사마천이 이들에게 동병상련을 느꼈기 때문이라 볼 수 있다.

안영에 관한 많은 일화를 《안자춘추》에 실어놓았으나 어디까지가 역사적 사실에 기초한 것인지 파악하기가 쉽지 않다. 그렇기 때문에 《춘추좌전春秋左傳》에 실려 있는 일화를 토대로 그의 사적을 살펴보면 오히려 역사적 사실에 가깝게 다가갈 수 있다.

안영이 모셨던 제장공은 야심이 많은 인물이었다. 그는 진秦나라에게 빼앗긴 중원의 패자 자리를 되찾아오고자 했다. 기원전 552년, 진나라에 내분이 일어났다. 권력다툼에서 패한 난씨의 일족인 난영欒盈이 초나라로 망명했다가 이듬해 가을에 제나라로 망명해왔다. 제나라에는 이미 난씨의 무리인 지기知起과 중행희中行喜, 주작州綽, 형괴邢蒯 등이 망명와 있었다. 제장공은 난영이 망명했다는 소식을 듣고 크게 기뻐했다. 그러자 안영이 간했다.

"우리는 이미 진나라와 결맹했습니다. 여기서 신의를 잃으면 자립할 수 없습니다. 그런데 난씨를 받아들여 장차 어디에 쓰려는 것입니까?"

제장공이 크게 웃었다.

"우리 제나라는 진나라와 필적할 만한 나라요. 그러니 우리가 그들보다 약하다고 말할 수는 없는 일이오. 과인이 어찌 진나라를 섬길 수 있겠소?"

제장공은 내심 난영을 이용해 진나라를 친 뒤 중원의 패권을 차지할 속셈이었다. 당시 제나라는 여러 모로 진나라와 비교가 되지 않을 만큼 강대했다. 하지만 제장공의 이런 야심을 무턱대고 탓할 수는 없었다. 그러나 그는 이를 무시했다. 얼마 후 진나라가 오나라와 국혼을 맺으려 한다는 말을 듣고는 곧 난영을 불렀다. 난영은 다음과 같이 말했다.

"곡옥 땅 사람들이 비록 저를 좋아할지라도 진나라 도성을 치기는 어렵습니다. 반드시 군주가 군사를 이끌고 와서 도와주어야만 합니다. 제가 먼저 곡옥 땅을 출발해 진나라 도성으로 쳐들어갈 터이니 군주는 위나라를 친다는 소문을 낸 뒤 복양濮陽 땅을 경유해 북향해서 진나라로 치도록 하십시오. 양면으로 협공하면 능히 진나라 도성을 깨뜨릴 수 있습니다."

이듬해인 기원전 550년 가을, 제장공이 대군을 이끌고 가 위나라를 친 뒤 곧바로 여세를 몰아 진나라를 치려고 했다. 안영이 주변 사람에게 말했다.

"군주는 힘만 믿고 맹주국을 치니 만일 성공하지 못하면 나라의 복이지만, 덕행도 없으면서 전공을 세우게 되면 반드시 군주의 몸 위에 우환이 떨어질 것이다."

당시 권신인 최저도 제장공에게 간했다.

"진나라를 쳐서는 안 됩니다. 신이 듣건대 '소국이 대국의 화란을 틈타 해를 가하면 반드시 재앙을 입는다'고 했습니다. 군주는 이를 깊이 헤아리십시오."

제장공이 듣지 않았다. 이때 진수무陳須無가 최저에게 물었다.

"장차 군주를 어찌할 생각이오?"

"나는 이미 군주에게 진언했으나 군주가 들어주지 않았소. 만일 군신들이 위급해지면 군주가 어찌 존재할 수 있겠소. 그대는 당분간 이에 개입하지 마시오."

군주를 시해할 뜻을 밝힌 것이다. 그러나 곧바로 진나라 군사의 반격이 이어졌다. 제장공의 지원을 믿고 곡옥에서 반기를 든 난영 일당이 패주하자 제장공은 오히려 진나라 군사의 침공을 걱정해야 하는 신세가 되고 말았다. 게다가 그는 대부 최저의 아내와 사통하다가 참변을 당했다. 기원전 548년 여름 5월, 최저가 제장공을 자신의 집으로 유인해 살해했다. 안영이 우려했던 일이 마침내 현실로 나타난 셈이다.

당시 제나라 대부들은 이 소식을 듣고는 크게 놀라 두문불출한 채 조정에서 명이 내리기를 기다렸다. 제장공의 시신이 아직 최저의 집에 방치되어 있는데도 아무도 가볼 생각을 하지 않았다. 이때 대부 안영만은 변란 소식을 듣자마자 즉시 최저의 집을 향해 달려갔다. 시종이 물었다.

"순사殉死할 생각입니까?"

"죽은 군주가 오직 나만의 군주이겠는가? 순사할 이유가 없다."

"그럼 망명할 것입니까?"

"그것이 내 죄인가? 망명할 이유가 없다."

"그렇다면 귀가할 것입니까?"

"군주가 세상을 떠났는데 내가 어찌 집으로 돌아갈 수 있겠는가?

오직 사직을 지킬 뿐이다. 군주가 사직을 위해 죽으면 따라 죽을 수 있고, 사직을 위해 망명하면 따라서 망명할 수 있다. 그러나 군주가 자신을 위해 죽거나 망명할 경우 그의 총신寵臣이 아니라면 누가 감히 같이 죽거나 망명하겠는가? 하물며 신하가 모시던 군주를 시해한 상황에서 내가 어찌 그를 위해 죽거나 망명할 수 있겠는가?"

안영은 최저의 집으로 들어가 시신의 허벅지 위에 이마를 대고 호곡하고 군주가 죽었을 때 세 번 펄쩍 뛰어오르는 조문 의식인 삼용三踊을 행한 뒤 물러났다. 안영은 곧 백성들의 신임을 얻고 있는 대부 진수무를 찾아가 물었다.

"새 군주를 모셔야 하지 않겠소?"

"명망은 상경인 고지高止과 국하國夏에게 있고, 실질적인 권력은 이제 최저와 경봉慶封의 손에 있으니 나에게 무슨 힘이 있겠소?"

안영이 돌아가자 진수무는 이내 수레를 타고 송나라로 달아났다. 안영이 고지와 국하를 찾아가 문의하자 이들 역시 진수무처럼 대답했다.

안영이 크게 탄식하며 집으로 돌아갔다. 사실 후사를 세우는 일은 그에게 능력 밖의 일이었다. 쿠데타를 일으킨 최저와 경봉이 곧 고지와 국하를 불러들여 새 군주의 옹립 문제를 논의했다. 고지와 국하가 사양하자 경봉도 이 일을 최저에게 일임했다. 최저가 말했다.

"제영공의 아들 공자 저구杵臼가 장성했으니 새 군주로 옹립하는 것이 어떻겠소? 더구나 공자 저구의 생모는 바로 노나라 대부 숙손교여叔孫僑如의 딸이니 장차 노나라와의 관계도 좋아질 것이오."

모든 대부들이 찬동했다. 이에 공자 저구가 제장공의 뒤를 이어 보위에 올랐다. 그가 바로 춘추시대 말기에 제나라의 중흥을 이룬 제경 공이다. 저구가 즉위하자 최저가 집정대부인 우상右相, 경봉이 그 다음인 좌상左相이 되었다. 당시에는 우가 좌보다 높았다. 최저가 제나라 시조인 태공망 여상의 사당으로 가 삽혈歃血하면서 대부들 앞에서 이같이 맹세했다.

"대부들 가운데 최저나 경봉과 뜻을 같이하지 않는 자가 있으면 큰 벌을 받을 것이다. 이는 하늘이 증명할 것이다."

뒤이어 경봉과 고지 및 국하 등이 차례로 맹세한 뒤 마침내 안영의 차례가 되었다. 그는 하늘을 우러러 크게 탄식한 뒤 이같이 맹세문을 고쳐 읽었다.

"나 영이 만일 군주에게 충성하고 사직을 이롭게 하는 자와 가까이 하지 않으면 큰 벌을 받을 것이다. 이는 하늘이 증명할 것이다."

최저를 비롯한 이들이 무력을 배경으로 대부들에게 맹서를 강요하는 험악한 상황에서 안영은 신하가 나아가야 할 길을 명확히 제시한 것이다. 극도로 어지러운 상황에서 이를 행하는 것은 그리 쉬운 일이 아니다. 안영에게 기개와 소신이 있었기에 가능했던 일이다. 이것이 그가 올바른 신하를 뜻하는 정신貞臣의 대표적인 사례로 손꼽히는 이유다.

당초 제나라의 공자들은 최저의 난이 일어났을 때 대거 망명했다. 최저와 경봉이 망하자 제경공이 그들을 모두 불러들여 식읍을 돌려주었다. 이때 안영에게도 패전邶殿 땅과 그곳에 딸려 있는 60개 성읍을 하사했으나 안영이 받지 않았다. 대부 고채가 의아해하며 물었다.

"부富는 모든 사람들이 바라는 것인데 어찌하여 그대 홀로 그렇지 않은 것이오?"

"경봉은 식읍을 탐하다가 끝내 망명하게 되었소. 지금 내가 보유하고 있는 고을에 패전의 땅을 더하게 되면 사람의 욕심을 꽉 채우게 되오. 욕심을 채우면 망명할 날이 얼마 남지 않을 것이고, 망명하면 결국 한 고을도 소유할 수 없게 되오. 내가 패전의 땅을 받지 않은 것은 부를 싫어해서가 아니고 내가 지니고 있는 부를 잃게 될까 두려워하기 때문이오."

이 말을 들은 고채도 일단 식읍을 받아들였다가 이후 모두 제경공에게 돌려주었다. 안영의 이야기를 듣고 느낀 바가 있었던 것이다. 여기서 주목할 것은 안영이 군주보다 사직社稷을 높인 점이다. 이는 훗날 맹자가 백성을 높이고 군주를 낮추는 이른바 귀민경군貴民輕君의 모습을 보인 것과 닮았다.

귀신의 재주보다 사람의 지혜를 믿는다
—

안영의 지혜는 《춘추좌전》〈노소공魯昭公 20년〉조에 실려 있는 다음 일화를 통해 쉽게 확인할 수 있다. 기원전 522년 겨울, 제경공이 학질에 걸린 지 1년이 지나도록 낫지 않자 대부 양구거梁丘據가 건의했다.

"군주의 병환이 제후들의 근심이 되고 있으니 이는 제사를 주관하는 관원인 축사祝史의 죄입니다. 제후들은 정황도 모른 채 우리가 귀신에게 불경스럽게 대했기 때문이라고 생각하고 있습니다. 그런데도 어찌하여 축사를 처형하지 않는 것입니까."

제경공이 안영에게 이를 말하자 그가 만류했다.

"전에 초나라 대부 굴건屈建이 진晉나라 대부 조무趙武에게 진秦나라로 망명한 사회士會의 인품에 관해 물었습니다. 그때 조무가 대답하기를, '사회는 충성을 다해 일할 뿐 사사로운 마음이 전혀 없는 분입니다. 그의 집에 있는 축사는 귀신에게 빌 일이 조금도 없습니다'라고 했습니다."

이에 제경공이 물었다.

"양구거는 과인이 귀신을 잘 섬긴다고 했소. 그래서 귀신을 제대로 섬기지 못한 축사를 주살하려는 것이오. 그런데 그대는 왜 이런 말을 하는 것이오?"

안영이 대답했다.

"만일 군주가 덕행이 있으면 상하가 서로 원망하지 않고, 행동에 어긋나는 일이 없고, 그의 축사가 귀신에게 진실을 고하게 됩니다. 그리하면 귀신이 그 제사를 받음으로써 나라는 복을 받게 되고, 축사도 복을 받는 일에 참여하게 됩니다. 그러나 음탕한 군주를 만나면 상하가 서로 원망하며 사욕을 마음껏 채우게 됩니다. 이때 축사가 귀신에게 진실을 고하면 이는 군주의 죄과를 고하는 셈이 됩니다. 그렇다고 잘못을 덮어두고 좋은 일만 들어 고한다면 이는 거짓을 고하는 셈이 됩니다. 이를 피하고자 귀신이 그 제사를 받지 않음으로써 나라는 재앙을 입게 되고, 축사 또한 그 피해를 입게 됩니다."

"그러면 어찌해야만 되오?"

"축사를 처형해서는 안 됩니다. 지금 백성들은 모두 크게 피폐해 착취하는 자들을 저주하고 있습니다. 만약 기도가 효력이 있다면 저주도 같은 효력이 있을 것입니다. 영토 내에 있는 사람의 수효를 생각해보십시오. 축사가 축도를 아무리 잘한다 할지라도 어떻게 수많은 사람의 저주를 이겨낼 수 있겠습니까? 만일 군주가 축사를 주살하고자 하면 먼저 덕을 닦은 뒤에라야 가능할 것입니다.”

제경공이 크게 놀라 곧바로 좌우에 명하여 너그러운 정사를 폈다. 도성 부근의 관문을 헐고, 금령을 폐지하고, 세금을 감경하고, 채무를 탕감했다. 이와 비슷한 일화가 〈노소공 20년〉조에도 나온다.

제경공이 안영에게 물었다.

“마음이 맞는 것과 비위를 맞추는 것은 어떻게 다르오?”

안영이 대답했다.

“우선 군신이 화합을 이루는 것은 마치 국을 끓이는 것과 같습니다. 생선이나 고기를 조리할 때 우선 땔나무를 이용해 끓입니다. 이어 소금과 젓갈, 매실 등으로 간을 맞춥니다. 맛이 부족한 듯하면 양념을 더하고 지나치면 덜어냅니다. 이에 윗사람이 그 국을 먹으면 마음이 평온해집니다. 군신 사이의 관계도 이와 같습니다. 군주가 가하다 할지라도 불가한 것이 있을 때는 신하가 그것을 지적해 더욱 완전하게 만듭니다. 군주가 불가하다고 할지라도 그 가운데 가한 것이 있을 때는 신하가 이를 지적해 불가한 것을 제거하도록 합니다. 이로써 정사가 공평하게 되어 예를 벗어나지 않게 되고 백성들도 남의 것을 빼앗고자 하는 마음이 없어집니다.

지금 양구거는 이와 다릅니다. 군주가 가하다고 하면 그 또한 가하다고 하고, 불가하다고 하면 그 또한 불가하다고 합니다. 만일 맹물을 이용해 맹물의 간을 맞추려 하면 누가 이를 마실 수 있겠습니까? 금

슬琴瑟 가운데 어느 한 가지 소리만 연주하면 누가 이를 들을 수 있겠습니까? 비위를 맞추는 동同이 도리에 맞지 않는 것은 바로 이와 같습니다."

이는 안영이 《논어》에서 군자의 덕목으로 언급한 화이부동和而不同을 설명한 셈이다. 《안자춘추》에는 비록 역사적 사실과 동떨어진 일화가 다수 실려 있음에도 귀감이 될 만한 일화가 제법 많다. 대표적인 일화로 비난은 자신이 떠안고 공은 주군에게 돌린 것을 들 수 있다. 이에 따르면 하루는 안영이 외국에 사자로 나간 사이 제경공이 급히 새 궁궐을 짓기 시작했다. 안영의 제지를 받지 않게 된 것을 기회로 삼은 것이다. 마침 추운 겨울인데다 서두르는 바람에 얼어 죽는 자가 매우 많았다. 비난의 목소리가 높아졌다.

얼마 후 임무를 마치고 돌아온 안영이 이 사실을 알게 되었다. 제경공에게 보고하는 자리에서 백성들 사이에 유행하는 "극심한 추위에 몸이 어니 아, 어찌할거나. 임금 때문에 집안사람들이 헤어졌으니 아, 어찌할거나"라는 내용의 노래를 소개하며 눈물을 흘렸다. 이를 듣고 제경공이 사과했다.

"잘 알았소. 즉각 공사를 중지시키도록 하겠소."

안영이 거듭 절을 올리고 나온 뒤 수레를 몰아 공사장으로 달려갔다.

"군주에게 궁궐을 하나 지어드리는 것이 너무 늦지 않소? 서두르시오!"

인부들이 안영을 크게 원망했다. 이때 문득 공사를 중지하라는 명령이 전달되었다. 인부들이 일제히 환호성을 올리며 군주를 칭송했다. 이 일화는 안영이 3대에 걸쳐 어떤 방식으로 주군을 보필했는지

를 잘 보여주고 있다. 안영이 이처럼 뛰어난 신도를 발휘했음에도 제
나라가 진나라를 제압하고 명실상부한 패자가 되지 못한 것은 제경
공이 보여준 군도에 한계가 있었던 것과 무관하지 않다.

아랫사람의 고통을 덜어주는 것이 우선이다
—

안영의 삶을 보면 맹자의 귀민경군과 같은 노선에 있었음을 알 수 있
다. 안영이 늘 백성의 고통과 이익을 염두에 두고 정사를 폈던 사실이
이를 뒷받침한다.《춘추좌전》〈노소공 3년〉조에 이에 관한 일화가 나
온다.

기원전 539년 당시, 제경공이 안영을 위해 새집을 지어주었다. 새
집을 본 안영은 사양하며 다음과 같이 말했다.

"그곳은 저의 선조가 살던 곳으로 신에게는 사치스러운 곳입니다.
신이 선조의 사업을 계승하기에 부족하기 때문입니다. 신은 시장에
가까이 살면서 아침저녁으로 필요한 것을 쉽게 구할 수 있으니 이는
신에게 크게 이롭습니다. 그런데 어찌 감히 마을 사람들을 번거롭게
하겠습니까?"

제경공이 웃으면서 그 시장의 물건 값에 대해 물었다.

"그렇다면 무엇이 비싸고 무엇이 싼 것이오?"

"의족은 비싸고 일반 신발은 쌉니다."

당시 제경공은 왼쪽 발뒤꿈치를 끊는 월형刖刑을 남용했다. 이것이
시장에서 의족이 매우 비쌌던 이유다. 제경공은 안영의 말을 듣고 크

게 놀라 곧 형벌을 줄였다. 이때 안영은 곧 원래 자신의 이웃에 살던 주민들을 모두 불러 모은 뒤 이같이 말했다.

"속담에 이르기를, '집의 호오好惡를 점치는 것이 아니라 오직 이웃의 호오를 점친다'고 했소. 여기 몇 분은 이미 이웃의 호오를 점친 뒤 내 이웃으로 살아왔소. 내가 새로 집을 지어 여러분의 점복을 어긋나게 하는 것은 매우 상서롭지 못한 일이오. 군자는 예에 맞지 않는 짓을 하지 않고 소인은 상서롭지 못한 짓을 범하지 않는 것이 예로부터 내려오는 법도요. 그러니 내가 어찌 감히 이를 어길 수 있겠소?"

그리고는 곧 새 집을 헐어 모든 것을 이전과 똑같이 복구해놓은 뒤 이웃 사람들로 하여금 원래 살던 곳으로 들어가게 했다. 이를 두고 《춘추좌전》은 다음과 같이 평해놓았다.

어진 사람의 말은 그 이로움이 얼마나 광대한가. 안영의 한마디 말에 제경공이 형벌을 줄였다.

안영의 이런 애민 행보는 천도天道보다 인도人道를 중시한 그의 기본철학과 무관하지 않다. 이에 관한 일화가 있다. 기원전 516년, 제나라에 혜성이 나타났다. 제경공이 사람을 보내 푸닥거리를 하도록 하자 안영이 만류했다.

"이는 무익한 일로 오직 신령을 속일 뿐입니다. 천도는 의심하지 않고 천명은 착오가 없는데 무슨 이유로 푸닥거리를 하는 것입니까? 하늘에 혜성이 나타난 것은 더러운 것을 씻어내려는 것입니다. 군주에게 패덕悖德이 없는데 또 무엇을 빌려는 것입니까? 만일 예덕이 있다면 어찌 이를 하늘에 빌어 줄일 수 있겠습니까?《시》에 이르기를, '광명정대하게 하늘을 섬기니 많은 복을 누리네. 덕행이 천명을 어기지 않으니 사방의 모든 나라가 귀순하네'라고 했습니다. 군주가 덕을 어긴 일이 없으면 사방의 나라가 따를 터인데 어찌 혜성을 걱정하겠습니까?《시》에 또 이르기를, '내게는 거울이 없으니 있다면 오직 하나라 걸桀과 은나라 주紂뿐이네. 정사가 혼란하니 백성들이 끝내 유망流亡했네'라고 했습니다. 만일 덕행이 천명을 어기고 혼란스럽게 되면 백성들이 장차 유망할 것이니 푸닥거리를 한들 어찌 이를 보완할 수 있겠습니까?"

이에 제경공은 곧 푸닥거리를 그치게 했다.

또 하루는 제경공과 안영이 정전正殿에 함께 앉아 있을 때였다. 제경공이 문득 이같이 탄식했다.

"이 얼마나 아름다운 집인가! 내가 죽은 뒤 누가 여기서 살게 될까?"

안영이 반문했다.

"감히 묻건대 무슨 뜻입니까?"

제경공이 대답했다.

"나는 덕이 있는 자가 장차 이 궁전을 차지할 것으로 생각하오."

안영이 말했다.

"그 말씀대로라면 아마 진씨陳氏가 차지할 것입니다. 진씨는 비록 대덕은 없으나 백성들에게 시사施舍하고 있습니다. 그는 무게 등을 재면서 공전公田에서 징세할 때에는 작은 용기를 쓰고 백성에게 베풀 때는 커다란 용기를 사용합니다. 군주의 징세는 많고 진씨의 시사는 후하니 백성들이 그를 따르는 것입니다.《시》에 이르기를, '비록 그대에게 줄 덕행은 없지만 정성을 다해 노래하고 춤추어야 한다'라고 했습니다. 지금 백성들이 진씨의 덕행을 기려 노래하며 춤추고 있습니다. 만일 군주의 후대가 정사를 조금이라도 게을리하고 그때까지 진씨가 망하지 않는다면 이 나라는 장차 진씨의 나라가 되고 말 것입니다."

제경공이 황급히 물었다.

"과연 그렇다면 어찌해야 좋겠소?"

안영이 대답했다.

"오직 예禮만이 이를 막을 수 있습니다. 예에 부합하면 사적으로 베푸는 은혜는 국가 단위에서 베푸는 은혜만 못합니다. 그리되면 백성들은 함부로 이주하지 않고, 농민은 땅을 떠나지 않고, 상공인은 하는 일을 고치지 않고, 선비는 도의를 벗어나지 않고, 관원은 직무를 태만히 하지 않고, 대부는 공가公家의 이익을 사적으로 취하지 않게 됩니다."

"참으로 옳은 말이오. 나는 지금까지 그리하지 못했소. 나는 이제야 예로써 나라를 잘 다스릴 수 있다는 사실을 알게 되었소."

안영이 말했다.

"예로써 나라를 잘 다스릴 수 있다는 것은 매우 오래전부터 알려진 일입니다. 예는 천지와 나란히 하는 것으로 군주가 명을 내리면 신하는 공손히 받들고, 아비가 자애로우면 자식은 효도하며, 형이 인애하면 아우는 공경하고, 남편이 화목하면 아내는 부드러우며, 시어미가 자애로우면 며느리는 잘 따르게 되니 이것이 바로 예입니다. 군주는 명을 내리되 도리에 어긋나지 않고, 신하는 명을 공손히 받들되 두 마음을 품지 않고, 아비는 자애롭되 자식을 가르치고, 자식은 효도하되 때로는 간하고, 형은 인애하되 친근히 대하며, 아우는 공경하되 순종하고, 남편은 화목하되 의리를 지키고, 아내는 부드럽되 마음을 바르게 하고, 시어미는 자애롭되 며느리의 간언을 좇고, 며느리는 순종하되 완곡하게 뜻을 밝힙니다. 이것이 예의 좋은 모습이라고 할 수 있습니다."

제경공이 탄복했다. 존군尊君을 역설하면서도 애민愛民을 앞세웠던 안영의 사상이 잘 드러난 일화다.

제3장

진문공,
기다림이 있어야
결실을 맺을 수 있다

지나친 순수함은 우둔함에 가깝다

—

〈진문공세가晉文公世家〉는 춘추시대에 제환공에 이어 두 번째로 패업을 이룬 진문공晉文公의 사적을 중심으로 중원의 패권국이었던 진晉나라의 역사를 다루고 있다. 그가 패업을 이룬 후 진나라는 초장왕이 등장한 때를 제외하고는 춘추시대 말기까지 무려 200여 년 동안 줄곧 중원의 패자를 자처했다. 여기에는 중원의 중심을 차지하고 있던 진나라의 지리적 이점이 적잖이 기여했다.

제환공이 패업을 이룰 당시 진나라는 진문공의 부친 진헌공晉獻公이 다스리고 있었다. 진헌공은 나름 뛰어난 군주이기는 했으나 지나치게 여색을 밝혔다. 진문공이 보위에 오르기 직전까지 무려 19년간에 걸친 망명생활을 하게 된 배경도 이와 무관하지 않다.

당초 진헌공은 공자 시절 가賈나라에서 정실부인을 맞이했으나 불행히도 둘 사이에는 아들이 없었다. 이때 진헌공은 부친인 진무공의 애첩인 제강齊姜과 은밀히 사통해 아들 신생申生과 훗날 진목공의 부인이 된 진목희秦穆姬를 낳았다. 신생이라는 이름은 진헌공이 서모 이강과 사통해 낳은 아이를 신씨라는 백성의 집에서 기르게 한 데서 나온 것이다.

진헌공은 부친의 뒤를 이어 즉위한 직후 제강을 정실로 삼으면서 신생도 궁 안으로 불러들여 태자로 삼았다. 정실인 가희賈姬는 이미 죽고 없었다. 신생의 모친 제강이 오래 살지 못하고 진목희를 낳은 뒤 이내 후유증으로 숨을 거두자 진헌공은 죽은 가희의 여동생을 첩으로 삼아 제강이 낳은 딸을 키우게 했다.

이로부터 얼마 지나지 않아 진헌공은 군사를 일으켜 지금의 섬서 임동현 동쪽에 살던 여융驪戎을 쳤다. 융족의 일종인 여융은 남작의 작위를 받고 진나라 부근에 둥지를 튼 소국이었다. 여융의 군주는 두 딸을 바치며 강화를 청했다. 장녀의 이름은 여희驪姬, 차녀는 소희小姬였다. 여희는 미인이었다. 사서는 진헌공이 여희를 총해한 나머지 그녀의 말을 모두 들어주었다는 식으로 기록해놓았다.

여희 소생은 해제奚齊이고, 소희 소생은 탁자卓子이다. 여희는 이내 자신의 소생을 후계자로 세우고자 했다. 먼저 진헌공을 졸라 정실이 되었다. 남은 문제는 어린 아들 해제를 태자로 삼는 일이었다. 기원전 666년, 여희가 진헌공의 총애를 받는 어릿광대인 우인優人 시施를 끌어들였다.

"나는 태자를 끌어내리고 내 아들을 세울 생각이오. 세 공자의 무리가 반발하면 적잖은 어려움이 뒤따를 수밖에 없소. 어찌하면 좋겠소."

우인 시가 대답했다.

"먼저 신생부터 제거해야 합니다. 신생은 사람이 순수하고 긍지가 높아 차마 다른 사람에게 나쁜 짓을 하지 못합니다. 순수한 사람은 모욕을 견디지 못하고, 긍지가 높은 사람은 문제가 발생하면 스스로를 자책하며 극단적인 선택을 합니다. 그렇기 때문에 그를 모욕하는 것이 가장 효과적인 방법입니다."

"긍지가 높은 사람이 어찌 스스로를 사지로 몰아넣겠소?"

"치욕을 아는 사람이기 때문에 오히려 모욕하기가 쉽습니다. 자존심이 강하기에 작은 모욕에도 몸 둘 바를 모르는 것입니다. 지나친 순수함은 우둔함에 가깝다고 했습니다. 그의 순수함은 작은 모욕에도 커다란 상처를 받게 만들고, 그의 어리석음은 스스로를 궁지로 몰아넣을 것입니다."

진헌공에게 2명의 총신이 있었다. 바로 양오梁五과 동관오東關五다. 여희가 두 사람을 매수했다. 두 사람은 진헌공에게 다음과 같이 건의했다.

"곡옥曲沃은 군주의 조상이 나온 종읍宗邑이고, 포성蒲城과 이굴二屈은 매우 중요한 변읍입니다. 종읍을 유력한 인물이 다스리지 않으면 백성들이 두려워할 줄 모르게 되고, 변강 역시 유력한 인물이 다스리지 않으면 융적이 야심을 품게 됩니다. 태자 신생에게 곡옥을 다스리게 하고, 중이와 이오에게 포성과 이굴을 지키게 하면 백성들이 두려워하며 따르고, 융적 또한 두려움에 떨게 될 것입니다."

진헌공이 이를 좇았다. 나머지 공자들도 모두 변경으로 쫓겨갔다. 도성인 강도絳都에는 오직 여희 소생인 해제만 남았다. 당시 진헌공은 연일 해제를 새 태자로 삼아야 한다는 여희의 간청에 시달렸다. 신생이 곡옥으로 쫓겨난 지 10년 뒤인 기원전 656년 겨울, 여희가 곧바로 우인 시와 대책을 상의했다.

"군주가 이미 나에게 태자를 살해한 뒤 해제를 세울 것을 허락했소. 다만 대부 이극里克이 반대할까 걱정이오. 어찌해야 좋겠소?"

"제가 그의 마음을 돌려놓겠습니다."

우인 시가 오자 이극에게 말했다.

"군주는 이미 여희에게 태자를 살해하고 해제를 세우는 것을 허락했다고 합니다. 이미 계책이 모두 세워졌습니다."

"태자를 제거하는 것은 차마 할 수 없소. 나는 중립을 지킬 생각이오."

다음날 아침 이극이 대부 비정郞鄭을 만났다.

"우인 시가 말하기를, '군주의 계책이 이미 서 있고 해제를 태자로 삼을 준비를 마쳤다'고 했소."

"그대는 그에게 무엇이라고 했소?"

"나는 중립을 지키겠다고 했소."

"참으로 애석한 일이오. 중립을 지키겠다고 말해 오히려 그들의 음모를 도와준 꼴이 되었소."

"지난 일을 후회한들 무슨 소용이 있겠소. 그대는 장차 어찌할 생각이오?"

"오직 군주를 따를 뿐이오."

이극이 말했다.

"군주에게 아부하며 태자를 제거하는 일에 가담할 수는 없소. 나는 장차 은퇴할 생각이오."

다음 날 이극이 칭병하고 조회에 나가지 않았다. 며칠 뒤 선군인 진 무공의 사당에 제사를 올리게 되었다. 마침 병이 난 진헌공이 해제를 보내 제사를 주재하게 했다. 태자 신생은 여희의 소생인 해제가 자신을 대신해 제사를 올리게 된 것을 심각하게 생각하지 않았다. 이로부터 한 달 뒤 여희가 사람을 신생에게 보냈다.

"군주가 꿈속에서 태자의 생모인 제강을 보았다고 하니 속히 제사를 지내도록 하시오."

신생이 조상들의 사당이 있는 곡옥으로 가서 생모인 제강을 제사 지낸 뒤 제사 술과 고기를 바쳤다. 마침 진헌공은 사냥하러 나가고 없었다. 여희는 진헌공이 돌아오자 술 속에 짐새의 깃털에 있는 독인 짐독鴆毒을 타고 고기 속에 맹독성 독초의 독인 오두독烏頭毒을 집어넣었다. 주방장이 술과 고기를 내오자 때를 기다리고 있던 여희가 말했다.

"제사 고기가 온 곳이 멀기 때문에 반드시 먼저 검사해야 한다."

술을 땅에 붓자 땅이 곧바로 덩어리처럼 부풀어 올랐다. 고기를 개에게 먹이자 개가 쓰러져 죽었다. 여희가 짐짓 애통해 했다.

"태자가 이토록 잔인할 줄 몰랐습니다. 이는 소첩과 해제 때문입니다."

화가 난 진헌공이 태자의 스승을 죽였다. 이 소식을 들은 신생이 곡옥으로 몸을 피했다. 신생의 휘하가 물었다.

"어찌해 진나라를 떠나지 않으려는 것입니까?"

"안에서 부모의 핍박을 받고 밖에서 제후들로부터 비웃음을 당하면 이중으로 곤경에 처하게 된다. 어차피 죽음을 피할 수 없다면 차라리 여기에서 군명을 받드느니만 못하다."

결국 신생은 목을 매 자살했다. 신생이 자진했을 때 그의 이복동생인 공자 중이와 이오는 조만간 자신들에게 불똥이 튈 것임을 직감했다.

신생이 자진한 기원전 656년 겨울, 두 사람은 곧바로 자신들의 근거지로 황급히 도주했다.《사기》는 당시 상황을 다음과 같이 기록해 놓았다.

진헌공은 두 아들이 자신을 배견하러 왔다가 말도 없이 돌아간 사실을 전해 듣고는 크게 분노했다. 이에 그는 두 아들에게 모반 의사가 있는 것으로 생각했다.

두 사람은 왜 갑자기 자신들의 근거지로 돌아간 것일까? 신생이 죽자, 자신들이 후계자가 될 수도 있다는 생각을 했을 공산이 크다. 타국으로 망명하지 않고 자신들의 근거지로 도주한 사실이 이를 뒷받침한다. 실제로 두 사람은 망명 후 진헌공이 죽으면 곧바로 귀국해 보위에 오를 생각을 하고 있었다.

기원전 655년 봄, 진헌공이 군주를 곁에서 돕는 시인寺人 발제에게 명해 군사를 이끌고 가서 포 땅의 중이를 치게 했다. 도성에 있던 대부 호돌狐突은 이 소식을 듣자마자 둘째 아들 호언狐偃을 불렀다.

"태자가 세상을 떠났으니 응당 중이가 보위에 올라야 한다. 지금은 상황이 여의치 않으니 우선 형 호모狐毛와 함께 공자 중이를 도와 망명하라."

중이는 두 형제에게 시인 발제가 쳐들어온다는 이야기를 듣고 크게 놀랐다. 세 사람이 포성을 떠나려던 때, 발제의 군사가 성 밖에 당도했다. 중이가 담을 뛰어넘는 순간 발제가 칼로 내리쳤다. 간발의 차이로 중이는 옷소매만 잘리고 무사히 담을 넘어 도주할 수 있었다. 호언이 건의했다.

"제나라와 초나라로 가는 길은 매우 멀고 험합니다. 차라리 적인狄人의 땅으로 가느니만 못합니다. 그들과 희로애락을 같이하면서 진나라의 정국변화를 차분히 지켜볼 수 있습니다."

중이가 이를 좇았다. 얼마 후 조최趙衰를 비롯해 위주魏犨와 호역고

狐射姑, 전힐顚頡, 개자추介子推, 선진先軫 등의 대부들이 수레를 몰고 좇아왔다. 조최가 말했다.

"장차 공자를 모시기 위해 고국을 떠나왔습니다."

중이는 감격해서 말했다.

"우리는 형제나 다름없소. 내가 어찌 그대들의 은덕을 잊을 수 있겠소."

공자 중이가 망명한 해인 기원전 655년 가을 9월, 진헌공이 괵虢나라 토벌에 들어간 지 세 달 만에 괵나라를 손에 넣었다. 이해 12월, 진나라 군사가 철군 도중 길을 빌려준 우虞나라까지 병탄했다.

이로부터 4년 뒤인 기원전 651년 여름, 제환공이 규구葵丘에서 제후들과 회맹했다. 공교롭게도 이때 진헌공이 세상을 떠났다. 순식은 여희 소생인 해제를 상주로 모셨다. 이때 해제는 겨우 11세였다. 대부 이극이 역사力士를 동원해 해제를 척살했다. 여희의 생질 탁자가 뒤를 이어 상주가 되자 이극의 수하들이 탁자마저 척살했다. 여희는 후원의 연못에 몸을 던졌다. 이극이 곧 심복을 적인의 땅으로 보내 공자 중이에게 이를 보고했다. 중이가 호언을 불렀다.

"이극이 나를 옹립하려 하오."

"선공이 죽었는데 애도도 하지 않고 오히려 나라를 취하고자 하는 것은 도리에 어긋납니다."

"내란이 일어나지 않았으면 누가 나를 영접하려 했겠소?"

"부모가 죽는 것이 대상大喪이고, 형제간에 싸우는 소리가 담장 밖으로 넘어가는 것이 대란大亂입니다. 지금 일거에 대상대란이 일어났는데 이를 틈 타 보위에 올라서는 안 됩니다."

이를 보고받은 이극이 다시 사람을 양粱나라에 망명 중인 이오에게
보냈다. 이오는 이미 양나라 군주의 딸과 결혼해 아들까지 하나 두고
있었다. 이오가 이를 받아들였다. 제후들이 군사를 이끌고 고량高粱에
모였다. 제환공이 대부 습붕을 시켜 군사를 이끌고 가 진秦나라 및 왕
실의 군사와 합세하게 했다. 습붕이 이들과 만나 공자 이오를 옹립하
기로 의견을 모았다.

기원전 651년 겨울 11월, 공자 이오가 곧 즉위했다. 그가 진혜공晉
惠公이다. 진헌공이 숨을 거둔 지 두 달만의 일이었다. 진혜공은 왕실
을 포함해 중원의 패자인 제환공과 서쪽에서 막강한 세력을 구축한
진목공秦穆公 등에게 고루 승인을 얻은 셈이다.

당시 상황에서는 제안이 왔을 때 먼저 보위에 오르는 것이 순리였
다. 그럼에도 중이는 이를 거부한 것이다. 진문공 중이가 19년에 걸친
망명생활을 해야 했던 근본적인 이유가 바로 여기에 있다.

보복은 또 다른 원한을 낳는다

—

당시 진목공이 이오를 택한 것은 이오가 땅을 떼어주기로 약속했기
때문이다. 그는 이극을 포함한 진나라 대부들에게도 유사한 약속을
했다. 이들이 하나로 뭉쳐 이오의 즉위를 도운 것은 이 때문이다. 주
왕실과 제환공은 명분을 중시한 까닭에 중이와 이오 중 누가 보위에
오를지라도 크게 괘념치 않았다. 이에 이오는 주왕실과 제환공에게
는 땅을 떼어준다는 약속을 하지 않았다.

하지만 진혜공 이오는 즉위 후 약속을 지키지 않았다. 기원전 645년 가을, 이에 진목공이 진혜공을 치기 위해 대대적으로 군사를 일으켰다. 결국 진혜공이 대패해 포로가 되고 말았다. 당시 진목공의 부인 진목희는 이복동생인 진혜공이 포로가 되어 도성으로 끌려온다는 소식을 듣고 크게 놀랐다. 곧 태자 앵罃을 이끌고 대臺 위에 땔나무를 쌓게 한 뒤 그 위에 올라가 앉았다. 진목희의 사자가 급히 진목공이 있는 곳으로 달려가 그녀의 말을 전했다.

"진후가 이른 아침에 들어오면 첩은 저녁에 죽고, 저녁에 들어오면 다음 날 아침에 죽을 것입니다. 오직 군주의 결단에 달려 있습니다."

진목공이 급히 사자를 보냈다.

"과인은 머지않아 진후를 본국에 돌려보낼 것이니 부인은 상심하지 마시오."

이해 11월, 진목공이 진혜공을 돌려보냈다. 이를 계기로 진목공은 진晉나라의 황하 이동 지역을 차지한 뒤 관리를 두어 다스리기 시작했다. 이 지역을 통상 하동河東이라고 한다. 하동은 전략적으로 커다란 의미를 지니고 있었다. 진나라가 동쪽으로 진출하기 위해서는 반드시 이 지역을 차지해야만 했다. 진목공은 바로 그 가능성을 처음으로 연 것이다.

당초 진혜공은 공자 시절 양나라로 망명했을 때 양나라 군주의 딸 양영梁嬴을 부인으로 맞아들여 아들 어圉와 딸 첩妾을 낳았다. 진혜공이 즉위하자 어가 태자에 봉해졌다. 그는 진혜공이 포로로 잡혔다가 풀려나자 진나라에 인질로 가게 된다.

기원전 641년 가을, 진목공이 대군을 보내 양나라를 병탄했다. 이

와중에 태자 어의 외조부인 양나라 군주가 전사했다. 이에 태자 어가 원한을 품었다.

"양나라를 멸망시킨 것은 결국 우리 진晉나라를 업신여기고 있기 때문이다."

그는 이때부터 도주할 생각을 품었다. 기원전 638년 가을, 진혜공이 병이 나서 자리에 누웠다. 태자 어가 진나라에 인질로 잡혀온 지 7년이 지난 시점이었다.

"대부들이 다른 공자를 보위에 앉힐지도 모를 일이다. 차라리 도중에 잡히더라도 본국으로 달아나느니만 못하다."

도주하기 직전 부인 회영懷嬴에게 물었다.

"그대와 함께 고국으로 돌아갈까 하오."

회영은 진목공의 딸이다. 회영이 말했다.

"그대는 진나라 태자로 이곳에 와서 곤욕을 당하고 있으니 돌아가고자 하는 것은 당연한 일이 아니겠습니까? 부친이 저를 그대에게 보낸 것은 그대의 마음을 붙잡아 두기 위한 것입니다. 그대를 따라가면 부친의 명을 저버리는 일이 됩니다. 하지만 이 사실을 결코 발설하지는 않을 것입니다."

마침내 태자 어는 변복을 한 뒤 달아났다. 뒤늦게 이 소식을 들은 진목공이 대로했다.

"하늘이 이자를 돕지 않을 것이다."

그러나 병석에 누워 있던 진혜공은 크게 기뻐하며 태자 어에게 당부했다.

"공자 중이가 장차 외세를 끌어들여 보위를 빼앗고자 할 터이니 한

시도 방심해서는 안 된다. 매사를 대부 여생이나 극예 등과 상의해 차질이 없도록 하라."

이듬해인 기원전 637년 가을, 태자 어가 진회공晉懷公으로 즉위했다. 그는 백부인 공자 중이를 두려워해 곧 이같이 하명했다.

"진나라 신하로서 공자 중이를 따라 국외로 망명한 자들의 부모와 친척들은 세 달 이내에 망명한 자들을 모두 소환하도록 하라. 기한 내에 돌아오면 과거는 모두 불문에 부칠 것이다. 그렇지 않을 경우 당사자는 물론 부모, 친척 모두를 결코 용서하지 않을 것이다."

공자 중이의 외조부이자 원로대신인 대부 호돌은 두 아들을 부르지 않았다. 진회공이 호돌을 잡아들인 뒤 설득하자 호돌이 말했다.

"신의 자식들을 불러들이는 것은 그들에게 두 마음을 가르치는 것이 됩니다. 아비가 자식에게 두 마음을 가르치고서야 어떻게 군주를 섬길 수 있겠습니까?"

결국 호돌은 목이 달아났다. 진회공은 이 일로 인해 반년 뒤 보위에서 쫓겨난 뒤 참혹한 죽음을 맞이했다.

준비된 자가 결실을 얻는다
—

기원전 636년 봄, 중이를 진晉나라로 들여보내기 위해 황하 강변에서 성대한 송별연을 베풀었다. 장인이 된 진목공이 문득 황하를 굽어보다가 사위인 중이에게 부탁했다.

"귀국 후 부디 과인을 잊지 마시오."

"군주의 은덕으로 귀국하게 되었는데 어찌 잊을 리 있겠습니까?"

대부들이 대거 중이에게 투항하자 진회공은 황급히 고량高粱으로 도주했다. 진목공은 공자 중이가 무사히 진나라 군사를 접수했다는 소식을 듣고서야 비로소 도성인 옹성雍城으로 돌아갔다. 중이 일행이 곡옥으로 들어가 조상의 사당에 참배하며 귀국을 고하자 소식을 들은 30여 명의 대부들이 곡옥 땅으로 황급히 달려왔다. 중이는 그날로 강도에 입성에 곧바로 보위에 오르게 되었다. 당시 진문공의 나이는 62세였다.

진문공은 19년간에 걸친 망명생활을 통해 백성들의 고통을 누구보다도 잘 알고 있었다. 그는 일련의 개혁조치를 통해 진나라의 피폐한 기풍을 완전히 새롭게 바꿨다. 제환공의 뒤를 이어 춘추시대 두 번째 패자가 되기 위한 모든 조건이 구비된 셈이다.

기원전 633년 겨울, 초성왕이 네 나라의 군주와 함께 연합군을 이끌고 가 초나라의 지원을 받고 있는 송나라를 포위했다. 송나라의 대사마 공손 고固가 급히 진秦나라로 가서 구원을 청하자 호언이 일전을 권했다.

"초나라는 얼마 전에 처음으로 조나라의 지지를 얻었고 위나라와 혼인관계를 맺었습니다. 우리가 조나라와 위나라를 치면 초나라는 반드시 그 나라들을 구하려 할 것입니다. 그리되면 제나라와 송나라는 초나라의 위협으로부터 벗어날 수 있을 것입니다."

이듬해인 기원전 632년 봄, 진문공이 군제를 2군에서 3군으로 개편한 뒤 마침내 출격명령을 내렸다. 망명시절 자신을 박대했던 조曹나라를 칠 생각으로 위나라에 길을 빌려줄 것을 청했으나 위나라가 이를 허락하지 않았다. 진나라 군사는 길을 돌아 조나라를 친 데 이어 곧바로 위나라로 쳐들어가서 오록五鹿 땅을 점령했다. 같은 해 3월 10일, 진나라 군사가 조나라 도성을 함몰시키고 조공공을 사로잡았다.

당시 초성왕은 이미 철군해서 초나라 변경인 신申 땅에 머물러 있었다. 곧 초나라 원수 성득신에게도 송나라에서 철수할 것을 명했다. 하지만 성득신이 철군을 거부했다. 이해 여름, 진문공이 송나라 및 제나라 군사 등과 함께 지금의 하남 진류현인 성복城濮에 주둔했다. 성득신의 군사는 성복 일대의 휴酅 땅을 등지고 진을 쳤다. 다음 날 진나라 군사가 유신의 북쪽에 진세를 펼쳤다. 초나라의 성득신은 정예병 600명을 이끌고 나서며 이같이 호언했다.

"오늘 반드시 진나라 군사를 모두 없애 버릴 것이다."

대회전이 시작되자 진나라 군사가 말에게 범 가죽을 씌운 뒤 먼저 초나라 연합군을 향해 정면으로 치고 들어갔다. 초나라 연합군이 혼비백산해 도주하자 초나라 우군右軍이 궤멸하고 말았다. 초나라의 좌군도 진나라의 유인책에 휘말려 이내 궤멸했다. 진나라 군사는 사흘 동안 초나라 군사들이 주둔했던 곡 땅에 머물며 노획한 군량을 먹었다. 4월 8일 초나라 군사가 곡 땅에서 철군했다. 결국 성복의 대회전은 개전한 지 6일 만에 진나라 군사의 대승으로 귀결되었다. 사가들은 이를 이른바 '성복지역城濮之役'이라고 한다.

4월 29일, 진나라 군사가 정나라의 형옹衡雍 땅에 이르자 주양왕이 진나라 군사를 위로하고자 했다. 곧 천자의 행궁을 지금의 하남성 형택현인 천토踐土에 지었다. 5월 12일, 진문공이 초나라의 포로 등을 주양왕에게 바쳤다. 수레 100승과 포로 1,000명이었다. 이틀 뒤인 5

월 14일, 주양왕이 연회를 베풀어 진문공을 대접했다. 이어 왕자 호虎 등을 보내 진문공을 제후의 우두머리인 후백侯伯에 임명했다.

이때 주양왕은 진문공에게 제사를 지낼 때 타는 금색 수레와 이 수레를 탈 때 쓰는 붉은색 들닭 깃털 모자 대로지복大輅之服을 하사했다. 또한 군례를 행할 때 타는 수레와 이 수레를 탈 때 쓰는 가죽 모자 융로지복戎輅之服, 붉은 색 활인 동궁彤弓 1개, 붉은 색 화살인 동시彤矢 100개, 검은 색 활인 노궁旅弓 10개, 검은 색 화살인 노시旅矢 1,000개를 내렸다. 활과 화살은 패자의 자격으로 제후국을 정벌할 수 있는 권한을 부여한 것이다. 또 검은 기장으로 담은 향내 나는 술인 거창秬鬯 1유卣, 천자의 호위군사인 호본虎賁 300명을 내렸다. 이때 주양왕은 다음과 같이 당부했다.

"천자로서 숙부叔父에게 이르니 천자의 명을 공경히 받들어 사방의 제후들을 안무하고 천자에게 잘못을 저지르는 자들을 바로잡도록 하시오."

숙부는 진나라도 주왕실과 마찬가지로 희씨 성의 나라인 까닭에 이같이 말한 것이다.

"신 중이는 감히 재배고두再拜叩頭를 올리며 위대하고 밝고 아름다운 천자의 명을 받들어 이를 천하에 널리 선양하겠습니다."

진문공이 책명을 받고 나온 뒤 전후 세 차례에 걸쳐 주양왕을 조현朝見했다. 이로써 진문공은 주양왕이 참석한 천토회맹을 통해 마침내 명실상부한 춘추시대의 두 번째 패자가 되었다. 제환공 때 남북이 충돌한 적이 있기는 하나 외교전으로 일관한 까닭에 무력충돌로 발전하지는 않았다.

성복지역은 초나라가 중원의 대표와 무력으로 충돌했던 첫 번째 사례에 해당한다. 이 싸움을 계기로 천하의 패권은 자연 진나라로 돌아갔다. 춘추시대에 사상 처음으로 남북을 아우른 진정한 의미의 패자가 등장한 셈이다.

실력과 명분을 갖춘 자가 승리한다
—

기원전 628년 겨울, 진문공이 병으로 자리에 눕게 되었다. 그는 곧 조최 등 대신들을 불러들였다.

"경들은 세자 환讙을 받들어 과인이 이루어 놓은 패업을 결코 다른 나라에 빼앗기지 않도록 힘써주시오."

그리고는 이내 숨을 거두었다. 이때 그의 나이는 68세였다. 19년간에 걸친 망명생활 끝에 61세가 되어 보위에 오른 후 4년 만에 남방의 강국 초나라를 무력으로 제압하고 명실상부한 패자가 된 그는 8년 동안 천하를 호령하다가 마침내 숨을 거두고 만 것이다.

사상 첫 패자인 제환공은 춘추시대의 첫 패자라는 칭호를 받았음에도 한 번도 초나라를 결정적으로 굴복시킨 적이 없다. 그러나 두 번째 패자인 진문공은 초나라를 힘으로 제압하고 중원의 패권을 확고히 장악했다.

당시 초나라를 제압한 진문공의 자부심은 하늘을 찌를 듯했다. 이는 그가 천자를 자신이 주재하는 회맹 장소까지 불러낸 사실을 보면 쉽게 확인할 수 있다. 비록 천자가 제후국을 순행巡幸하는 형식을 취했으나 사실 천자를 강압적으로 끌어낸 것이나 다름없다. 공자는《논어》〈헌문〉에서 주양왕을 강압적으로 초치한 진문공의 비례를 다음과 같이 질타했다.

제환공은 바르고 술수를 부리지 않았으나 진문공은 술수를 부리며 바르지 않았다.

같은 패업인데도 제환공의 패업은 이른바 '정패正霸', 진문공의 패업은 이른바 '휼패譎霸'로 나눈 것이다. 훗날 주희는 공자가 정패와 휼패를 나눈 배경을 다음과 같이 풀이했다.

제환공은 초나라를 칠 때 대의를 내세우고 속임수를 쓰지 않았다. 그러나 진문공은 위衛나라를 쳐 초나라를 싸움으로 끌어들이고 음모로써 승리를 취했으니 그 속임이 매우 심하다고 할 수 있다. 두 사람의 다른 일도 이와 같은 것이 많다. 공자가 이를 언급함으로써 숨을 사실을 드러낸 것이다.

당시 공자가 진문공의 패업을 '휼패'로 규정한 것은 그가 무엄하게도 주왕을 천토와 온 땅으로 불러냈기 때문이다. 그러나 객관적으로 볼 때 진문공의 패업을 제환공보다 한 수 낮게 평한 것은 타당성을 찾기 힘들다. 엄밀히 말하면 제환공도 진문공 못지않게 존왕을 거스른 바 있다. 천자만이 행할 수 있는 봉선을 행하려고 시도한 것이 그 예다. 그런 점에서 제환공과 진문공의 패업을 공자처럼 굳이 정패와 휼패로 나눌 필요는 없다.

그럼에도 제환공과 진문공의 패업에는 분명히 차이가 나는 대목이 있다. 바로 제환공이 보여준 존망계절存亡繼絶의 행보가 진목공의 패업 행보에는 거의 나타나지 않는 점이다. 조曹나라를 멸했다가 곧바로 다시 부활시킨 것 정도밖에 없다. 그것도 이적에 의해 멸했던 것이 아니라 그 자신이 사적인 한풀이 차원에서 없애버렸다가 다시 복원시켜준 것에 불과하다. 그런 점에서 존망계절이 존왕양이의 중요한 징표로 나타난 제환공의 패업과는 현격한 차이가 있다.

왜 이런 현상이 나타난 것일까? 이는 당시 이미 하나의 보편적인 경향으로 등장한 이른바 멸국치현滅國置縣 현상과 무관하지 않다고 보아야 한다. 이는 군소 제후국을 병탄해 자국의 지방 현으로 편입하는 것을 말한다. 진문공은 제환공과 달리 조나라를 멸한 뒤 그 땅을 열국에 나누어주는 행동을 거침없이 자행했다. 이는 제환공이 보여준 존망계절의 행보와는 정반대되는 것이다.

진문공도 표면상으로는 제환공처럼 존망계절을 전면에 내세웠다. 그러나 그 역시 사실 초나라처럼 멸국치현의 흐름에 적극 가담한 셈이다. 천자를 대신해 패자가 휘두른 전봉권專封權과 전토권專討權은 적당한 명분과 기회만 주어지면 얼마든지 멸국치현으로 나아갈 가능성을 내포하고 있었다. 진문공 때에 이르러 중원의 패권국이 멸국치현에 동참하게 된 데에는 세족들의 세력다툼과 무관하지 않다.

실제로 진문공이 세상을 떠나자마자 진나라 세족들 간의 세력다툼이 표면화하기 시작했다. 당시 진나라의 세족들은 존망계절을 기치로 내걸고 주변 소국을 무차별로 공략해 자신의 영지를 계속 확대했다. 이런 멸국치현 현상은 중원의 종주국과 남방의 강자 초나라가 대치하는 외부 요인과 열국 내 세족들의 권력투쟁이라는 내부 요인이 복합적으로 작용한 결과라고 해석할 수 있다. 제환공과 진문공의 패업을 공자가 정패와 휼패로 나눈 것도 바로 이 때문이다. 이를 통해 천하대세가 시간이 지날수록 더욱 각박한 양상으로 전개되고 있었음을 짐작할 수 있다.

제4장

초장왕,
과감하게 결단하고
신의를 지켜라

때를 기다렸다가 시행하라

―

〈초장왕세가楚莊王世家〉는 초나라의 전성기를 구가한 초장왕楚莊王을 중심으로 전국시대 말까지 장강 이남을 호령한 남방의 강국 초나라의 역사를 다루고 있다. 초나라는 인구도 많았을 뿐 아니라 영토 또한 방대했다. 중원의 패권은 여러 나라가 돌아가며 차지했지만, 남쪽에서는 초나라가 막강한 위세를 떨쳤다.

그럼에도《춘추좌전》에서는 초나라를 남만南蠻으로 깎아내렸다. 초나라가 대국으로 우뚝 서게 된 것은 전적으로 춘추오패의 일원으로 손꼽히는 초장왕의 뛰어난 리더십 덕분이다. 초장왕은 막강한 무력을 배경으로 중원의 패권국인 진나라를 제압하고 주나라 도성인 낙양 인근까지 진출한 뒤 천하의 주인을 상징하는 구정九鼎의 무게를 묻는 문정問鼎 일화를 남긴 인물이다.

초장왕은 초나라가 천하의 제후를 호령할 수 있는 막강한 힘을 보유하게 되었음을 보여준 최초의 인물이다. 그가 등장할 당시 천하형세가 진晉·진秦·제齊·초楚 등 네 나라의 대결구도로 재편됨에 따라 점차 초나라가 막강한 무력을 노골적으로 드러내기 시작했다. 천하를 호령하던 진목공이 죽은 지 얼마 지나지 않아 중원의 패자를 자처한 진양공晉襄公도 이내 병사했다.

진양공의 뒤를 이은 진영공晉靈公 이고夷皐는 겨우 7세였다. 대부 조돈趙盾이 권력을 틀어쥐면서 진나라 공실은 허수아비로 전락하고 말았다. 초목왕楚穆王은 중원이 혼란하다는 보고를 받고는 곧바로 군신들을 모아놓고 대책을 논의했다. 결국 진나라에 빼앗긴 패권을 찾아오기 위해 일전도 불사한다는 강경노선이 채택되었다.

초목왕이 장군 투월초에게 명해 병거 300승을 이끌고 정나라를 치게 하면서 친히 정병을 이끌고 낭연狼淵에 영채를 세우고 이들을 후원했다. 이에 놀란 정목공이 급히 사람을 진나라로 보내 구원을 청하고, 성문을 굳게 닫고 버텼으나 이내 초나라의 계략에 말려들어 크게 패하고 말았다.

정나라가 다시 충성을 다짐하며 항복하자 초목왕은 포로로 잡은 정나라 장수들을 석방한 뒤 곧바로 철군했다. 그때 진나라의 권신 조돈趙盾은 노나라 및 송나라 군사 등과 함께 정나라를 구원하러 오던 중이었다. 이들은 정나라 국경에 이르렀을 때 항복 소식을 듣게 되었다. 송나라 대부 화우華耦 등이 격분해 조돈에게 건의했다.

"이번 기회에 반복무상反覆無常하기 그지없는 정나라를 쳐서 후환을 덜도록 합시다."

조돈이 반대했다.

"이번 일은 우리가 속히 와서 두 나라를 구해주지 못한 데 따른 것이오. 정나라에 무슨 죄가 있겠소? 이번은 그냥 돌아가도록 합시다."

이 틈을 타 초목왕은 정나라를 위시해 진陳과 채蔡 등의 중원의 소국을 차례로 자신의 세력권에 편입시켰다. 기원전 614년 초목왕이 죽자 곧 그의 아들 웅려熊侶가 보위에 올랐다. 그가 바로 사상 세 번째로 패업을 이룬 초장왕이다.

초장왕은 즉위 이듬해인 기원전 613년 봄부터 3년 동안 이상한 모습을 보였다. 전혀 호령號令을 발하지 않고, 사냥하러 갈 때만 출궁出宮하고, 사냥을 나가지 않을 때는 궁내에서 밤낮으로 부인들과 함께 술만 퍼마셨다. 이때 그는 시종을 시켜 이런 글을 문 밖에 내걸게 했다.

"감히 간하는 자가 있으면 죽음을 내릴 것이다!"

하루는 오삼伍參이 초장왕에게 간하기 위해 궁으로 들어갔다. 마침 초장왕은 왼손으로 정희鄭姬, 오른손으로 월녀越女를 껴안고 연주를 듣고 있었다. 당시 초장왕은 위협조로 오삼에게 이같이 물었다.

"대부는 술을 마시러 왔는가, 아니면 음악을 들으러 왔는가?"

"며칠 전, 신이 교외에 갔더니 어떤 사람이 신에게 수수께끼 같은 말을 했습니다. 신은 그 뜻을 알 길이 없어 대왕에게 이를 알려 드리려고 온 것입니다."

"무슨 이야기인가?"

오삼이 말했다.

"몸이 오색으로 빛나는 커다란 새 한 마리가 언덕에 앉아 있은 지 3년이 되었습니다. 그런데 그 새가 나는 것을 본 사람도 없고 우는 소리를 들은 사람도 없습니다. 과연 이 새는 무슨 새겠습니까?"

초장왕이 그 뜻을 짐작하고는 미소를 지으며 대답했다.

"그 새는 3년 동안 날지 않았으나 만일 한 번 날게 되면 곧바로 하늘로 치솟아오를 것이다. 3년 동안 지저귀지 않았으나 만일 한 번 지저귀게 되면 사람들을 크게 놀라게 만들 것이다!"

당시 초장왕은 명장경인鳴將驚人의 뜻을 헤아렸음에도 이후 몇 달 동안 오히려 더욱 주색을 즐기는 모습을 보였다. 하루는 대부 소종이 초장왕을 찾아가 통곡했다. 초장왕이 물었다.

"그대는 왜 이리 슬피 우는 것인가?"

"신은 이제 죽은 몸입니다. 장차 초나라는 망할 것입니다."

"무슨 이유로 그대가 죽고 초나라가 망한단 말인가?"

"대왕에게 간하면 대왕은 반드시 이를 듣지 않고 신을 죽일 것입니다. 그리 되면 대왕은 더욱 하고 싶은 대로 할 것이고 나라는 크게 기울어질 것입니다."

"그대는 죽음을 무릅쓰고 왜 감히 간하려 드는 것인가?"

"지금 대왕을 두려워하는 제후들이 사시四時로 바치는 공물이 끊임없이 들어오고 있습니다. 이는 만세의 이익입니다. 그런데 대왕은 밤낮으로 주색에 빠져 정사를 돌보지 않고 있습니다. 장차 대국은 쳐들어올 것이고, 소국은 우리를 배반할 것입니다. 일시의 쾌락을 위해 패망을 자초하려 하니 이보다 더 큰 어리석음이 어디에 있겠습니까?"

초장왕이 벌떡 일어섰다.

"그대의 말은 사직지신社稷之臣의 말이다. 과인이 어찌 그대의 말을 듣지 않겠는가? 과인은 다만 때를 기다렸을 뿐이다!"

이 일화는 비록 설화의 형식으로 꾸며져 있으나 사실에 기초한 것으로 보인다. 이후 초장왕은 음악과 여인들을 멀리하며 본격적인 친정 행보에 나섰다고 한다. 법을 어기거나 직무를 태만히 하는 자들을 가차 없이 주살하고, 초야에 묻혀 있던 인재를 대거 발탁했으며, 영윤의 권한을 분산시켜 전횡 가능성을 제도적으로 차단했다는 기록 등이 이를 뒷받침한다.

상대를 파악해 약점을 공략한다

—

기원전 606년 봄, 초장왕이 대군을 이끌고 가서 육혼陸渾 땅의 융인을 친 뒤 내친 김에 낙수雒水를 건너 주왕실의 경계에 이르렀다. 진나라는 초나라 군사가 주왕실의 경계에 이르기까지 아무런 움직임도 보이지 않았다. 초나라와의 마찰을 피하려 했음에 틀림없다.

초장왕은 왜 주왕실의 경계까지 쳐들어간 것일까? 육혼의 융인을 친 것은 하나의 구실에 불과하고 장차 주정왕을 위협해 천하를 반으로 나누고자 했을 공산이 크다. 초나라 군사가 주왕실의 경내에서 무력시위를 하자 보위에 오른 지 얼마 안 된 주정왕이 크게 두려워했다. 그는 곧 왕손 만滿을 초장왕에게 보냈다.

"대군을 이끌고 온 뜻이 무엇이오?"

초장왕이 대답했다.

"과인은 옛날 하나라 우왕이 구정九鼎을 만들었는데 그것이 상왕조를 거쳐 지금 주나라에까지 전해졌다고 들었소. 사람들은 구정이 천자를 상징하는 것으로 세상에 으뜸가는 보물이라고 하나 과인은 그것이 어떻게 생겼는지, 얼마나 크고 무거운지, 한 번도 본 적이 없소. 그래서 구경하러 왔을 뿐이오."

당시 주왕실은 비록 힘은 없었으나 아직 천자의 위엄이 남아 있었다. 중원의 제후국들은 초나라의 패권을 인정하지 않았다. 이에 초장왕의 문정은 왕손 만의 통렬한 반박을 받게 된다.

"옛날 하나라는 먼 곳의 나라들이 각각 그 나라의 기이한 산천을 그림으로 그려 올리고, 구주九州의 장관들이 동을 진공하자 구정을 만들었습니다. 하나라 걸桀 때 구정이 상왕조로 넘어갔고, 다시 은나라 주紂가 포학하자 주왕조로 넘어왔습니다. 주나라의 덕행이 아름답고 밝으면 구정이 비록 작다 하더라도 무거워서 쉽게 옮길 수 없고, 그렇지 못하면 구정이 비록 크다 하더라도 가벼워서 쉽게 옮길 수 있습니다. 주왕조의 덕이 비록 쇠미해졌다고는 하나 아직 천명이 바뀌었다는 조짐은 나타나지 않았습니다. 천자가 되는 것은 덕행에 있지 구정의 대소경중大小輕重에 있는 것이 아닙니다."

사서는 이 말은 들은 초장왕이 부끄러운 나머지 이내 철군한 것은 물론 이후 불측不測한 생각을 버리게 되었다고 기록해놓았다. 하지만 상황이 여의치 못해 부득이 철군했다고 보는 것이 옳다.

중원을 제패하지 못한 상황에서 구정을 초나라로 옮기는 것은 불가능했다. 주왕실을 대신해 천하를 취하고자 했다면 굳이 구정을 옮길 이유도 없었다. 실제로 초장왕은 왕손 만에게 이같이 말했다.

"그대는 구정을 믿지 말라. 구정은 초나라의 부러진 창만 녹여도 얼마든지 만들 수 있다."

고철을 녹여 얼마든지 구정을 만들 수 있다고 일갈한 것은 무력으로 천하를 장악하겠다는 뜻을 밝힌 것이나 다름없다. 초장왕이 구정의 대소경중을 물은 것은 주나라가 천명 운운하는 것을 가소롭게 여긴 결과다. 그는 천명은 하늘이 내리는 게 아니라 인간이 만드는 것이라 믿었다. 그가 문정 직전 주나라에 무력시위를 벌인 사실이 이를 뒷받침한다.

명분이 있는 일을 행하라

─

초나라가 진나라와 패권다툼을 벌일 당시 초장왕을 극도로 자극한 나라는 정나라였다. 초나라와 결맹하고도 다시 진晉나라를 섬길 뜻을 내비치는 등 수서양단首鼠兩端의 행보를 보인 탓이다. 기원전 597년 봄, 초장왕이 대군을 이끌고 가서 정나라 도성을 포위했다. 정양공은 진나라의 구원을 굳게 믿은 나머지 악전고투를 거듭하면서도 끝내 항복하지 않았다.

진나라의 권신 조돈은 초나라와 정면충돌하는 것을 원하지 않았다. 하지만 초나라 군사가 정나라 도성을 포위한 지 17일이 지나자 정나라는 더는 버티기 어려웠다. 정양공은 이내 초나라와 강화할 생각으로 점을 쳤다. 종묘 앞에서 울면서 수레를 거리에 죽 늘어세우고 이동할 준비를 하면 길하다는 점괘가 나왔다. 정나라 백성들이 종묘 앞에 모여 통곡하고 성벽 위에서 수비하던 병사들까지 덩달아 통곡하자 초장왕은 이같이 하령했다.

"공격을 중지하고 모든 군사는 10리 밖으로 퇴각하라."

초나라 군사가 일제히 10리 밖으로 물러갔다. 정양공은 진나라 구원병이 오지 않을까 생각해 백성들을 이같은 말로 고취했다.

"이제 곧 진나라 구원병이 올 것이다. 더욱 성을 굳건히 지키며 분발하라."

정나라 백성들이 다시 무너진 성을 수축한 뒤 남녀 할 것 없이 모두 성 위로 올라가 싸울 준비를 했다. 이에 초장왕이 대로했다. 정나라 도성을 겹겹이 포위했다. 하지만 세 달이 지나도록 진나라 구원병은 나타나지 않았다. 결국 정양공은 윗옷을 벗고 양을 끄는 모습으로 초장왕을 맞이했다. 이는 스스로를 노복에 비유하며 목숨을 구걸하는 항복의식이었다.

"대왕을 노엽게 만들어 몸소 여기까지 오게 했으니 이는 모두 저의 죄입니다. 정나라 백성을 초나라의 강남 땅으로 끌고 가 황무지에 살게 할지라도 그 명에 따를 것입니다. 또한 폐읍을 나누어 제후들에게 하사하고 정나라 백성을 노비인 신첩臣妾으로 삼을지라도 오직 그 명에 따르겠습니다. 대왕이 이전의 우호를 헤아려 정나라의 사직을 멸하지 않게 해준다면 이는 대왕의 은덕입니다. 감히 바라는 것은 아니고 단지 저의 속마음을 말씀드린 것입니다. 오직 군왕의 명을 따를 것입니다."

좌우에서 간했다.

"지금 부득이하게 항복하는 것입니다. 그의 청을 들어주면 또 우리를 배반할 것입니다. 그를 사면해서는 안 됩니다."

초장왕이 말했다.

"정나라 군주는 능히 예로써 자신을 낮출 수 있는 사람이니 반드시 믿음으로 그의 백성을 동원할 수 있을 것이오. 그런데 과인이 어찌 그의 땅을 바랄 수 있겠소!"

그러고는 30리를 물러났다. 정양공이 친히 초나라 군영을 찾아가 다시 사죄한 뒤 강화를 청했다. 초나라가 이를 받아들였다. 《춘추좌전》에 따르면 당시 진나라는 정나라가 초나라의 공격을 더는 견디지 못하고 항복할 즈음 비로소 출병했다. 이들은 황하에 이르렀을 때 정나라가 이미 초나라와 강화조약을 맺었다는 말을 듣게 되었다. 총사령관인 중군 주장 순림보는 이 이야기를 전해 듣고는 회군을 주장했다.

"정나라를 구하기에는 이미 늦었소. 초나라와 싸우는 것은 우리 병사들만 수고롭게 만들 뿐이오. 그러니 설령 진군한들 무슨 이득이 있겠소. 초나라가 군사가 물러가기를 기다렸다가 다시 군사를 일으켜 정나라를 치더라도 늦지 않을 것이오."

상군 주장 사회가 거들고 나섰다.

"가히 싸울 만할 때 전진하고 공격하기 어려우면 후퇴하는 것이 전략상 좋은 계책입니다. 어리석고 세력을 떨치지 못하는 나라가 많은데 하필 초나라와 다툴 이유가 있겠습니까? 약소국을 어루만지고 정치가 혼란한 나라를 공략하는 게 낫습니다."

그러나 중군 부장 선곡이 이에 반발해 중군대부 조동과 상군대부 조괄 형제에게 말했다.

"나는 휘하 군사만이라도 이끌고 가서 싸울 작정이오."

이에 세 장수는 이내 휘하의 군사들을 이끌고 황하를 건넜다. 당시 진나라 장수들은 극심한 내분을 겪고 있었다. 이들의 논의는 크게 두 가지로 갈라져 있었다. 초나라 군사의 예기가 성하니 일단 화해를 하고 싸움은 피하자는 주화파主和派와 중원의 맹주로서의 지위를 유지하기 위해서는 반드시 일전을 겨룰 수밖에 없다는 주전파主戰派가 바로 그것이다. 총사령관인 중군 원수 순림보는 주화파에 속했다. 그는 일찍이 제후들의 군사를 이끌고 송나라를 토벌하러 갔다가 송나라로부터 뇌물을 받고 도중에 돌아간 적이 있었다. 최악의 인물이 삼군을 통수하는 총사령관이 된 셈이다. 진나라의 참패는 이미 예견된 것이었다.

초장왕은 군사를 이끌고 북상해 정나라 변경인 연郔 땅에 주둔하고 있었다. 보고를 접한 진나라는 정면승부를 꾀했다. 초나라 군사가 정나라의 관管 땅에 영채를 세운 뒤 진나라 군사가 가까이 오기를 기다렸다. 마침내 결전의 날이 오자 초장왕은 친히 북채를 들고 북을 쳤다. 초나라 군사들의 병거와 보병이 쏜살같이 달려가 진나라 군사를 습격했다. 진나라 군사가 크게 패해 황급히 달아났다. 이들은 나루터까지 달아나기는 했으나 배가 사방으로 흩어져 있어 크게 당황했다.

진나라 사령관 순림보가 선곡을 시켜 배를 모아오게 했다. 그사이 진나라 군사들이 꾸역꾸역 밀려들어 나루터는 삽시간에 난장판이 되었다. 얼마 안 되는 배로 이들을 모두 실을 수가 없었다. 남쪽에서 먼지가 뽀얗게 일자 순림보가 급히 북을 치며 호령했다.

"먼저 강을 건너는 자에게는 상을 내릴 것이다."

먼저 배를 타려고 서로 밟고 죽이는 생지옥이 연출되었다. 배가 마구 뒤집히는 상황에서 먼저 승선한 병사들이 뱃전을 움켜 쥔 병사들의 손을 칼로 내리쳤다. 황혼 무렵 진나라 군사를 뒤쫓던 초나라 군사가 지금의 하남성 섬현인 필邲 땅에 이르렀다. 대부 오삼이 청했다.

"속히 진나라 군사를 뒤쫓아 가서 그들을 모조리 무찔러야 합니다."

오삼은 춘추시대 말기 천하를 떠들썩하게 만든 오자서의 증조부이다. 초장왕이 반대했다.

"우리는 전에 성복城濮 땅에서 진문공에게 패한 이래 사직까지 치욕을 받아야만 했소. 그러나 이번 싸움으로 가히 지난날의 분을 씻게 되었소. 이제 우리도 진나라와 강화할 도리를 생각해야만 하오."

이에 더는 전진하지 않고 필 땅에 영채를 세웠다. 덕분에 진나라 군사는 황하를 무사히 건널 수 있게 되었다. 그러나 사지를 빠져나온 진나라 군사들은 이미 크게 놀란 까닭에 대오를 이루지 못한 채 어지럽기 짝이 없었다. 이들은 다음날 아침이 되어서야 겨우 황하를 모두 건너게 되었다.

정양공은 초군이 승리했다는 소식을 듣고는 곧바로 필 땅까지 갔다. 초나라 군사들을 형옹衡雍으로 안내해 크게 잔치를 베풀고 승전을 축하했다. 이때 초나라 장수가 초장왕에게 건의했다.

"대왕은 어찌해 적의 시체를 모아 산처럼 경관京觀을 세워 후세의 구경거리로 삼으려 하지 않는 것입니까?"

초장왕이 말했다.

"원래 '무武'자는 싸움을 멈추게 한다는 뜻에서 '과戈'자에 '지止'자를 더해 만든 것이오. 무에는 포학을 금하고, 싸움을 그치게 하고, 큰 나라를 보유하고, 천하평정의 공을 세우고, 백성을 편안하게 하고, 만민을 화락하게 만들고, 만물을 풍부하게 하는 등 일곱 가지 덕이 있소. 나는 이 일곱 가지 덕 중 단 한 가지도 이루지 못했소. 장차 무엇으로 후손에게 무덕武德을 보일 수 있겠소? 오직 선군의 사당에 승전을 고하면 그것으로 충분하오. 옛날에 영명한 왕이 불경스러운 무리를 토벌하고, 약소국을 병탄하는 불의한 자들을 죽인 뒤 그 시체 위에 흙을 덮어 경관을 만든 것이오. 이는 경관을 본보기로 삼아 간특함을 징계하고자 했던 것이오. 지금 진나라는 죄를 지은 것이 없고 백성들은 충성을 다해 죽음으로 군명을 받들고 있소. 그러니 어찌 경관을 만들 수 있겠소?"

그리고는 진나라 군사의 시체를 모두 땅에 묻어주었다. 초장왕은 황하 강변에서 하신에게 제사를 지낸 뒤 선군의 사당을 지어 승전을 고하고는 이내 회군했다. 그의 이런 모습은 제환공이나 진문공이 보여준 패자의 모습에 비견할 만하다. 초장왕은 실력뿐 아니라 도덕적인 명분 면에서도 진나라를 압도했다.

기원전 595년 봄, 초나라 영윤 손숙오가 사망했다. 당시 진나라의 집정대부 순림보는 필 땅의 패배를 설욕하고자 절치부심하고 있었다. 순림보가 곧 공궁으로 들어가 진경공에게 건의했다.

"초나라가 큰 상을 당했으니 갑자기 출병할 수는 없을 것입니다. 이 기회를 놓치지 말고 우리의 힘을 정나라에 보여주어야 합니다."

진경공이 이를 받아들였다. 이해 여름, 순림보가 곧 군사들을 이끌고 정나라로 쳐들어갔다. 순림보는 곡식과 백성들을 노략질한 뒤 곧바로 회군하려 했다. 이에 제장들이 청했다.

"이왕 이곳까지 왔으니 정나라 도성을 포위해 공격하는 것이 좋을 듯합니다."

"정나라가 스스로 우리에게 귀부하도록 만드는 것이 낫소."

진나라 군사가 철군하자 정양공이 직접 초나라로 갔다. 공손 흑굉黑肱을 인질로 보내면서 대신 인질로 가 있던 공자 거질을 데려오고 자 했다. 언변이 좋은 공자 거질을 통해 위기를 넘기고자 한 것이다. 초장왕이 말했다.

"정나라가 이토록 과인을 믿는데 무슨 인질이 필요하겠소!"

초장왕은 공손 흑굉과 공자 거질을 모두 정나라로 돌려보낸 뒤 군 신들을 모아놓고 대책을 논의했다. 그는 이 기회에 진나라를 완전히 제압해 다시는 초나라에 대항하지 못하게 만들고자 했다. 공자 측이 건의했다.

"지금 송나라는 진나라와 친합니다. 우리가 송나라를 치면 진나라는 송나라를 돕지 않을 수 없습니다. 그러니 어느 겨를에 진나라가 정나라를 놓고 우리와 다툴 수 있겠습니까?"

초장왕이 물었다.

"그 계책이 좋기는 하나 과연 무슨 명분으로 송나라를 칠 것이오?"

공자 영제가 대신 대답했다.

"그것은 어렵지 않습니다. 그간 제후들이 대왕을 여러 번 초빙했지만 우리는 아직 한 번도 이에 적극 호응하지 못했습니다. 제나라는 우리와 가깝습니다. 이번에는 우리가 사자를 제나라로 보내 제후를 초빙하도록 하십시오. 사자가 제나라로 가려면 반드시 송나라를 거쳐야만 합니다. 이때 송나라에 미리 길을 빌려달라고 청하지 않고 지나려 하면 송나라는 틀림없이 화를 내며 우리 사자에게 욕을 보일 것입니다. 이를 문제 삼아 송나라를 치면 될 것입니다."

초장왕이 이 계책을 받아들였다. 그러나 누구를 사자로 보내야 할지 잘 생각이 나지 않았다. 공자 영제가 건의했다.

"대부 신무외申無畏가 지난날 궐학厥貉의 회맹 때 참석한 일이 있습니다. 그를 보내면 좋을 것입니다."

초장왕은 이를 받아들였다. 궐학의 회맹은 초장왕의 부왕인 초목왕이 진晉나라와 가까이 한 송나라를 문책하기 위해 송나라의 궐학으로 진군한 뒤 열국의 군주를 소집한 사건을 말한다. 당시 신무외는 송소공이 불경스러운 모습을 보였다는 이유로 송소공의 수레를 모는 어자御者를 채찍으로 때린 후 군중에 조리를 돌렸다. 이 일로 인해 송나라는 군신은 신무외에게 이를 갈았다. 그러다가 마침 이때에 이르러 공자 영제가 대부 신무외를 천거한 것이다. 신무외를 미끼로 삼아 송나라의 도발을 유도하려는 속셈이었다. 초장왕이 신무외에게 당부했다.

"송나라를 지나면서 미리 길을 빌려달라고 청하지 마시오."

신무외가 말했다.

"송나라는 사리에 어두우니 제나라에 사자로 가면 저는 반드시 피살되고 말 것입니다."

초장왕이 다짐했다.

"그대를 죽이면 내가 송나라를 칠 것이다."

결국 송나라 사람들은 신무외를 죽인 뒤 제나라에 바치는 문서와 예물을 모두 불태워 버렸다. 대로한 초장왕이 친히 대군을 이끌고 송나라로 쳐들어가 도성인 수양성睢陽城을 포위했다. 그러나 송나라의 반격도 만만치 않았다. 공성전은 이듬해인 기원전 594년 봄까지 계속되었다. 송나라 사자가 몰래 성을 빠져나가 진나라에 도움을 청했다. 진경공이 곧바로 군사를 일으켜 송나라를 도우려고 하자 대부 백종伯宗이 계책을 냈다.

"초나라에서 송나라까지는 2,000리입니다. 초나라가 그 먼 길을 계속해서 군량을 보내기는 어려운 노릇이니 초군은 반드시 오래 버티지 못할 것입니다. 사자를 송나라로 보내 곧 진나라 대군이 당도할 것이라고 말하십시오. 초나라 군사가 이 소문을 들으면 몇 달 안에 돌아갈 것입니다. 이것이 바로 초나라 군사와 싸우지 않고도 송나라를 구하는 길입니다."

진경공이 이를 좇았다. 결국 수양성에 대한 공격은 우여곡절 끝에 송나라가 집정대부 화원을 볼모로 보내며 향후 초나라에 충성을 다 짐하는 맹세를 맺는 것으로 끝났다. 초장왕이 신무외의 영구와 볼모로 온 화원을 이끌고 철군했다. 초나라로 돌아온 초장왕은 신무외을 크게 장사지낸 뒤 그의 아들 신서를 대부로 삼았다. 송나라의 투항은 초나라가 진나라를 제압하고 사실상 천하의 패자가 되었음을 확인한 것이나 다름없었다.

제5장

자산,
엄중함과 관대함을
적절히 구사하라

서로의 장점을 살려라

—

〈자산열전子産列傳〉의 원래 제목은 〈순리열전循吏列傳〉이다. 법을 잘 지키고 나라를 잘 다스린 청빈한 관원들의 사적을 모아 놓은 것이다. 그런 관원들을 순리循吏라고 한다. 일명 청관清官으로도 불린다. 〈순리열전〉에 수록된 청관은 모두 5명이다. 초장왕 때 재상으로 활약한 손숙오孫叔敖, 정나라를 부강하게 만든 자산子産, 전국시대 노나라의 공의휴, 춘추시대 말기 초소왕 때 재상을 지낸 석사石奢, 춘추시대 중엽 진문공 때 활약한 이리李離 등이 그들이다. 5명의 순리 가운데 가장 대표적인 인물이 자산이다. 《논어》에는 모두 세 곳에 걸쳐 자산에 대한 공자의 평이 나온다. 모두 칭찬 일색이다. 이는 공자가 자산을 군자의 모델로 삼았기 때문이다. 이를 뒷받침하는 평이 《논어》〈공야장公冶長〉에 나온다.

자산에게는 군자의 도가 네 가지 있었다. 몸소 행하면서 공손했고, 윗사람을 섬기면서 공경했고, 백성을 양육하면서 은혜로웠고, 백성을 부리면서 의로웠다.

자산이야말로 신하가 갖추어야 하는 신도臣道의 덕목을 모두 갖추었다는 칭송이다. 군주와 신하는 치국평천하를 구현하기 위한 상호 경쟁자이자 보완자의 관계에 있다. 공자를 비롯한 제자백가가 하나

같이 군도와 신도를 동시에 언급하며 군주와 신하를 치국평천하의 두 축으로 군신공치君臣共治의 군자학을 역설한 이유다.

실제로 공자는 군자학을 정립하는 데 모든 삶을 바쳤다. 14년간 천하유세를 행한 데서 알 수 있듯이 그 과정은 파란만장했다. 공자가 자산을 바람직한 군자가 행하는 신도의 모델로 삼은 것은 바로 이 경험에서 우러나온 것이다. 이를 뒷받침하는 《논어》〈헌문〉의 대목이 있다.

정나라는 외교사령外交辭令을 만들 때 먼저 비심裨諶이 초안을 만들고, 유길游吉이 그 내용을 검토하고, 자우子羽가 이를 다듬고, 마지막으로 동리東里에 사는 자산이 윤색해 완성시켰다.

공자가 자산을 포함해 이들 4명의 대부를 공히 칭송한 것은 이들이 서로 자신의 장점을 최대한 발휘하면서 일치단결해 약소국 정나라를 강소국으로 만든 점을 높이 평가한 결과다. 비심과 유길, 자우는 모두 자산이 천거한 자산의 사람들이다. 결국 인재를 고루 등용해 나라를 다스린 자산을 극찬한 것이나 다름없다.

때로는 혹독한 결단이 필요하다
—

고금을 막론하고 덕치德治에 기초한 왕도王道는 인기가 많다. 부드럽고 관대하기 때문이다. 이에 반해 법치法治에 기초한 패도는 엄하고 가혹하기 때문에 사람들의 원망을 듣기 십상이다. 그러나 종기를 앓는 아이를 치유하기 위해서는 아이가 우는 것을 무릅쓰고 종기의 뿌리를 뽑는 근치根治가 필요하듯 패도도 중요하다.

약소국 정나라가 처한 상황은 중원의 패자인 진나라와 다를 수밖에 없다. 정나라는 종기를 앓는 아이와 유사했다. 이에 자산은 세족들은 물론 백성들에게 원성을 들으면서도 법치에 기초한 부국강병책을 강력하게 추진했다. 자산의 정책에 관한 일화가 《춘추좌전》에 실려 있다. 이에 따르면 자산이 집정한지 1년이 되자 일반인들이 이러한 노래를 지어 그를 비난했다.

의관을 몰수하자 부자들은 이를 감추고
전주를 몰수한 뒤 정비해 나누어주었네.
누가 자산을 죽이면 기꺼이 도와주리라.

여기서 말하는 의관은 사치를 금지시킨 것을 상징한 것이다. 자산은 관중과 마찬가지로 부국강병책을 실시하면서 사치를 엄금했다. 그러자 세족을 비롯한 가진 자들이 이를 감추는 소동이 일어난 것이다. 전주田疇는 대대적인 토지구획 정리와 세제의 개편을 의미한다. 이는 재정을 확충하려는 시도였다. 이런 일련의 변법으로 인해 그는 큰 원성을 들어야만 했다. '누가 자산을 죽이면 달려가 도와주겠다'는 언급은 당시 그가 시행한 부국강병책이 매우 혹독하게 진행되었음을 암시한다. 그러나 그 효과는 컸다. 《춘추좌전》은 3년 후 정나라 백성들이 이런 노래를 지어 그의 업적을 칭송했다고 기록해놓았다.

우리 자제를 자산이 잘 가르쳐주었네.

우리 농토를 자산이 크게 불려주었네.

자산이 죽으면 누가 그 뒤를 이을까.

'누가 자산을 죽이면 달려가 도와주겠다'며 원성을 퍼붓던 정나라 백성들은 3년 후 자신의 자식들을 잘 이끌고 재산을 크게 불려준 자산에게 칭송을 아끼지 않으며 그의 사후를 염려한 것이다. 자산의 교육정책과 경제정책이 일대 성공을 거두었음을 암시하는 구절이다. 《사기》〈정세가鄭世家〉에는 자산이 죽는 기원전 496년의 상황이 다음과 같이 기록되어 있다.

자산이 죽자 정나라 사람들이 모두 슬퍼하며 울었다. 마치 부모가 죽은 듯이 슬퍼했다. 자산은 사람을 대할 때 인애仁愛했고 군주를 섬기면서 충후忠厚했다. 공자가 일찍이 정나라를 지날 때 자산을 만나 형제처럼 지냈다는 이야기가 있다. 그는 자산이 죽었다는 소식을 듣고는 '백성을 자애롭게 돌보는 옛 사람의 유풍이 있었다'며 슬피 울었다.

원문은 '고지유애古之遺愛'다. 백성을 사랑하는 애민의 표상으로 간주한 것이다.

자산이 활약할 당시 천하는 중원의 진나라와 남방 강국 초나라의 각축으로 인해 크게 어지러웠다. 약소국 정나라는 두 강대국의 틈새에서 무수한 침략을 받으며 심한 고초를 겪었다. 설상가상으로 내부에서는 세족들의 정쟁이 그치지 않았다. 이 상태가 지속된다면 정나라는 이내 패망할 수밖에 없었다.

자산은 바로 이런 절체절명의 위기상황에서 집정 자리에 올라 20여 년 동안 부국강병을 추구했고, 내우외환에 시달리던 패망위기의 정나라를 자주독립을 이룬 강소국으로 탈바꿈시켰다. 뛰어난 리더십을 지닌 지도자를 만나면 아무리 절체절명의 위기상황에 처한 나라일지라도 크게는 천하를 호령하는 강대국이 될 수 있고, 작게는 열강에 얕보이지 않는 강소국을 만들 수 있음을 보여준 사례다.

현재 많은 학자들은 자산이 행한 일련의 개혁조치의 특징을 크게 세 가지로 요약하고 있다. 첫째, 형정의 주조다. 이는 세족들의 불법행위를 억제했다는 긍정적인 평가를 받고 있다. 둘째, 구부제다. 이는 농민들을 병사로 동원한 제도로 갑사甲士의 신분제한을 철폐했다는 점에서 매우 획기적인 조치로 평가되고 있다. 셋째, 경지정비다. 이는 정목공의 아들인 공자 비騑가 시행한 이른바 전혁田洫 조치를 계승한 것이다. 이는 농지의 구획 정리와 관개용수의 정비를 포함해 농민을 5호 단위의 오伍로 편성한 조치를 말한다. 생산력의 향상과 군제 개편을 동시에 꾀한 것이다. 이는 식량증산에 커다란 기여를 했다는 평가를 받고 있다.

주목할 것은 이런 일련의 개혁조치와 더불어 사치를 엄격히 금하는 조치를 동시에 취한 점이다. 그는 의복이나 거마 등을 신분에 맞게 규정하고 위반한 자는 엄벌로 다스렸다. 신분에 맞지 않는 사치를 엄금한 것이다. 이는 개혁의 효과를 극대화하기 위한 부수적인 조치라고 볼 수 있다.

다른 의견에 귀를 기울여라

—

사람을 단박에 알아보는 식견을 지인지감知人之鑑이라고 한다. 지감은 이의 줄임말이다. 자식을 가장 잘 아는 사람이 부모고, 신하를 가장 잘 아는 사람이 군주다. 군도를 체득한 군주일지라도 지감은 매우 어렵다. 자산도 지감의 한계를 통감한 경험이 있다.

기원전 548년 겨울, 자산은 뒤늦게 대부 연명然明이 현명한 것을 알게 되었다. 곧 그에게 정치에 관해 물었다. 연명이 대답했다.

"백성 보기를 자식 돌보듯이 합니다. 또한 불인不仁한 자를 보면 마치 매가 참새를 쫓듯이 가차 없이 주륙誅戮하면 됩니다."

자산이 크게 기뻐하며 이 이야기를 대부 유길에게 전하면서 이같이 말했다.

"전에는 연명을 만나면 그의 얼굴만을 보았으나 이제는 그의 마음을 보게 되었소."

유길이 물었다.

"과연 정치란 무엇입니까?"

자산이 대답했다.

"정사를 돌보는 것은 농사짓는 일과 같소. 밤낮으로 국사를 생각하되 그 시초부터 잘 생각해야 좋은 결과를 이룰 수 있소. 조석으로 힘써 행하되 행한 일이 당초의 생각을 넘지 않도록 해야만 하오. 마치 농사를 지으며 농지의 경계를 넘지 않듯이 하면 잘못하는 일이 적을 것이오."

정치를 농사에 비유해 설명한 사람은 자산이 처음이다.《춘추좌전》

에 수록된 이 일화는 바로 자산이 농사짓는 농부의 심경으로 정사에 임했음을 방증하고 있다. 자산이 뛰어난 경세가이자 책략가라는 사실은 앞서 간략히 살펴본 바 있다. 그렇다면 자산이 뛰어난 재상임을 뒷받침하는 구체적인 예는 무엇이 있을까?

《사서》와《제자백가서》에 나오는 이야기를 종합하면 크게 두 가지를 재상의 자질로 들 수 있다. 인재를 천거하는 거현擧賢과 언론개방言論開放이다. 거현은 신도의 핵심에 해당한다. 또한 거현의 전제조건은 지감이다. 지감이 없으면 거현을 제대로 행할 수 없다.

일찍이 관중도 제환공이 곧바로 재상으로 발탁하려 하자 자신의 한계를 인정하며 여러 인재를 천거했다. 습붕隰朋과 영월寧越, 성보成父, 빈수무賓須無, 동곽아東郭牙 등이 그들이다. 습붕은 외교, 영월은 경제, 성보는 군사, 빈수무는 사법, 동곽아는 언론에 뛰어났다.《관자》에 나오는 기록만으로 보면 대사간大司諫에 임명된 동곽아는 역사상 첫 언론담당관에 해당한다. 당시 관중은 제환공에게 재상이 행하는 '거현'의 효능을 이같이 설명했다.

"군주가 나라를 다스리고 병력을 튼튼히 하려면 이들 5명이 있을 뿐입니다. 그러고도 다시 패업을 원한다면 신이 비록 재주는 없으나 군명을 좇아 모든 힘을 다하도록 하겠습니다."

능력을 좇아 발탁해 부리는 택능사지擇能使之와 현자를 임용해 그 능력에 따라 부린다는 임현사능任賢使能을 언급한 것이다. 자산도 관중과 마찬가지로 택능사지와 임현사능의 기본 원칙을 충실히 좇았다. 집정의 자리에 오르자마자 자신을 도와 정사를 돌볼 인재를 대거 발탁해 적재적소에 배치했다. 그는 곁에 언론담당관을 두지 않았다. 이는 본인을 포함해 주변 인재들이 언관의 역할을 대행했기 때문이다.

《춘추좌전》에 따르면 기원전 542년 겨울, 정나라 백성들이 당시 집회장소로 사용되었던 향교鄕校에 모여 집정대부 자산이 취한 일련의 조치를 놓고 득실을 논했다. 이를 못마땅하게 생각한 대부 연명이 자산에게 건의했다.

"향교를 헐어 버리면 어떻겠습니까?"

자산이 반대했다.

"무슨 이유로 그리 한단 말이오? 사람들이 조석으로 일을 마친 뒤 모여서 집정의 정사가 잘되었는지를 논하면, 그들이 좋아하는 것은 실행하고 싫어하는 것은 개혁하면 되는 것이오. 그들의 논평이 곧 나의 스승인 셈인데 어찌 향교를 헐어 버린단 말이오? 나는 '선행에 충실해 원망을 막는다'라는 말은 들어보았으나 '위세로써 원망을 틀어막는다'는 말은 들어본 적이 없소. 어찌 위세로 그들의 논평을 막을 수 있겠소. 이는 개울물의 흐름을 막는 것과 같소. 방죽을 크게 터서 한꺼번에 흐르게 하면 많은 사람을 상하게 하오. 그리 되면 사람들을 구할 길이 없소. 방죽을 조금 터놓아 물을 서서히 흘려보내는 것만 못하오. 향교를 허무는 것은 내가 그들의 논평을 받아들여 약으로 삼는 것만 못하오."

연명이 탄복했다.

"저는 이제야 비로소 집정이 대사를 이룰 수 있는 사람이라는 사실을 깨달았습니다. 만일 그대의 말대로 행한다면 장차 우리 정나라는 전적으로 그대를 의지할 것입니다. 그대를 의지하는 사람이 어찌 저와 같은 조정 대신들에 한정되겠습니까?"

이 말을 들은 공자는 자산을 칭송했다.

"나는 장차 어떤 사람이 자산을 두고 어질지 못하다고 말할지라도 결코 믿지 않을 것이다!"

공자가 자산을 얼마나 깊이 사숙했는지를 짐작하게 해주는 대목이다. 자산은 언론소통의 중요성을 공식적으로 언급한 최초의 인물이다.

상황에 맞게 처신하라

자산은 왕도와 패도를 적절히 혼용해 구사하는 데 뛰어났다.《춘추좌전》에 따르면 기원전 496년, 자산이 병으로 자리에 누워 사경을 헤맸다. 그는 곧 자신이 수명이 다 할 것을 알고 대부 유길을 불러 이같이 당부했다.

"내가 죽으면 그대가 틀림없이 집정이 될 것이오. 오직 덕이 있는 자만이 관정寬政으로 백성을 복종시킬 수 있소. 그렇지 못한 사람은 맹정猛政으로 다스리느니만 못하오. 무릇 불은 맹렬하기 때문에 백성들이 이를 두려워하므로 불에 타 죽는 사람이 많지 않소. 그러나 물은 유약하기 때문에 백성들이 친근하게 여겨 쉽게 가지고 놀다가 이로 인해 매우 많은 사람이 물에 빠져 죽게 되오. 그래서 관정을 펴기가 매우 어려운 것이오."

그러나 유길은 자산의 당부를 제대로 이행하지 않고 관정으로 일관하자 도둑이 급속히 늘어났다. 후에 유길이 '내가 일찍이 자산의 말을 들었더라면 이 지경에 이르지는 않았을 것이다'라며 크게 후회했다.

그리고는 곧 보병을 출동시켜 무리지어 숨어 지내는 도둑들을 토벌했다. 그러자 도둑이 점차 뜸해졌다. 이를 두고 공자는 이같이 평했다.

"참으로 잘한 일이다. 정치가 관대해지면 백성이 태만해진다. 태만해지면 엄히 다스려 바르게 고쳐야 한다. 정치가 엄하면 백성이 상해를 입게 된다. 상해를 입게 되면 관대함으로 이를 어루만져야 한다. 관대함으로 백성들이 상처 입는 것을 막고 엄정함으로 백성들의 태만함을 고쳐야 정치가 조화를 이루게 되는 것이다. 《시》에 이르기를, '다투거나 조급하지 않고, 강하지도 유하지도 않네. 정사가 뛰어나니 온갖 복록이 모여드네'라고 했다. 이는 관정과 맹정이 잘 조화된 정치를 말한 것이다."

공자의 평은 왕도와 패도를 섞어 쓰는 이른바 관맹호존寬猛互存의 이치를 언급한 것이다. 그럼에도 성리학자들은 맹자처럼 오직 왕도만을 주장하는 우를 범했다. 그들이 오랫동안 관중과 자산을 제대로 평가하지 못한 것도 이와 무관하지 않다.

춘추시대 전시기를 통틀어 관중과 자산만큼 국기國紀를 바로잡아 나라를 부강하게 만들고, 백성들로 하여금 평안히 생업에 종사하게 만들고, 천하를 병란의 위협으로 구해낸 인물도 없다. 두 사람 모두 공자가 갈파했듯이 '관맹호존'의 입장을 취한 결과다. 여기서는 왕도와 패도를 섞어 쓰는 것이 관건이다.

자산이 집정할 당시 정나라는 외부적으로 진나라와 초나라의 압력이 날로 강화되고, 내부적으로는 권력다툼이 극에 달하는 등 패망의 위기가 최고조에 달해 있었다. 그가 집정하기 전까지만 해도 정나라가 아침에 진나라에 붙었다가 저녁에 초나라에 붙는 식의 이른바 조진모초朝晉暮楚의 기회주의 외교가 거듭되었다. 자산은 이를 근원적으로 개선하고자 했다. 세족들이 둘로 나뉘어 유혈전을 펼칠 때 시종 중도의 입장에 서서 내분을 진정시켜 국내정치의 안정을 꾀했다. 이후 그는 곧 조진모초의 기회주의 외교를 뜯어고치기 위해 발 벗고 나섰다.

먼저 그는 진초 양국의 내정을 면밀히 검토했다. 그들이 정나라에 원하는 바가 무엇인지를 파악하기 위한 조치였다. 마지막으로 정나라가 그들에게 해줄 수 있는 것이 무엇인지를 따졌다. 당시 200년 가까이 중원의 패자를 자처해온 진나라는 겉으로는 명분을 내세웠지만 사실은 실리를 더 챙겼다. 허장성세로 기세 싸움을 벌이면서 초나라와의 정면충돌을 최대한 피했다. 이에 반해 초나라는 자부심에 커다란 상처를 입고 있었다. 막강한 실력을 지니고 있었음에도 여전히 중원의 제후국들로부터 소외당했기 때문이다. 초나라의 숙원은 최소한 중원의 제후국들로부터 진나라와 더불어 중원의 패자로 인정받는 일이었다. 그 시금석이 정나라였다. 자산은 우선 초나라의 소외감을 풀어주고 중원의 패자로 대접하는 쪽에 초점을 맞췄다. 그가 정중한 내용의 외교문서를 작성해서 보내자, 초나라는 크게 만족했다.

이때 그는 중원의 일인자를 자처한 진나라의 심기를 거스르지 않기 위해 세심한 주의를 기울였다. 교역과 민간외교를 확충해나가는 방식으로 기존의 동맹관계를 다지며 신뢰관계를 더욱 두텁게 쌓았기 때문에 진나라가 이의를 제기하지 않았다. 초나라의 자부심을 만족시켜 주면서 동시에 민간외교를 적극 활용해 진나라를 만족시키는 절묘한 책략을 구사했다. 《순자》〈왕제〉는 통일의 방략을 이같이 요약해놓았다.

왕자王者는 사람을 얻고자 하고, 패자覇者는 동맹국을 얻고자 하고, 강자彊者는 땅을 얻고자 한다. 사람을 얻고자 하는 자는 제후를 신하로 삼고, 동맹국을 얻고자 하는 자는 제후를 벗으로 삼고, 땅을 얻고자 하는 자는 제후를 적으로 삼는다. 그러나 싸우지 않고 승리하고, 공격하지 않고 얻고, 무력동원의 수고를 하지 않고도 천하를 복종시키는 경우가 있다. 이 세 가지 요건을 아는 자는 원하는 바대로 취할 수 있다. 왕자가 되고 싶으면 왕자, 패자가 되고 싶으면 패자, 강자가 되고 싶으면 강자가 될 수 있다.

원하는 바대로 왕자와 패자, 강자가 될 수 있는 것은 가장 높은 단계의 치도인 제도帝道를 언급한 것이다. 치도와 반대되는 것은 이른바 난도亂道다. 패망의 길로 나아간다는 것을 말한다. 크게 위도危道와 망도亡道로 요약된다. 이를 설명한 〈왕제〉의 해당 대목이다.

"왕자는 백성을 부유하게 만들고, 패자는 선비를 부유하게 만들고, 강자는 대부를 부유하게 만들고, 위자는 가까운 자들을 부유하게 만들고, 망자는 군주 자신을 부유하게 만든다."

자산이 이룬 외교적 업적은 강대국의 틈에 낀 약소국의 생존과 독립, 국가적 존엄의 유지로 집약된다. 정나라가 강대국의 틈에 끼어 있으면서도 독자적인 목소리를 내며 남북을 중계하는 국가로 존재한 배경이다. 왕도를 전면에 내세우면서도 상황에 따라 패도를 구사하는 것이 관건이다.

제6장

오자서,
작은 일에 얽매이지 않아야
큰 치욕을 갚을 수 있다

자신의 한계를 알고 몸을 낮추어라

—

〈오자서열전伍子胥列傳〉은 춘추시대 말기 오왕 합려闔閭를 도와 패업을 이룬 오자서伍子胥의 사적을 다루고 있다. 원래 오자서는 초나라 출신이다. 초평왕이 부친과 형을 죽이자 복수를 다짐하며 오나라로 망명했다. 오왕 합려의 즉위에 결정적인 공을 세운 뒤 《손자병법》의 저자로 알려진 손무孫武와 함께 초나라를 격파했다. 그러나 합려가 죽은 뒤 부차와 대립하다가 비참한 최후를 맞이했다.

원래 오자서의 증조부는 초장왕의 곁에서 시중을 들며 총애를 입은 오삼伍參이다. 당시만 해도 그는 소신小臣에 불과했다. 그러나 그에게도 기회가 찾아왔다. 기원전 597년 여름, 정나라를 둘러싸고 초장왕의 군사가 중원의 패자를 자처하는 진나라 대군과 정면으로 맞붙는 상황이 빚어졌다. 이른바 필지역邲之役이다.

당시 오삼은 치밀한 전황분석을 통해 영윤 손숙오와 정반대로 진나라 군사와 정면으로 맞붙을 것을 건의해 초장왕이 패업을 이루는 데 결정적인 공을 세웠다. 손숙오는 백성들의 노고만 생각했을 뿐 진나라를 제압해 명실상부한 천하의 패자로 등극하는 데 따른 국위선양의 효과를 간과했다. 결국 오삼이 예상한대로 필지역은 초나라의 대승으로 끝났다. 초나라를 남만으로 깔보던 중원의 제후들이 경악했던 것은 말할 것도 없다. 제환공과 진문공 때 잇달아 패해 남만이라는 멸시를 감수해야 했던 초나라로서는 이전의 패배를 일거에 설욕한 셈이다. 이후 최소한 겉으로는 초나라를 남만이라고 깔보는 제후국들은 완전히 사라졌다. 물론 결단은 초장왕이 내린 것이기는 하나 오삼의 계책이 지대한 공을 세운 것만은 부인할 수 없다.

실제로 초장왕은 개선한 뒤 논공행상을 할 때 오삼의 계책을 높이 평가해 그를 대부로 임명했다. 조정회의에 참여할 수 있는 자격을 얻은 것이다. 노장공을 수행한 공자가 협곡 회동에서 대공을 세운 후 비록 '하대부'이기는 하나 대부의 반열에 올라 노나라의 조정회의에 참석하게 된 것에 비유할 만한 일이다.

그러나 이후 오삼의 후손들은 난세의 상황이 심화되면서 적잖은 풍파를 겪어야만 했다. 이는 오삼의 아들 오거伍舉 때 불거지기 시작했다. 당초 오삼은 대부로 있을 때 채나라의 태사로 있는 공자 조朝와 친구로 지냈다. 공자 조는 채문공의 아들이었다. 이로 인해 오삼의 아들 오거 역시 공자 조의 아들인 공자 귀생歸生과 가깝게 지냈다.

문제는 오거가 초나라 왕족인 왕자 모牟의 딸을 아내로 삼은 데서 비롯되었다. 이후 왕자 모가 지금의 상해 일대인 신申 땅의 장관이 된 뒤 이내 죄를 짓고 망명하는 일이 빚어졌다. 사람들은 왕자 모의 사위인 오거를 의심했다. 초나라 사람들이 이같이 말했다.

"오거가 왕자 모를 호송한 것이 확실하다."

생명의 위험을 느낀 오거는 먼저 정나라로 달아났다가, 다시 진나라로 달아나려 했다. 당시 송나라의 상술向戌은 진·초 두 나라의 화해를 조성하기 위해 애쓰고 있었다. 그는 공자 귀생을 사자로 삼았다는데, 귀생이 그를 위해 진나라에 사자로 가던 중 우연히 정나라 도성의 교외에서 오거를 만나게 되었다. 귀생이 크게 기뻐하며 오거와 함께 앉아 식사를 하다가 그로부터 전후사정을 듣고는 이같이 위로했다.

"그대는 우선 진나라에 가도록 하시오. 그대가 귀국할 수 있도록 내가 반드시 여건을 조성하겠소."

귀생은 진나라에서 임무를 마친 뒤 곧바로 초나라로 갔다. 초나라 영윤 굴건屈建이 귀생과 함께 진나라 사정에 관해 이런저런 이야기를 하다가 문득 이같이 물었다.

"영윤은 진·초 두 나라의 대부들 중 어느 쪽이 더 현명하다고 생각하시오?"

귀생이 대답했다.

"진나라 경들은 초나라보다 못합니다. 그러나 대부들은 모두 유능해 장차 경이 될 만한 인재들입니다. 이는 진나라가 초나라에서 나는 나무와 피혁 따위를 수입해 들여가는 것과 같습니다. 비록 초나라에 인재가 많다고는 하나 사실은 진나라가 그 인재들을 쓰는 격입니다."

여기서 초재진용楚材晉用이라는 성어가 나왔다. 이는 초나라의 인재가 초나라에서 쓰이지 못하고 진나라에서 쓰인다는 말로 후대에 인재의 유출을 한탄하는 뜻으로 전용되었다.

당시 귀생이 초재진용을 언급한 것은 크게 두 가지 의미를 지니고 있다. 하나는 진나라가 천하의 중심 역할을 하고 있었던 점이다. 천하의 형세가 겉으로는 진나라와 초나라가 중원을 재패한 모습을 띠고 있었으나 사실상 진나라가 패자의 역할을 수행했음을 시사한다. 다른 하나는 초나라가 이런 이치를 제대로 알지 못한 채 진나라의 실질적인 패자 역할을 방조하고 있었다는 것이다. 오거가 진나라로 망명하려 한 것이 그 증거다.

결국 귀생의 건의를 좇아 굴건은 오거의 아들 오명伍鳴을 보내 오거를 모셔오게 했다. 오명은 오자서의 부친인 오사伍奢의 동생이다. 오사는 오상伍尙과 오원伍員 두 아들을 두었다. 오원이 곧 오자서다. 당시 초나라로 복귀한 오거는 승승장구했다.

오거의 손자 오자서는 부친과 형이 간신 비무기費無忌의 모함으로 죽게 되자 오나라로 망명해 부친의 원수를 갚고자 했다. 훗날 그는 초나라 도성을 점령한 뒤 부형의 원수인 초평왕의 시신을 꺼내 채찍질을 가해 복수를 달성했다. 이후 오자서 역시 오왕 합려 사후 합려의 아들 부차와 맞서다가 비참한 최후를 맞는다. 이 과정에서 자신처럼 초나라에서 망명한 대신 백비伯嚭의 고자질로 오왕 부차의 의심을 받고 마침내 오자서는 부차가 보낸 칼 위에 엎어져 자진하고 말았다. 이로 인해 백비는 '만고의 간신'으로 낙인찍히고, 정반대로 오자서는 죽음을 무릅쓰고 직언을 한 '만고의 충신'으로 받들어졌다.

대다수의 사람들은 백비가 오자서를 죽음으로 몰아가는 데 결정적인 공헌을 한 것으로 오해하고 있다. 이는 사서의 행간을 읽지 못한 탓이다. 객관적으로 볼 때 백비는 망명객에 불과한 기려지신羈旅之臣의 한계를 알고 있었던 까닭에 부차에 대해서도 합려를 섬길 때와 똑같이 몸을 낮추고 충성을 다했다. 그러나 오자서는 달랐다. 오히려 부차에게 합려와 똑같은 수준에서 자신을 대해줄 것을 요구했다.

아무리 창업주와 생사고락을 같이 하며 대업을 이루었을지라도 2세가 등장하는 수성守成의 단계에 들어가면 일단 뒤로 물러나 원로로서 훈수하는 수준에 그치는 미덕을 보여야 한다. 이를 행하지 못하면 마찰음이 생기게 된다. 오자서는 이와 정반대의 경우에 해당한다. 그럼에도 후대 사가들은 이에 관해서는 눈을 감은 채, '일개 덜 떨어진 사내'라는 뜻의 '부차夫差'로 명명하는 등 불공평한 평가를 내린다. 백비가 '만고의 간신'으로 몰린 것도 이런 관점에서 접근할 필요가 있다.

춘추전국시대를 통틀어 4대에 걸쳐 진나라에서 초나라, 오나라 등 여러 나라로 연이어 망명한 일도 드물지만 망명지에서 태재의 고관직에 올라갔다가 비참한 죽음을 당한 것은 백비 집안이 유일하다. 하지만 그의 증조부인 백종伯宗과 조부인 백주리伯州犁는 누구를 모함해 죽임을 당한 것은 아니다. 변란이 일어나는 상황에서 패하는 쪽에 서 있었기 때문에 화를 당했다. 백비의 부친도 이 와중에 비명횡사했다. 백비는 이런 불운한 집안 내력을 끊기 위해 오나라로 망명한 뒤 최선을 다했다.

그럼에도 그는 헌신적으로 모신 부차가 비참한 최후를 맞이한 까닭에 오자서 제거를 결단한 부차의 몫까지 오명을 뒤집어쓴 불행한 경우에 해당한다. 크게 보면 기려지신의 한계라고 볼 수 있다. 기려지신의 낙인이 찍혀 있는 한 능력을 발휘할수록 참사의 문턱에 가까이 다가가고 있다는 사실을 숙지해야만 한다.

상대의 심리를 파악하라

—

기원전 508년 여름, 지금의 안휘성 동성현에 있던 동桐나라가 초나라를 배반했다. 이에 오왕 합려가 서구舒鳩의 군주를 사주해 초나라를 유인했다. 이해 가을, 초나라 영윤 낭와囊瓦가 군사를 이끌고 예장豫章

을 출발해 오나라 군사를 쳤다. 오나라 사람이 전선戰船을 예장 부근으로 보내, 군사를 소巢 땅에 은밀히 매복시켰다. 이해 겨울 10월, 오나라 군사가 예장에서 습격을 통해 초나라 군사를 격파했다. 소 땅을 포위해 공략한 뒤 초나라 공자 번繁을 포로로 잡았다.

초나라의 입장에서 볼 때 오나라의 유인에 넘어간 것 자체가 불길한 조짐이다. 적을 속여 넘겼다는 것은 일단 정보전 및 심리전 등에서 승리했음을 의미한다. 정보전 및 심리전에서 패하면 아무리 우월한 무력을 지니고 있을지라도 이길 확률이 희박해진다.

당시의 불리한 상황은 초나라가 자초한 측면이 강하다. 이를 뒷받침하는 사건이 이듬해인 기원전 507년 말에 빚어졌다. 이해 겨울, 채소공蔡昭公이 패옥佩玉 2개와 갖옷 두 벌을 마련해 초나라로 가 패옥 하나와 갖옷 한 벌을 초소왕에게 바쳤다. 초소왕이 이를 착용하고 채소공을 위해 연회를 베풀었다. 채소공이 나머지 갖옷과 패옥을 착용하고 참석했다. 이를 본 초나라 영윤令尹 낭와가 이를 갖고 싶어 했으나 채소공이 주지 않았다. 이에 화가난 낭와는 말도 안 되는 구실로 채소공을 3년 동안이나 초나라에 억류하는 황당한 짓을 벌였다. 당시 당성공唐成公도 채소공과 비슷한 꼴을 당했다. 당성공이 명마 두 필을 갖고 오자, 낭와가 또 욕심을 냈다. 하지만 당성공이 들어주지 않았다. 이에 당성공도 3년 동안 초나라에 억류당했다.

당나라 사람들이 서로 숙의한 뒤 초나라에 전에 당성공을 수종하던 자들을 바꿔달라고 요청했다. 초나라가 이를 허락하자 교대를 하러 간 사람들이 이전의 수종자들에게 술을 먹여 취하게 만든 뒤 당성공의 말을 훔쳐 낭와에게 바쳤다. 그제서야 낭와는 당성공을 귀환시켰다. 채나라 사람들도 이 이야기를 듣고는 채소공에게 당성공을 좇도록 했다. 채소공은 낭와에게 패옥을 바치고 귀국했다. 그는 귀국 도중 한수에 이르러 옥을 꺼내 강물에 내던지며 맹세했다.

"내가 다시 이 한수를 건너 남쪽으로 내려가면 사람이 아니다. 한수가 그 증거가 될 것이다."

채소공이 진나라로 가서 아들과 대부의 자제들을 인질로 바치면서 초나라 공벌을 청했다. 이듬해인 기원전 506년 봄, 진나라의 청을 받은 주왕실의 유문공이 소릉召陵에서 제후들을 소집했다. 초나라 공벌을 논의하기 위한 것이었다. 그러나 진나라도 초나라와 별반 다를 게 없었다. 진나라 대부 순인荀寅이 채소공에게 뇌물을 요구했다. 초나라 영윤에게 이미 크게 당한 바 있는 채소공이 질색하며 거절했다. 화가 난 순인이 집정으로 있는 범앙范鞅에게 말했다.

"나라가 마침 위급한 상황에 처해 있고 제후들 또한 두 마음을 품고 있는데 이러한 상황에서 초나라를 습격하려 하니, 이는 매우 어려운 일이 아니겠습니까? 더구나 곧 큰비가 내리면 학질이 일어날 것입니다. 또 중산中山이 복종하지 않고 있는 상황에서 초나라와 맺은 맹약을 버리고 원한을 사게 되면 초나라에게 별다른 손상을 입히지도 못할 뿐 아니라 자칫 중산까지 잃게 될 수도 있습니다. 차라리 채나라 군주의 요구를 거절하느니만 못합니다. 출병은 단지 군사들을 지치게 하고 군수품만 소모시킬 뿐입니다."

진나라가 이내 채소공의 청을 사절했다. 이로 인해 소릉회맹은 흐지부지되고 말았다. 200여 년 동안 남북의 패자 노릇을 했던 진·초 두 나라는 이미 썩어 있었다.

이때 진나라가 채나라를 시켜 하남 여양현에 있던 심沈나라를 치게 했다. 심나라가 소릉의 회맹에 참석하지 않았기 때문이다. 채나라가 이내 심나라를 멸망시켰다. 이해 가을, 초나라가 심나라를 구한다는 구실로 채나라를 포위했다. 채소공이 아들 건乾과 대부의 자제들을 오나라에 인질로 보내 도움을 청했다. 오왕 합려가 오자서 등을 불러 대책을 논의해 전면전이 결정되었다. 마침내 남방의 패권을 놓고 신흥 대국 오나라와 전통 대국 초나라가 자웅을 겨루는 사건이 일어나게 되었다.

이해 겨울, 오왕 합려와 채소공, 당성공이 연합해 초나라를 쳤다. 이해 11월 19일, 오초 양국의 군사가 백거柏擧에 진을 쳤다. 오왕 합려의 동생 부개夫槩가 이른 아침에 합려를 찾아왔다.

"초나라 영윤은 어질지 못한데다 병사들 역시 죽을 각오로 싸울 의지가 없습니다. 우리가 선제공격을 가하면 초나라 병사들이 반드시 사방으로 도주할 것입니다. 이때 대군이 일거에 내달아 그 뒤를 추격하면 대승을 거둘 수 있습니다."

하지만 합려가 듣지 않았다. 이에 부개가 탄식하며 말했다.

"옛말에 '신하된 자는 이치에 합당한 일을 보면 즉시 가서 행할 뿐 군명을 기다릴 필요가 없다'는 말이 있다. 바로 이 경우를 두고 말한 것이다. 오늘 내가 죽기로 싸우면 초나라 군사를 완파할 수 있다."

부개는 부하 5,000명을 이끌고 가서 낭와의 군사에게 선제공격을 가했다. 낭와가 이끄는 초나라 군사들이 사방으로 도주했다. 초나라 군진이 혼란스러워졌다. 오나라 군사가 이 틈을 타 급히 공격했다. 오나라의 대승이었다. 부개의 계책이 통한 것이다. 초나라 영윤 낭와는 정나라로 달아나고, 사황은 끝까지 분전하다 죽었다. 오나라 군사가 지금의 호북성 안륙현 서쪽 80리 지점의 석문산 아래에 있는 청발수淸發水까지 초나라 군사를 추격했다. 합려가 여세를 몰아 곧바로 공격을 가하려고 하자 부개가 만류했다.

"곤경에 빠진 짐승도 오히려 죽기로 싸우는데 사람이야 말할 것이 있겠습니까? 저들이 먼저 도강하는 자는 살아남을 수 있다는 사실을 알면 뒤에 처진 자들이 앞다투어 도강하려 할 것입니다. 오직 살아남겠다는 일념으로 인해 싸울 마음을 잃게 될 것입니다. 저들이 반쯤 건너갈 때에 치는 것이 오히려 낫습니다."

부개는 병법의 대가였다. 합려가 이를 좇았다. 초나라 군사 중 상당수가 청발수에 수장되었다. 먼저 도강했다고 안심할 일도 아니었다. 먼저 도강한 자들은 허기를 채우기 위해 식사를 준비하던 중 오나라 군사가 급습하자 혼비백산해 도주하기 시작했다. 오나라 군사는 초나라 군사가 차려놓은 음식을 느긋이 먹은 뒤 또다시 추격에 들어갔다. 호북성 경산현 부근의 옹서雍澨 가에서도 유사한 일이 또 빚어졌다. 《춘추좌전》에서는 다음과 같이 기록하고 있다.

이해 초나라 군사는 다섯 번의 전투 끝에 크게 패해 초나라 도성으로 후퇴하게 되었다.

오나라 군사가 여세를 몰아 초나라 도성인 영성郢城으로 진격하는 상황이 연출되면서 초나라의 운명은 풍전등화의 신세가 되고 말았다.

자신에게 엄격하고 남에게 너그러워라

—

오나라 군사가 초나라 도성인 영도를 함락시켰을 당시 오자서는 각
방으로 사람을 풀어 초소왕을 잡으려고 했다. 초평왕 대신 그의 아들
인 초소왕에게 화풀이를 할 심산이었다. 객관적으로 볼 때 당시 초소
왕이 오자서의 손에 잡힌다면, 죽음을 면하기 어려웠다.

그러나 초소왕은 잡히지 않았다. 결국 오자서는 군사들을 이끌고
가서 초평왕의 무덤을 파고는 관을 끄집어내 채찍질을 300번 했다.
오자서가 사원私怨에 얽매어 초평왕의 시신에 매질을 가할 당시 이를
매우 못마땅하게 생각한 사람이 있었다. 그는 바로 오자서의 고우故友
인 신포서申包胥다. 〈오자서열전〉에 따르면 그는 난을 피해 산중에 숨
어 있다가 이 이야기를 듣고 크게 놀랐다. 곧 사람을 오자서에게 보내
이같이 힐난했다.

"그대의 보복이 너무 지나치지 않소? 그대는 과거에 초평왕의 신하
로 있으면서 북면北面해 그를 섬겼소. 그러니 지금 그의 시신을 매질
해 치욕을 가한 것이 어찌 도의에 합당할 수 있겠소?"

오자서가 회답했다.

"나는 복수할 시간이 없을까 걱정했소. 마치 해가 이미 서산에 기울
어졌는데 아직 갈 길이 많이 남아 있는 것과 같소. 그래서 나는 급히
달려가 도리에 어긋나게 일을 행한 것이오. 그러나 이를 어찌 도리를
가지고 논할 수 있겠소."

신포서는 황급히 진秦나라로 달려갔다. 그는 진애공秦哀公에게 읍
소했다.

"오나라는 덩치 큰 멧돼지나 뱀처럼 한없는 욕심을 부려 중원의 제후국들을 병탄하고 있습니다. 초나라가 가장 먼저 그 피해를 입었습니다. 과군은 사직을 지키지 못하고 지금 궁벽한 곳을 떠돌고 있습니다. 오나라가 아직 우리 초나라를 완전히 장악하지 못한 틈을 타 즉시 출병해 초나라 땅의 일부를 차지하도록 하십시오. 초나라가 멸망하면 그 땅은 곧 군주의 영토가 될 것입니다. 만일 군주의 은덕으로 초나라가 살아날 수 있다면 초나라는 반드시 대를 이어 진나라를 섬길 것입니다."

결국 오나라는 진나라의 참전으로 이내 물러나야만 했다. 신포서는 온몸을 던져 나라를 구한 사직지신의 전형에 해당한다. 춘추전국시대를 통틀어 그가 보여준 충국忠國의 자세는 단연 압권이다. 후대인들이 그를 충신의 전형으로 기린 이유다. 그의 사직지신 행보는 논공행상 과정에서도 여실히 드러났다. 그는 초소왕이 크게 포상하려고 하자 이같이 말했다.

"내가 진나라에 군사를 청한 것은 군주의 위난을 구하기 위한 것이지, 상을 받기 위한 것이 아니었다. 이제 군주의 자리가 안정되었으니 내가 무엇을 더 바랄 것인가?"

그리고는 상을 받지 않고 은신했다. 사서는 그가 이후 어디에서 무엇을 했는지 기록해놓지 않았다.

〈오자서열전〉은 오왕 부차가 간신 백비의 참소를 듣고 오자서를 자진하게 만든 것으로 기록해놓았다. 하지만 이는 재검토를 요한다. 오자서를 자진으로 몰아간 당사자는 오왕 부차다. 부차는 결코 암군이 아니었다. 오자서의 자진은 자업자득의 측면이 강하다. 〈오자서열전〉에 나오는 백비의 언급이 이를 뒷받침한다.

오자서는 위인이 굳세고 사나운 까닭에 너그럽지 못합니다. 자신과 다른 의견을 가진 사람을 원망하고 시기하는 것이 마치 적을 대하듯이 하는 까닭에 장차 큰 화를 빚을까 두렵습니다. 그가 제나라에 사자로 가서 자식을 제나라의 포씨鮑氏에게 부탁한 사실이 드러났습니다. 신하가 된 자가 안에서 뜻을 얻지 못했다고 하여, 다른 나라 제후에게 몸을 의탁한 것입니다. 스스로 선왕의 모신謀臣이라고 생각했는데 이제 자신의 계책이 받아들여지지 않는다며 늘 한탄하며 미워하고 있습니다. 원컨대 대왕은 미리 대비하기 바랍니다.

오왕 부차가 제나라를 토벌하려 한 것은 선왕인 합려의 뒤를 이어 패업을 완수하고자 한데서 나온 것이다. 월왕 구천은 뒤에서 부추기며 이를 활용한 것이지 부차를 꼬드겨 그리 만든 것은 아니다. 부차의 입장에서 볼 때 구천이 와신상담해 자신의 등을 노리고 있다는 사실을 간과한 것은 치명적인 실수였다. 그러나 그가 제나라를 토벌해 명실상부한 중원의 패자가 되고자 한 것 자체를 탓할 수는 없는 일이다.

객관적으로 볼 때 오자서는 뛰어난 지략을 지닌 당대의 모신이었다. 그럼에도 자신과 의견이 다른 사람을 포용하지 못하는 협량狹量, 자신이 세운 공에 대한 지나친 자부심, 주군을 강압적으로 설득하려 하는 무모함 등으로 인해 자신은 물론 오나라마저 패망하게 만들었다. 합려에 대한 충성을 토대로 부형의 원수를 갚은 것까지는 좋았으나, 합려 사후의 행보는 적잖은 문제점을 드러내 패망을 자초한 셈이다.

제7장

구천,
목적을 이루기 위해서는
인내가 필요하다

나아갈 때와 물러날 때를 알아야 한다

—

〈월왕구천세가越王句踐世家〉는 춘추시대 마지막 패자인 월왕 구천句踐에 관한 사적을 기록한 것이다. 원래 월나라는 지금의 장강 이남 지역인 절강성을 중심으로 한 작은 나라였다. 춘추시대 말기에 들어와 이웃한 오나라가 흥하기 전까지는 중원의 제후국들에게 그 존재도 알려지지 않았다. 《사기》〈월왕구천세가〉는 전설적인 왕조인 하나라 소강少康의 서자인 무여無余가 회계會稽에 도읍한 데서 월나라의 역사가 시작되었다고 기록해놓았다. 그러나 이는 후대인이 만들어낸 이야기를 마치 역사적 사실인 양 기록해놓은 것에 지나지 않는다. 당시 월나라는 남만의 소국에 불과했기 때문이다.

그러나 월나라는 농업기반이 뛰어난데다 북으로 장강 하류지역을 차지하고 있는 오나라와 이웃하며 치열한 경쟁을 전개한 까닭에 오나라와 함께 역사무대의 전면에 나서는 행운을 만나게 된다. 이는 전래의 강국인 제齊, 초楚, 진晉, 진秦 등이 잇단 전쟁과 내란으로 크게 쇠약해진 것과 깊은 관련이 있다. 오월은 이들 4대 강국이 피폐해진 틈을 적극 활용해 부국강병을 추구한 덕분에 천하를 호령하게 된 것이다.

주목할 것은 두 나라의 한 치의 양보도 없는 무한 경쟁이 바로 이런 결과를 낳았다는 점이다. 사서의 기록을 종합해볼 때 오월 두 나라는 당초 중원을 제패할 의도가 전혀 없었다. 실제로 그런 실력을 갖추지도 못했다. 그럼에도 생존을 위한 무한경쟁의 상황에 처해 있던 두 나라는 온갖 수단을 동원해 무력을 강화할 수밖에 없었다. 그게 바로 동쪽 구석에 위치했던 오·월 두 나라를 천하제일의 강국으로 만드는 결정적인 계기로 작용한 것이다.

오월시대 개막 직전 정나라의 자산과 제나라의 안영, 진晉나라의 숙향叔向 등 뛰어난 재상들이 여러 나라에서 동시에 등장했다. 일각에서는 이를 현상시대賢相時代로 부른다. 오월시대는 현상시대의 연장선상에 있다. 공자가 이 시기에 활약한 것도 결코 우연으로 볼 수 없다.

큰 틀에서 보면 정나라 자산이 활약하는 기원전 6세기 중엽에서 공자가 세상을 기원전 5세기 말까지의 기간이 현상시대에 해당한다. 오월시대와 현상시대가 거의 겹치는데, 이는 오월시대에도 현상이 존재했음을 의미한다. 오나라의 오자서와 월나라의 범리范蠡가 바로 그 주인공이다. 많은 사람들이 범리를 범려로 읽고 있으나 려蠡는 사람 이름으로 쓰일 때 리로 읽는 것이 맞다. 오왕 합려에게 오자서의 존재가 그랬듯이 월나라의 구천 역시 범리라는 현상이 없었다면 천하를 호령하는 일이 불가능했다.

객관적으로 볼 때 범리는 오자서와 더불어 오월시대 최후의 현상에 해당한다. 두 사람의 행보는 여러모로 대비된다. 두 사람 모두 타국 출신의 기려지신이고, 동시에 당대 최고의 지낭智囊으로 활약했다. 나아가 수단방법을 가리지 않고 보필하던 주군의 패업을 완수했다는 점 등에서는 서로 일치한다. 책사에 초점을 맞춘다면 오월시대를 '오자서와 범리의 대결시대'로 간주해도 크게 틀리지 않다.

그러나 두 사람은 주군을 보필하는 방법이나 패업 이후의 선택 등에서는 극명한 차이를 보인다. 오자서는 마치 스승이 제자를 다루듯이 시종 주군인 오왕 합려를 앞에서 이끄는 모습을 보였다. 자신의 생각을 거침없이 건의하고 이를 관철시켰다.

문제는 오왕 합려의 뒤를 이은 부차에게도 동일한 방식을 구사한 데 있다. 합려는 오자서가 없었다면 보위에 오르는 것이 불가능했던 까닭에 그 은혜를 잊지 않았다. 그는 죽을 때까지 오자서를 마치 스승을 대하듯이 예우했다. 그러나 부차는 달랐다. 그는 오자서를 일종의 고문 역할로 밀어낸 뒤 백비와 같은 인물로 새 진용을 짜서 자신의 시대를 만들고자 했다. 오자서는 이를 용납할 수 없었다. 여기서 갈등이 빚어져, 그는 비참한 최후를 맞이한다.

범리는 오자서와 달랐다. 그는 어디까지나 참모의 역할에 충실했다. 주군인 월왕 구천의 조급증을 달래기 위해 때론 강하게 간언을 하기도 했지만 도를 넘은 적은 한 번도 없다. 나아가고 물러날 때를 정확히 알고 있었기 때문이다. 패업을 이룬 후 그가 월왕 구천 곁을 아무 미련 없이 훌쩍 떠난 것도 이런 맥락에서 이해할 수 있다.

범리와 함께 월왕 구천의 패업에 결정적인 도움을 준 대부 문종文種은 내심 월왕 구천에게 커다란 은혜를 베풀었다는 생각을 갖고 있었다. 그 결과는 토사구팽兎死狗烹이었다. 오자서의 전철을 밟은 셈이다. 범리를 춘추시대 최후의 현상으로 손꼽는 이유가 여기에 있다. 사마천이 〈월왕구천세가〉를 사실상 '범리열전'이나 다름없는 식으로 꾸민 것도 결코 우연으로 볼 수 없다. 실제로 범리를 빼고는 월왕 구천이 패업을 완수하게 된 배경을 설명할 길이 없다.

사마천은 〈월왕구천세가〉에 범리에 관한 모든 일화를 모아놓았다.

대부분의 내용이 《국어國語》와 겹친다. 후대에 나온 《오월춘추吳越春秋》는 〈월어越語〉와 〈월왕구천세가〉에 나오는 일화에 살을 덧붙였다. 《사기정의史記正義》에 인용된 《회계전록會稽典錄》에 따르면 범리는 원래 지금의 하남성 석천현인 초나라 완삼호宛三戶 출신이다. 자가 소백少伯인 그는 한미한 집에서 태어났으나 열심히 학문을 닦았다. 그가 짐짓 미친 척하자 마침 완현宛縣의 대부로 있던 문종이 휘하 관원을 범리에게 보냈다. 관원이 보고했다.

"범리는 원래 미친 사람입니다. 태어날 때부터 그랬다고 합니다."

문종이 웃으며 말했다.

"나는 그가 뛰어난 인물이라고 들었다. 일부러 미치광이 짓을 하고 있는 것이 틀림없다. 흉중에 뛰어난 책략을 지니고 있음에도 이를 드러내지 않기 위해 그리 하는 것이다. 이는 일반 사람들이 알 수 있는 바가 아니다."

그러고는 곧바로 수레를 타고 직접 찾아갔다. 범리는 문종이 오는 걸 알고 몸을 피했다. 그는 문종이 다시 찾아오리라는 것을 알고 형수에게 이같이 말했다.

"오늘 다시 손님이 찾아올 것입니다. 의관을 잠시 빌려주십시오."

얼마 후 과연 문종이 다시 찾아왔다. 두 사람은 곧 반갑게 손을 마주잡고 천하대세를 비롯해 부국강병의 이치 등에 관해 기탄없이 의견을 교환했다. 그러자 주변 사람들이 모두 귀를 세우고 이를 경청했다.

지난 치욕을 잊지 않고 뜻을 되새긴다

—

기원전 496년, 초나라의 도성인 영성을 함락시켜 천하를 진동시켰던 오왕 합려는 월왕 윤상允常이 세상을 떠나고 그의 아들 구천이 즉위 했다는 소식을 듣고 크게 기뻐했다. 국상을 맞아 어수선한 틈을 타 월 나라를 무너뜨릴 수 있는 절호의 기회라고 판단한 것이다. 이해 여름, 합려가 대군을 이끌고 월나라로 쳐들어갔다. 구천이 곧바로 영격에 나서자 두 나라 군사가 취리檇李에서 대치하게 되었다.

이 전투에서 구천을 얕잡아 본 오나라 군사가 대패했다. 합려 역시 격전 중에 부상을 입어, 이내 세상을 떠나고 말았다. 이를 계기로 오 월 두 나라의 원한은 더욱 깊어졌다. 경쟁 또한 치열해졌다. 합려의 뒤를 이은 부차는 사람을 궁정에 세워두고는 출입할 때마다 반드시 자신에게 이같이 말하게 했다.

"부차야, 너는 월왕이 너의 부친을 죽인 것을 잊었느냐?"

"아닙니다. 어찌 감히 잊을 수가 있겠습니까?"

《춘추좌전》에 따르면 부차는 3년 동안 이런 모습으로 절치부심하 며 무력을 강화해 마침내 설욕에 성공했다. 《춘추좌전》은 기원전 494 년의 상황을 이같이 기록해놓았다.

오왕 부차가 월나라 군사를 지금의 강소성 오현인 부초산夫椒山에서 깨뜨 렸다. 이는 취리의 싸움에 대한 보복이었다. 오나라 군사가 승세를 몰아 바로 월나라로 쳐들어가자 월왕 구천이 정예병 5,000명을 이끌고 회계산 會稽山으로 들어가 저항했다. 구천은 궁지에 몰리자 마침내 대부 문종을 부차의 총신인 오나라 태재 백비에게 보내 강화를 체결하게 했다.

《사기》〈월왕구천세가〉와 《국어》〈월어〉에는 구천이 범리의 계책을 받아들여 문종을 강화사절로 보냈다고 기록해놓았다. 구천이 대부 문종에게 월나라를 지키게 하고, 자신은 범리와 함께 오나라로 가 신 복臣僕이 된 배경이다.

《오월춘추》에 따르면 시간이 지나자 오나라 내에서는 구천의 처리 문제와 관련해 태재 백비를 중심으로 한 석방파와 오자서를 중심으로 한 처단파가 격렬히 대립하기 시작했다. 부차는 결단하지 못하고 망설였다. 사태가 긴박하게 돌아가는 상황에서 부차가 병이 나서 자리에 누웠다. 서너 달이 지나도록 병이 호전되지 않았다. 이에 범리가 구천에게 한 가지 계책을 제시했다.

"지금 오왕은 우리를 용서해주기로 마음을 먹었다가 오자서의 말을 듣고는 또 마음이 변했습니다. 그런 심약한 사람의 동정을 얻으려면 비상수단을 써야 합니다. 대왕은 문병을 가서 배견하게 되면 그 분 변糞便을 받아 직접 맛보면서 그의 안색을 살펴보고 곧 하례賀禮를 올리십시오. 이어 병세가 점차 호전될 것이라고 말하고 병석에서 일어날 날짜를 말하십시오. 예언이 적중하기만 하면 무엇을 염려할 필요가 있겠습니까?"

다음날 구천이 태재 백비에게 청했다.

"오왕의 병환을 문후問候하고자 합니다."

태재 백비가 곧 이를 부차에게 알렸다. 부차의 허락이 떨어졌다. 마침 부차가 대소변을 보자 태재 백비가 이를 들고 밖으로 나오다가 방문 밖에서 구천과 만나게 되었다. 구천이 말했다.

"제가 대왕의 변을 보고 대왕 병세의 길흉을 판단해보도록 하겠습니다."

그리고는 손으로 소변과 대변을 각각 떠서는 한 번씩 맛본 뒤 곧 안으로 들어가 이같이 말했다.

"죄인 구천이 대왕에게 축하의 말씀을 올립니다. 대왕의 병은 사일巳日이 되면 곧 호전될 것입니다. 그래서 3월 임신일壬申日에 이르면 병환이 완전히 치유될 것입니다."

"그것을 어찌 알 수 있소?"

"제가 일찍이 변을 통해 병세를 알아맞히는 사람에게 그 방법을 배운 적이 있습니다. 분변은 먹는 곡물의 맛을 좇아야 하니 시령時令의 원기元氣를 거스르는 사람은 곧 죽게 됩니다. 분변이 시령의 원기를 좇게 되면 곧 살아나게 됩니다. 지금 신이 대왕의 분변을 맛보았습니다. 대변의 맛은 쓰고 맵고 십니다. 이 맛은 봄과 여름 사이의 원기에 응하는 것입니다. 이로써 저는 대왕의 병세가 3월 임신일이 되면 완전히 나을 것을 알 수 있었습니다."

부차가 크게 기뻐했다.

"참으로 인인仁人이오."

구천이 예측한 날이 가까워 오자 부차의 병이 거의 나았다. 부차가 곧 큰 잔치를 벌이고는 이같이 명했다.

"오늘 월왕을 이 자리에 참석하게 했으니 군신들은 귀빈의 예로써 그를 대하도록 하라."

화가 난 오자서는 참석하지 않았다. 구천과 범리가 함께 일어나 왕의 쾌유를 축하하며 만세토록 장수할 것을 기원했다. 다음 날 오자서가 궁으로 들어가 간하자 부차가 이같이 힐난했다.

"내가 병으로 세 달 동안 누워 있을 때 상국相國에게는 끝내 말 한 마디 듣지 못했소. 이는 상국이 자애롭지 못했음을 보여준 것이오. 또한 내가 좋아하는 음식을 진헌하지 않고, 마음속으로 나의 건강을 염려하지 않았으니 이는 상국이 인자하지 못함을 보여준 것이오. 월왕은 한때 잘못을 저질렀으나 스스로 노복이 되어 부인을 시녀로 만들고도 마음속으로 원한을 품지 않고, 내가 병에 걸리자 직접 나의 분변을 받아 맛보았소. 만일 내가 상국의 말을 듣고 그를 죽였다면 이는 과인이 현명하지 못한 것이 되고 오직 상국 한 사람의 마음만 통쾌하게 만들었을 것이오."

오자서가 반박했다.

"어찌하여 대왕은 반대로 이야기하는 것입니까? 무릇 호랑이가 몸을 낮추는 것은 장차 먹이를 잡기 위한 것입니다. 그가 대왕의 소변을 마신 것은 대왕의 심장을 먹은 것이고, 대왕의 대변을 먹은 것은 대왕의 간을 먹은 것입니다. 대왕은 장차 그에게 포로로 잡히고 말 것입니다. 사직이 폐허가 되고, 종묘가 가시밭이 되면 후회한들 무슨 소용이 있겠습니까?"

부차가 화를 냈다.

"상국은 이 일을 다시는 거론하지 마시오. 나는 이런 이야기를 두 번 다시 들을 인내심이 없소."

부차가 마침내 구천을 석방한 뒤 귀국하게 했다. 송별할 때 부차가 구천에게 말했다.

"그대를 사면해 귀국하게 했으니 앞으로 더 충성하시오."

구천이 머리를 조아리며 말했다.

"대왕이 신을 불쌍히 여겨 귀국의 은덕을 베풀었습니다. 죽을 때까지 목숨을 다 바쳐 충성할 것입니다."

이에 마침내 귀국길에 오르게 되었다.

구천이 행한 '문질상분' 행보는 '와신상담'과 같은 취지로 해석하는 것이 옳다. 목적을 이루기 위해 온갖 굴욕을 참아내는 극기克己에 해당한다. 실제로 구천은 귀국하자마자 겉으로는 정성을 다해 부차를 섬기는 모습을 보이면서 안으로는 설욕의 그날을 위해 절치부심하며 부국강병에 박차를 가했다. 칼날의 빛을 감추고 힘을 키우는 이른바 도광양회韜光養晦의 전형에 해당한다. 문질상분이나 상분지도를 결코 비루한 자들을 지칭하는 뜻으로 받아들여서는 안 된다.

시기를 포착하고 신속하게 행동하라

—

기원전 490년, 범리는 월왕 구천과 함께 월나라로 돌아왔다. 구천은 귀국한 후 오나라에 겪은 수모를 한시도 잊지 않았다. 그는 자리 옆에 쓸개를 매달아 놓은 뒤 앉으나 누우나 이를 쳐다보고 음식을 먹을 때도 이를 핥았다. 늘 '너는 회계산의 치욕을 잊었는가'라고 자문자답하며 스스로를 채찍질했다. 이것이 와신상담臥薪嘗膽 일화의 배경이다.

《오월춘추》〈월어〉에 따르면 구천이 오나라에서 귀국한 지 4년이 되던 해인 기원전 486년, 구천이 범리에게 물었다.

"선왕이 세상을 떠나자 내가 뒤이어 보위에 올랐소. 당시 나는 나이가 어렸던 탓에 밖에서는 수렵에 빠지고 안으로 들어와서는 음주에 빠졌소. 나는 백성을 위해 이익을 도모할 생각을 하지 않고 오직 배와 수레를 타고 놀 일만 생각했소. 그래서 하늘이 월나라에 재앙을 내린 것이오. 나는 그대와 함께 오나라에 복수할 계책을 세우고자 하는데 이것이 가능하겠소?"

범리가 반대했다.

"아직 안 됩니다. 제가 듣건대 '천시가 오지 않아 하늘이 돕지 않을 때에는 인내심을 갖고 때가 오기를 기다려야 한다'고 했습니다. 나아가 천시를 얻었는데도 이를 적극 활용해 일을 성사시키지 않으면 오히려 재앙을 얻게 됩니다. 하늘은 주었다가 빼앗기도 하고, 주기도 하고, 주지 않기도 합니다. 결코 속히 오나라를 도모하려고 서둘러서는 안 됩니다."

매년 구천이 범리를 불러 놓고 때가 되지 않았는지를 물었다. 그만큼 마음이 급했던 것이다. 그러나 범리는 계속 아직 때가 되지 않았다며 반대했다. 3년 뒤 구천이 말했다.

"나는 매번 그대와 함께 오나라 공벌에 관해 논의했소. 그대는 그때마다 아직 때가 오지 않았다고 했소. 지금 오나라는 크게 흉년이 들어 곡식의 종자조차 남아나지 않았소. 이제야말로 오나라를 칠 시기가 도래한 게 아니겠소?"

범리가 말했다.

"하늘의 감응이 나타난 것이 사실입니다. 그러나 재난이 아직 극에 달하지 않았습니다. 대왕은 조금 더 인내심을 갖고 기다리십시오."

구천이 화를 냈다.

"지난번에 그대는 천시가 아직 오지 않았다고 말했소. 지금 하늘의 감응이 이루어졌다고 하면서 또 다시 재난이 극에 달하지 않았다고 말하는 것은 무슨 뜻이오?"

범리가 대답했다.

"하늘과 사람과 땅의 징조가 모두 드러난 뒤에야 비로소 성공을 기대할 수 있습니다. 지금 오나라는 거듭 흉년을 만나 민심이 크게 흔들리고 있습니다만 문제는 오나라의 군신 상하가 이런 사실을 익히 알고 있는 데 있습니다. 지금 싸우면 저들은 죽기를 각오하고 대적할 것입니다. 의도적으로 우리의 허점을 보여 저들을 방심하게 만들어야 합니다. 민력이 고갈되어 오나라 백성들의 원성이 하늘을 찌를 때 비로소 징벌을 가할 수 있을 것입니다."

이해 가을에 이르자 월왕이 다시 범려에게 물었다.

"속담에 이르기를, '허기졌을 때 진수성찬을 기다리는 것은 물 말은 밥 한 그릇을 먹는 것에 미치지 못한다'고 했소. 올해도 이미 다 지나가고 있소. 그대는 지금 무슨 생각을 하고 있는 것이오?"

범리가 마침내 이같이 대답했다.

"설령 군왕이 말하지 않았을지라도 출병을 청할 생각이었습니다. 제가 듣건대 '시기를 잘 포착하는 사람은 마치 도망자를 추적하는 것처럼 신속히 행동한다'고 했습니다. 급히 뒤를 쫓아도 쫓아가지 못할까 걱정인데 어찌 조금이라도 지체할 수 있겠습니까?"

구천이 크게 기뻐하며 곧바로 총동원령을 내렸다. 당시 객관적으로 볼 때 무력 면에서는 오나라가 한 수 위였다. 이는《춘추좌전》의 기록을 보면 쉽게 알 수 있다. 이에 따르면 기원전 482년 여름 6월 12일, 구천은 부차가 황지 회맹을 성사시키기 위해 오나라의 정예군을 이끌고 출정한 틈을 노려 마침내 군사를 두 길로 나누어 진군했다. 월나라 대부 주무여疇無餘과 구양謳陽이 남로군南路軍을 이끌고 먼저 오나라 도성의 교외에 이르렀다. 당시 오나라 도성은 태자 우友과 왕자 지地, 이 전투에서 왕손 미용彌庸과 수어요壽於姚 등이 지키고 있었다. 이들은 오나라 도성 부근을 흐르는 홍수泓水의 강변에서 월나라 군사의 움직임을 세밀히 관찰했다. 이때 왕손 미용이 월나라 군내에 있는 고멸姑蔑 땅의 깃발을 보고는 이같이 말했다.

"저것은 나의 부친의 깃발이다. 원수를 보고도 죽이지 않는 것은 잘못이다."

일찍이 미용의 부친은 월나라의 포로가 되었는데 이때 깃발도 함께 월나라 군사의 손에 들어갔다. 태자 우가 만류했다.

"만일 우리가 월나라 군사와 싸워 승리하지 못하면 도성이 적의 손에 떨어지게 되니 그대는 잠시 구원병이 올 때까지 기다리도록 하오."

그러나 왕손 미용은 이를 듣지 않고 곧바로 휘하 군사 5,000명을 이끌고 출전했다. 이에 왕자 지도 그를 돕기 위해 출전했다. 이해 6월 21일, 왕손 미용이 월나라 군사와 일전을 겨뤄 대승을 거두었다. 왕손 미용이 월나라 대부 주무여를 사로잡고 왕자 지는 구양을 사로잡았다. 당시 오나라 도성에는 늙고 병약한 군사들만이 남아 있었다. 그럼에도 첫 전투에서 월나라의 선봉을 무찌르는 승리를 거둔 것이다. 오나라의 막강한 무력을 반증하는 대목이다.

그러나 월왕 구천이 대군을 이끌고 오자 상황이 바뀌었다. 왕자 지가 급히 뒤로 물러나 도성을 지켰다. 다음 날인 6월 22일, 양군이 다시 교전하게 되었다. 이는 첫날 전투에서 대승을 거둔 오나라 군사가 월나라 군사를 얕잡아본 데 따른 것이었다. 결과는 참패였다. 태자 우를 비롯해 왕손 미용과 수어요 등이 모두 포로로 잡혔다가 이내 목이 달아났다. 6월 23일, 월나라 군사가 오나라 도성으로 입성했다.《오월춘추》는 이때 월나라 군사들이 지금의 강소성 소주시 서남쪽 고소산에 세워진 거대한 규모의 고소대姑蘇臺를 불태웠다고 기록해놓았다.

오나라 사자가 급히 오왕 부차에게 달려가 이 사실을 전했다. 회맹을 코앞에 둔 부차는 중원의 제후들이 이 소식을 들을까 크게 두려워한 나머지 친히 칼을 빼어 패보를 전한 오나라 사자 7명의 목을 장하帳下에서 베어버렸다. 이해 가을 7월 7일, 황지黃池의 회맹이 거행되었다. 부차가 진나라에 앞서 삽혈함으로써 형식상 천하의 패자가 되었다.

부차는 비록 회맹을 강행해 중원의 패자가 되었지만 오나라의 중요한 지역들을 이미 월나라에게 빼앗겼다는 급보에 놀라 황급히 회군했다. 근거지를 잃은 오왕 부차의 주력군은 식량과 무기, 전쟁 물자가 턱없이 부족해 제대로 전투를 치를 수 없었다. 구천도 단숨에 오나라를 무너뜨릴 수 없다고 판단했다. 이해 겨울, 오나라가 월나라와 강화했다. 구천이 곧바로 군사를 이끌고 철군했다.

이때까지도 무력은 오나라가 앞서 있었다. 그런데도 오나라는 3년 뒤 멸망하고 말았다. 명실상부한 천하의 패자로 군림하기 위해 힘을 엉뚱한 데 소진한 후과였다. 만일 이때라도 정신을 차려 월나라의 침략에 철저히 대비했다면 승패를 점치기가 쉽지 않았을 것이다. 그러나 부차는 허를 찔린 뒤에도 월나라를 계속 얕보았다. 패배를 자초했다고 평할 수밖에 없다.

성과에 대한 보답을 강요하지 마라
—

〈월왕구천세가〉가 구천보다 범리에 초점을 맞추어 기술되었다는 사실은 이미 언급한 바 있다. 〈월어〉에 나오지도 않는 구천의 '토사구팽'을 수록해놓은 것이 그 증거다. 그의 토사구팽 행보는 수단방법을 가리지 않고 성취한 패업의 의미를 퇴색하게 만드는 데 결정적으로 공헌하고 있다. 그러나 이는 동시에 오나라 패망 직후 미련 없이 구천의 곁을 떠남으로써 토사구팽의 마수를 벗어난 범리의 현명한 처신을 더욱 돋보이게 만드는 대목이기도 하다.

〈월어〉에 따르면 범리의 사의 표명은 오나라 패망 직후에 이루어졌다. 그는 월나라 군사가 오나라 도성에서 철수하자 곧바로 사의를 표했다.

"군왕은 이후 스스로 노력하기 바랍니다. 신은 다시 월나라로 들어오지 않을 것입니다."

구천이 크게 놀라 물었다.

"그게 무슨 말이오?"

범리가 대답했다.

"신이 듣건대 '신하 된 자는 군왕에게 우환이 있으면 자신의 모든 힘을 다하고, 군왕이 치욕을 받으면 응당 몸을 바쳐 순국한다'고 했습니다. 당초 군왕이 회계산에서 치욕을 받을 때 신이 몸을 던져 순국하지 못한 것은 군왕을 도와 오나라를 멸망시켜 보복하고자 했기 때문입니다. 지금 그 일이 이미 이루어졌으니 저는 회계의 치욕으로 인해 응당 받아야 했던 처벌을 이제야 받고자 할 뿐입니다."

구천이 말했다.

"만일 그 누구일지라도 그대의 과실을 덮지 않고 그대의 위대한 공적을 선양하지 않는다면 내가 그를 가만두지 않을 것이오. 그대는 내 말을 믿고 나와 함께 월나라로 돌아갑시다. 나는 월나라를 반으로 갈라 그대와 함께 다스리도록 하겠소. 만일 내 말을 듣지 않고 멋대로 떠나고자 하면 그대를 죽일 것이오. 또한 그대의 처자식도 죽음을 면치 못할 것이오."

범리가 단호히 말했다.

"군왕은 군왕의 법령을 집행하도록 하십시오. 저는 제 뜻대로 일을 해나갈 것입니다."

그리고는 작은 배에 올라 오호 사이에서 노닐다가 이내 종적을 감추었다. 이 소식을 들은 구천이 곧 장인들에게 명해 범리의 상을 주조하게 한 뒤 대부들에게 명해 범리의 상에 예를 올리게 했다. 이어 회계를 둘러싼 300리의 땅을 베어 범리의 봉지로 삼고는 이같이 선언했다.

"나의 후손 중 누구라도 범리의 봉지를 침범하는 자는 이국의 타향에서 죽음을 맞게 하라. 하늘과 땅의 신령이 모두 나의 이 맹세를 증명해줄 것이다."

〈월왕구천세가〉는 범리가 월나라를 떠나기 직전 대부 문종에게 서신을 보내 토사구팽의 위험성을 경고한 일화를 실어놓았다.

"옛말에 날렵한 새를 모두 잡으면 좋은 활은 쓸모가 없어지고, 교활한 토끼를 모두 잡으면 사냥개를 삶아 먹는다고 했소. 월왕은 긴 목에 까마귀 입인 장경오훼長頸烏喙의 관상을 갖고 있어 환난을 같이할 수는 있어도 즐거움을 함께할 수 없는 인물이오."

문종이 이 서신을 보고는 이내 병을 칭하며 입조하지 않았다. 그러자 사람들이 그를 모함했다. 마침내 구천이 문종에게 검을 보내며 이같이 말했다.

"그대는 과인에게 오나라를 토벌할 수 있는 7술七術을 가르쳐주었소. 과인은 그중 세 가지 술책을 구사해 마침내 오나라를 멸할 수 있었소. 나머지 네 가지 술책은 그대가 아직 구사하지도 않고 있소. 그대는 나의 선왕들을 위해 지하에서 나머지 술책을 구사해주기 바라오."

결국 문종은 이내 자진하고 말았다. 이에 대해 《오월춘추》와 《월절서越絶書》는 7술이 아닌 9술로 기술해놓았다. 하지만 이보다 더 중요한 술책이 있다. 그것은 바로 적국으로 하여금 자고자대自高自大하도록 만드는 것이다. 모든 사물은 가득차면 기울기 마련이다. 사람은 특이하게도 스스로를 낮추기도 하지만 스스로 천하제일인 양 우쭐대는 자고자대의 모습을 보이기도 한다. 스스로를 학대하는 자학自虐이 아니라면 스스로를 낮추는 자비自卑는 나름 바람직하다. 자비의 행보를 견지하는 한 계속 채울 수가 있기 때문이다.

이에 반해 자고자대는 패망의 길이다. 천하의 모든 것을 다 거머쥐었다고 생각하는 까닭에 더는 노력을 기울이지 않게 된다. 부차가 바로 이 길을 걸었다. 오나라가 천하의 패자임을 확인한 황지 회맹은 겉만 화려하고 실속은 하나도 없는 외화내빈의 전형에 해당했다. 가장 황당한 것은 절치부심하며 칼을 갈고 있던 구천을 자신의 충실한 신복으로 착각한 데 있다. 구천은 일국의 군주로 군림하면서 단지 부차에게 신하의 예를 다할 것을 약속했을 뿐이다. 그런데도 부차는 구천이 이전처럼 자신의 말이나 끌던 시절의 모습을 계속 견지할 것이라고 착각한 것이다.

특이하게도 《사기》〈월왕구천세가〉에는 구천의 곁을 떠난 범리가 천하제일의 갑부인 도주공陶朱公으로 변신한 일화가 실려 있다. 이는 《국어》〈월어〉는 물론 《오월춘추》와 《월절서》에 전혀 나오지 않는 내용이다. 사마천이 〈월왕구천세가〉를 편제하면서 항간에 나돌던 일화를 그대로 수록한 것으로 보인다.

범리가 도주공으로 변신한 일화가 던지는 메시지는 과연 무엇일까? 《도덕경》이 역설하고 있는 공수신퇴의 이치가 바로 그것이다. 내심 이루고자 했던 과업을 성취했으면 일단 욕심내지 말고 뒤로 물러설 필요가 있다. 이는 인간의 심리를 꿰뚫은 깊은 통찰에서 나온 것이다. 《오월춘추》를 보면 구천의 토사구팽으로 죽음에 이르게 된 문종이 자진하기 직전 다음과 같이 탄식한 대목이 나온다.

아, 큰 은혜는 보답 받을 수 없다는 뜻의 대은불보大恩不報와 큰 공은 포상 받을 수 없다는 뜻의 대공불환大功不還이라는 성어가 있다. 이는 나의 이런 처지를 나타내는 말이다. 범리의 계책을 듣지 않아 결국 월왕에게 죽임을 당하게 되었다.

왜 '대은불보'와 '대공불환'이라는 말이 나온 것일까? 원래 사람의 목숨을 구해주고 나라를 위기에서 구하는 등의 큰 은혜와 공적은 크게 포상을 받을 만한 일이다. 그러나 포상의 규모가 너무 크면 자칫 역효과를 낳을 소지가 크다. 군주를 위시해 주변 사람의 경계심과 질투를 자극하기 때문이다. 오자서와 문종 모두 반란을 꾀하고 있다는 모함을 받고 죽음에 이르게 되었다.

반란은 아무나 일으킬 수 있는 것이 아니다. 왕조나 정권을 뒤엎을 정도의 힘을 지녀야만 가능하다. 이른바 권신權臣이 이에 해당한다. 당사자는 전혀 위세를 떨칠 생각이 없음에도 주변 사람들은 권신이 지닌 막강한 권력에 위압을 당하게 된다. 군주도 예외가 될 수 없다. 주변의 간신들이 이를 눈치채지 못할 리 없다. 이들은 곧 사소한 것까지 꼬투리를 잡아낸 뒤 크게 부풀려 군주에게 보고한다. 그 권신에게 큰 경계심을 품고 있던 군주는 이내 귀가 솔깃해질 수밖에 없다. 새 왕조가 등장할 때마다 대공을 세운 건국공신들이 예외 없이 토사구팽을 당하는 이유가 바로 여기에 있다.

대공을 세운 자가 살아남기 위한 비책이 바로 공수신퇴, 즉 공성신퇴功成身退에 있다. 더구나 난세의 시기에 구천처럼 장경오훼의 상을 가진 주군을 모신 경우는 더 말할 것이 없다. 범리의 공성신퇴 행보가 더욱 돋보이는 이유다.

공성신퇴 역시 일종의 결단에 해당한다. 대다수 사람들은 자신이 세운 공이 클수록 자만하며 방자한 모습을 보이기 십상이다. 오자서와 문종의 경우도 비록 겉으로는 충성으로 포장되어 있기는 했으나 그 내막을 보면 결코 예외가 아니었다. 군주에게 대드는 듯한 태도를 취한 것이 그 증거다. 큰 공을 세운 권신이 이런 모습을 취할 때 두려워하지 않을 군주가 과연 어디에 있겠는가? 토사구팽이 끊이지 않는 이유가 바로 여기에 있다.

　문종은 죽음을 앞두고서야 대은불보와 대공불환을 운운하며 비로소 그 이치를 깨달았다. 너무 늦게 깨달은 셈이다. 범리처럼 공선신퇴의 결단을 내리지 못한 것이 화근이었다. 자신이 세운 공에 대한 과도한 자부심이 이런 화를 낳은 것이다. 병을 칭하며 조회에 나가지 않은 것은 오히려 더 큰 화를 키우는 빌미로 작용했다. 간신들의 참언이 아무런 여과 없이 횡행하는 결과를 낳았기 때문이다. 만약 문종이 간신들의 참언이 난무하기 전에 깨끗이 물러났다면 결코 토사구팽의 제물이 되지는 않았을 것이다.

제8장

오기,
자신을 알아주는 곳에서
기회를 찾아라

희생을 두려워 마라

―

전국시대 초기 위나라에서 장수로 활약한 오기吳起는 싸울 때마다 매번 승리를 거두어, 춘추시대 말기 오나라의 손무와 전국시대 중기 제나라의 손빈에 비견되는 당대 최고의 장수다. 오기를 발탁한 위문후魏文侯 역시 문무를 겸비한 당대의 명군으로, 악양樂羊, 서문표西門豹, 척황翟璜 등 뛰어난 인재들을 적재적소에 배치해 중원을 호령했다.

원래 오기는 위衛나라 출신으로 지금의 산동성 정도현定陶縣인 좌씨 마을 출신이라 알려졌다. 대략 기원전 440년에서 태어나 기원전 381년에 죽은 것으로 추정되는데, 이는 전국시대 초기에 해당한다. 오기는 젊었을 때부터 용병을 좋아했고 중도에 공자의 직계제자인 증자를 스승으로 모시고 학문을 배웠다고 한다. 하루는 증자가 오기에게 물었다.

"그대가 학문을 배운 지도 이미 6년이 지났다. 그런데 한 번도 어머니를 만나러 고국에 가지 않으니 자식된 도리로 마음이 편안한가?"

"저는 어머니 슬하를 떠날 때 일국의 정승이 되지 않으면 돌아가지 않겠다고 맹세했습니다."

"다른 사람과는 가능한 일이지만, 어찌 어머니 앞에서 맹세할 수 있단 말인가?"

몇 달 후 위나라에서 오기의 어머니가 죽었다는 소식이 전해졌다. 오기는 크게 통곡한 뒤 다시 책을 읽기 시작했다. 이런 오기의 행동에

화가 난 증자가 그를 불렀다.

"나는 너 같은 사람을 제자로 둔 적이 없다. 다시는 나를 볼 생각을 하지 마라!"

〈손자오기열전孫子吳起列傳〉은 오기가 증자의 문하를 떠나 다른 곳으로 가서 병법을 익혀 마침내 3년 만에 일가를 이루었다고 기록해놓았다.

오기는 자신의 기량을 펼치기 위해 노나라로 갔다. 노나라가 그를 등용하자 오기는 그간 갈고 닦아온 능력을 유감없이 발휘하기 시작했다. 제나라의 노나라 침공을 막은 것이 그 대표적인 예다. 당시 제나라 재상 전화田和는 장차 태공망 여상呂尙의 후예인 강씨姜氏의 제나라를 송두리째 차지할 생각을 품고 있었다. 그러나 제나라 공실과 누대에 걸쳐 혼인을 해온 노나라가 마음에 걸렸다. 이에 먼저 노나라를 제압할 심산으로 군사를 일으켰다. 노목공이 크게 우려하자 대부들이 오기를 천거했다.

"제나라 군사를 물리치려면 반드시 오기를 대장으로 삼아야 합니다."

"오기의 아내는 제나라 출신이오. 무릇 사람이란 부부 간의 애정이 으뜸인데 오기가 과연 아내의 나라를 맞이해 힘껏 싸워줄지 모르겠소."

오기는 증자 밑에서 학문을 닦던 때 제나라 대부의 딸을 부인으로 맞이했다. 이 이야기를 전해들은 오기가 곧 집으로 와서 아내에게 물었다.

"아내가 소중한 이유를 아시오?"

"남편과 아내가 있어야 비로소 집안이 이루어집니다. 아내가 소중한 것은 가정을 이루어주기 때문입니다."

"남편이 높은 지위에 올라 1만 석의 국록을 받고 적군과 싸워 대공을 세우고, 이름을 천추만세에 남긴다면 이 또한 집안을 크게 일으키게 되는 것이오. 부인은 내가 그리 되기를 바라지 않소?"

"남편이 그리 되기를 원치 않는 사람이 있겠습니까!"

"지금 제나라 군사가 이곳 노나라를 치고 있소. 노나라 군주는 나에게 대장을 시킬 생각이지만 내가 제나라 전씨 집안에 장가를 들었다는 이유로 머뭇거리고 있소."

그리고는 이내 칼을 뽑아 아내의 목을 쳤다. 오기가 즉시 비단으로 아내의 머리를 싼 뒤 노목공을 찾아 갔다.

"신은 나라를 위해 싸우려는 일념뿐입니다. 이제 아내의 목을 끊어 왔습니다."

오기가 돌아가자 대부들이 입을 모아 말했다.

"오기는 자기 아내보다 공명을 더 사랑하는 사람입니다. 그를 장수로 삼지 않으면 그는 반드시 다른 나라로 갈 것입니다."

노목공이 부득불 오기를 대장으로 삼았다. 오기는 노나라의 대장이 되자마자 사졸과 똑같이 움직였다. 먹고 자는 것은 물론 행군할 때도 말을 타지 않고, 사졸이 무거운 무기나 군량을 지고 가는 것을 보면 친히 이를 분담했다. 당시 제나라 재상 전화는 정탐꾼으로부터 오기의 동정을 보고받고 크게 웃었다.

"무릇 장수는 위엄이 있어야 한다. 그래야 군사들이 두려워한다. 군사가 장수를 두려워해야만 목숨을 걸고 싸우는 법이다. 오기의 몸가 짐으로는 많은 군사를 부릴 수 없다."

그러고는 장수 장추張丑를 불러 이같이 분부했다.

"장군은 노나라 진영으로 가 오기의 의향이 어떤 것인지를 알아보고 오도록 하시오."

오기는 장추가 온다는 소식을 듣고 즉시 늙고 병약한 군사만을 앞에 내세웠다. 장추가 오기에게 물었다.

"들리는 소문에 의하면 장군은 대장이 되기 위해 아내를 죽였다고 하는데 그게 사실이오?"

"내가 비록 불초하지만 증자 문하에서 성현의 길을 배운 일이 있소. 어찌 그런 몰인정한 짓을 할 리 있겠소. 아내가 병으로 죽었을 때 나라에서 나에게 대장을 맡긴 까닭에 그런 소문이 난 듯하오."

장추가 물었다.

"장군이 우리 제나라와 맺은 인연을 잊지 않는다면 우리와 함께 서로 동맹하고 우호를 맺는 것이 어떻겠소?"

"나는 일개 서생에 불과하오. 어찌 감히 제나라 전씨를 상대로 싸울 수 있겠소? 우호만 맺을 수 있다면 더는 바랄 것이 없소."

오기는 장추를 군중에 머물게 하면서 3일 동안 함께 술을 마시며 즐겼다. 싸움에 대해서는 한마디도 하지 않았다. 장추가 제나라 군진으로 돌아가려고 하자 오기가 거듭 부탁했다.

"부디 나를 위해 힘써주기 바라오. 그 은혜는 잊지 않을 것이오."

장추가 떠나자 오기는 즉시 군사를 삼로三路로 나누어 몰래 그 뒤를 따라갔다. 이를 전혀 눈치 채지 못한 장추가 전화에게 이같이 보고했다.

"노나라 군사는 매우 약합니다. 오기는 우리와 강화하기를 원할 뿐 전혀 싸울 뜻이 없습니다."

바로 이때 원문棒門 밖에서 난데없이 북소리가 진동하며 노나라 군사가 삼면에서 일시에 제나라 영채를 엄습했다. 제나라 군사가 크게 놀라 사방으로 도주했다. 노나라 군사가 제나라 군사를 순식간에 국경 밖으로 몰아냈다. 노목공이 크게 기뻐하며 즉시 오기에게 상경의 벼슬을 내렸다. 이때 오기에게 패해 간신히 제나라로 돌아온 전화는 오기를 두려워한 나머지 장추에게 이같이 분부했다.

"오기가 노나라에 있는 한 우리 제나라는 불안해 견딜 수가 없다. 내가 장차 사람을 노나라에 보내 그를 매수할 작정이다. 그대가 노나라에 갔다 오겠는가."

"목숨을 걸고 다녀와 이번에 패한 죄를 갚도록 하겠습니다."

장추가 장사꾼으로 가장하고 노나라로 들어간 뒤 오기의 부중을 찾아가 2명의 미희와 황금을 바쳤다. 이에 오기가 사례하며 다음과 같이 말했다.

"그대는 돌아가 감사의 뜻을 전하도록 하시오. 장차 제나라가 노나라를 치지 않는 한 노나라도 결코 제나라를 치는 일이 없을 것이오."

장추가 노나라를 떠나면서 길가는 행인들에게 외쳤다.

"오기가 제나라 밀사로부터 많은 뇌물을 받았다. 어떤 일이 있더라도 제나라를 치지 않겠다고 맹세했다!"

이 말이 삽시간에 퍼져, 대부들이 오기를 탄핵했다.

"오기는 모친이 죽었는데도 분상奔喪을 하지 않았고, 자신의 처를 죽이면서까지 장수가 되고자 한 각박한 자입니다. 게다가 탐욕스러위 제나라로부터 많은 뇌물을 받았습니다. 이제 노나라와 같이 작은 나라가 오기로 인해 대국을 이겼다는 명성을 얻게 되었으니 장차 다른 대국들이 노나라를 가만두려 하지 않을 것입니다."

오기가 이 이야기를 듣고 화가 미칠까 우려했다. 위문후가 인재를 아낀다는 이야기를 들은 그는 위나라로 달아났다. 척황의 집에 머물며 때를 기다리던 그는 척황의 천거를 받아 위문후 밑에서 일하게 된다.

자신을 낮추어야 화합을 꾀할 수 있다

—

당시 위문후가 가장 경계한 나라는 상무尙武의 기풍이 강한 서쪽의 진나라였다. 진나라가 부강해지면 그 힘이 중원으로 발산될 수밖에 없었다. 위문후가 대비책 마련에 부심한 이유다. 하루는 위문후가 척황과 대책을 상의하던 중 이같이 말했다.

"과인은 그대의 지시를 따라 악양에게 중산을 치게 했고, 서문표에게 업鄴 땅을 다스리게 해 모두 성공했소. 그런데 우리나라 서하西河 땅은 서쪽 국경지대에 있소. 진나라가 우리 위나라를 침공하려면 반드시 서하 땅부터 칠 것이오. 뛰어난 장수가 아니면 이를 지켜내기가 쉽지 않소. 과인을 위해 장수 한 사람을 천거하도록 하시오."

"뛰어난 장수가 한 사람 있습니다. 이름은 오기라고 합니다. 전에 노나라에 있다가 지금은 우리 위나라에 와 있습니다. 속히 그를 등용하시기를 바랍니다. 혹여 다른 나라로 가버릴까 우려됩니다."

"오기는 지난날 노나라의 장수가 되기 위해 아내를 죽인 자가 아닌

가? 내가 듣기로 그는 재물을 좋아하고, 여색을 탐하고, 성격 또한 잔인하다고 했다. 그런 사람에게 어찌 중임을 맡길 수 있겠는가?"

"신은 다만 오기의 뛰어난 능력만을 말씀드린 것뿐입니다. 그의 성품과 행동에 대해서는 따질 바가 아닙니다."

"좀더 알아보고 기용하도록 하겠소!"

그러고는 곧 이극을 불러 물었다. 이극이 대답했다.

"오기는 욕심이 많고 색을 밝힙니다. 그러나 용병만큼은 사마양저司馬穰苴도 그를 당해내지 못할 것입니다."

사마양저는 춘추시대 말기에 뛰어난 병법으로 제경공의 패업을 도왔던 인물이다. 이 말을 들은 위문후는 이내 오기를 발탁했다. 오기는 서하 땅의 태수로 임명되자마자 곧바로 성루를 높이 수축하고, 성지城池를 깊이 파고, 군사를 조련하며 사졸과 함께 숙식을 같이했다. 잠잘 때도 잠자리를 펴지 않고, 나다닐 때도 말을 타지 않고, 자신이 먹을 양식도 직접 짊어지고 다니며 병사들과 고락을 같이했다. 모든 행동이 노나라에 있을 때와 같았다.

한번은 한 병사가 종기로 고생을 하자 오기가 직접 입으로 그 종기를 빨아 치료했다. 그 병사의 모친이 이 이야기를 듣고 통곡했다. 어떤 사람이 의아해하며 물었다.

"그대의 아들은 병사에 불과한 데도 장군이 직접 그대 아들의 종기를 입으로 빨아서 치료해주었는데 어찌해서 운단 말이오?"

병사의 모친이 울면서 대답했다.

"그렇지 않소. 옛날 오공이 내 남편의 종기를 빨아준 적이 있었소. 이에 내 남편은 감복한 나머지 후퇴할 줄도 모르고 분전하다가 적에게 죽고 말았소. 이제 오공이 또 내 아들의 종기를 빨아 주었으니 나는 내 아들이 어느 곳에서 죽을지 모르게 되었소. 그래서 통곡하는 것이오."

오기가 군사를 이끌고 가서 진나라의 5개 성읍을 취했다. 이후 진나라는 오기가 서하 땅을 지키고 있다는 소문을 듣고는 감히 침범할 엄두를 내지 못했다. 그러나 적이 너무나 많았던 오기는 위문후가 죽자 이내 궁지에 몰리게 된다.

이극이 죽자, 위나라는 재상의 자리가 비게 되었다. 하지만 그 자리를 계속 비워놓을 수도 없는 일이었다. 고향을 떠날 때 어머니에게 피로 맹세했던 오기는 재상의 자리에 남다른 집착이 있었다. 스스로 판단하기에 위나라를 위해 헌신한 공 등을 따져볼 때 자신이 그 자리에 앉는 것이 당연하다고 생각했다. 그는 숙고 끝에 재상의 자리에 적극 나설 생각으로 도성을 향했다. 하지만 도착해보니 이미 전문田文이 재상으로 발탁된 뒤였다. 전문은 전국시대 말기 천하를 풍미한 제나라의 맹상군孟嘗君 전문과 동명이인이다.

재상은 중신들과 논의해서 임명하는 것이 관례였다. 일부 중신들에게 물어보니 위무후가 단독으로 결정한 것이었다. 위무후는 오기의 명성이 높아지자 전문을 재상으로 삼은 것이다. 〈손자오기열전〉에 따르면 당시 기분이 언짢아진 오기가 다짜고짜로 전문을 찾아갔다.

"당신과 공로를 비교해보고 싶은데 어떻소?"

"좋소."

"삼군을 지휘하는 장수가 되어 병사들에게 기꺼이 목숨을 바쳐 싸우게 하고, 적국으로 하여금 감히 우리를 넘보지 못하게 한 점에서 누가 더 낫소?"

"내가 당신만 못하오."

"백관을 다스리고 온 국민을 화합하며 나라의 창고를 가득 채운 점에서 누가 더 낫소?"

"내가 당신만 못하오."

"서하를 지켜 진나라 군사들이 감히 동쪽으로 쳐들어오지 못하게 하고, 한나라와 조나라를 복종시킨 점에서 누가 더 낫소?"

"내가 당신만 못하오."

"이 세 가지 점에서 당신은 모두 나보다 못한데, 나보다 윗자리에 있는 것은 무슨 까닭이오?"

전문이 대답했다.

"왕의 나이가 어려 나라가 안정되지 못하고, 신하들은 왕의 말을 듣지 않고, 백성들은 왕을 믿지 못하고 있소. 이런 시기에 재상의 자리를 당신이 맡는 것이 좋겠소, 아니면 내가 맡는 게 좋겠소?"

오기는 한참 동안 생각에 잠겼다가 이내 입을 열었다.

"당신이 맡는 게 낫소!"

"그게 바로 내가 당신보다 윗자리에 있는 까닭이오."

당시 오기가 위나라의 재상의 자리를 노린 것은 지나친 욕심이었다. 예로부터 타국 출신으로 높은 자리에 오른 기려지신은 늘 해당국 출신 관원들의 질시를 받기 마련이다. 오기라고 예외가 될 수 없었다. 그런 점에서 전문은 뛰어난 인물이다. 실제로 전문은 오기를 적극 후원하는 역할을 수행했다. 하지만 불행하게도 그는 재임 중 세상을 떠나고 말았다. 이는 오기에게 치명타가 되었다. 원래 위무후는 위문후와 달리 의심이 많고 그릇이 작았다.

전문이 죽은 뒤 위무후의 딸을 얻어 부마가 된 공숙좌公叔痤가 전문의 뒤를 이었다. 공숙좌는 소인배였다. 대부 왕착과 함께 오기를 모함해 오기가 초나라로 달아나게 만든 장본인이다. 《전국책戰國策》〈위책魏策〉과 《사기》〈상군열전商君列傳〉에 따르면 그는 가신으로 있던 상앙도 마침내 서쪽 진나라로 달아나게 만들었다. 상앙은 진효공의 신임을 얻어 대대적인 변법을 시행함으로써 훗날 진시황이 천하통일의 대업을 이루는 발판을 마련했다. 결과적으로 당대 최고의 병가인 오기와 뛰어난 법가인 상앙을 모두 내치는데 결정적인 역할을 한 셈이다. 전국시대 초기 위문후 때 천하를 호령하던 위나라가 위무후와 그의 뒤를 이은 위혜왕 때 약소국으로 전락한 배경이 여기에 있다.

유연하지 못한 처사는 화를 부른다

초도왕은 평소 오기가 비범한 인물이라는 이야기를 익히 듣고 있다가 초나라에 오기가 왔다는 소식을 듣고는 크게 기뻐했다. 이내 오기의 뛰어난 논변에 감탄한 그는 곧바로 오기를 상국으로 삼았다. 오기는 원래부터 상국이 되면 어떤 나라라도 부강하게 만들 수 있다는 자부심이 있었다. 하루는 오기가 초도왕에게 이같이 건의했다.

"원래 초나라는 수 천리의 넓은 땅을 지녔고, 100만 명에 이르는 군사를 거느리고 있습니다. 그러나 애석하게도 초나라는 양병養兵하는 법을 모릅니다. 무릇 양병은 먼저 군수물자를 비축하는 데서 시작합니다. 지금 초나라 조정은 불필요한 관원들로 꽉 차 있습니다. 대왕의 면 친척들은 왕실 일족이라는 이유만으로 놀면서 국록을 축내고 있는데, 병사들은 겨우 몇 되 안 되는 양식을 배급받고 있습니다. 이런데 병사들이 어찌 나라를 위해 목숨을 걸고 싸우려 하겠습니까? 대왕이 저를 신임하신다면 먼저 법령을 펴서 불필요한 관원을 쫓아내고, 거리가 먼 왕실 일족의 작록을 없애고, 세 치 혀로 유세하는 자들을 쫓아낸 뒤 장병들의 봉록을 넉넉하게 주십시오. 이를 행하고도 국위를 떨치지 못한다면 신을 가차 없이 처벌하십시오."

이것이 초도왕이 일대 개혁을 단행한 배경이다. 오기는 용사들을 선발해 체계적으로 훈련을 시키고 수시로 무기를 점검했다. 장병들의 급료를 대폭 인상하고 실력이 뛰어난 자는 급료를 몇 배씩 올려주었다. 〈손자오기열전〉은 오기가 이런 방법으로 정예병을 대거 육성한 뒤 사방으로 공략에 나섰다고 기록해놓았다. 남쪽으로 장강 중하류에 살던 백월百越을 치고, 북쪽으로 삼진을 물리치고, 서쪽으로 진나라를 쳐서 대승을 거두었다.

그러나 당시 기려지신인 오기의 개혁조치에 반발하는 자들이 너무나 많았다. 그들 모두 권세와 봉록을 잃은 자들이었다. 이들은 오기에게 이를 갈았으나 초도왕이 있는 한 함부로 불만을 드러낼 수 없었다.

오기가 정예병을 이끌고 사방을 공략한 것은 초나라로 들어간 지 3년 만의 일이었다. 그러나 이듬해 여름 갑자기 초도왕이 갑자기 세상을 떠나면서 모든 것이 뒤틀리고 말았다. 반대파들은 초도왕이 죽자마자 그간 가슴 속 깊이 쌓아 두었던 오기에 대한 울분을 일시에 폭발시켰다. 이들은 곧바로 가병들을 이끌고 궁 안으로 난입했다. 마침

태자는 지방순시 중이라 초도왕의 시신을 지킬 사람은 오기밖에 없었다. 오기가 즉시 사람을 태자에게 보내 부음을 전하면서 휘하 군영에 알려 신속히 도성으로 들어오도록 조치했다. 그러나 반대파의 입궁이 더 빨랐다.

손에 칼과 창을 들고 난입한 이들은 사방으로 오기를 찾아 나섰다. 오기가 재빨리 초도왕의 시신을 안치한 빈전殯殿으로 피신했다. 오기를 쫓던 무리들이 일제히 오기를 향해 화살을 난사하자 오기가 이내 초도왕의 시신을 끌어안고는 큰소리로 외쳤다.

"내가 죽는 것은 아까울 것이 없다. 그러나 옛 신하들이 원한을 품고 대왕의 시신을 범했으니 이런 대역죄를 범하고도 살아남기를 바랄 수 있는가!"

우박처럼 쏟아진 화살이 곧 오기의 입을 막아 버렸다. 오기를 쫓던 무리들은 초도왕의 시신 역시 벌집이 된 사실을 알고는 겁을 먹고 사방으로 달아났다. 초도왕의 뒤를 이어 즉위한 초숙왕은 부왕의 장례를 치른 뒤 즉위식을 가졌다. 그는 적당한 때를 기다려 부왕의 시신에 화살을 난사한 자들을 모두 주륙하고자 했다. 초숙왕은 보위에 오른 지 한 달이 지나자 영윤으로 있던 동생을 시켜 난을 일으킨 자들을 모두 주살했다. 이때 오기를 죽이는 데 연루된 자들이 무려 70여 호에 이르고, 죽은 사람은 3,000여 명에 달했다고 한다.

제9장

상앙,
믿음을 묵묵히 실천할 때
큰 결실을 맺는다

인재를 알아보고 진언을 받아들여라
—

〈상군열전商君列傳〉은 전국시대 중엽 두 차례에 걸친 대대적인 변법變法을 통해 서쪽 변방의 진秦나라를 최강의 군사대국으로 만든 상앙商鞅의 사적을 다루고 있다. 상앙은 전국시대 중엽 법가를 대표하는 인물이다.

당초 진나라는 춘추시대까지만 해도 중원의 서쪽에 있는 일개 제후국에 불과했다. 중원의 제후들은 진나라를 서융西戎의 일원으로 낮추어보았다. 동쪽으로 진출해 중원의 패권을 장악하고자 해도 앞을 가로막고 있는 진晉나라로 인해 그 뜻을 실현할 길이 없었다. 부국강병을 통해 이런 한계를 돌파한 인물이 바로 진목공이다. 진목공의 노력은 전국시대 중기 상앙의 보필을 받은 진효공의 개혁으로 이어져 마침내 진나라가 천하를 호령하는 기틀이 마련되었다. 진나라는 진효공 이후 진시황이 천하를 통일할 때까지 천하제일의 강국으로 군림했다. 진효공이 진목공의 유업을 이어 대대적인 개혁을 실시하게 된 데는 기려지신인 상앙의 보필이 결정적인 배경으로 작용했다. 사마천은 〈상군열전〉에서 상앙의 파란만장한 삶을 매우 소상히 기록해 놓았다.

상앙은 기원전 390년에 중원의 약소국 위衛나라에서 태어났다. 부친은 위나라의 공자 출신이었으나 그는 첩의 아들이었다. 신분세습의 봉건질서 아래에서, 공경대부의 적통 입장에 볼 때 이른바 서얼庶

^孽 출신은 거추장스러운 존재에 지나지 않았다. 그가 훗날 일련의 변법을 과감히 밀어붙인 것도 이런 출생 배경과 연관해서 보아야 한다.

〈상군열전〉에 따르면 그는 어렸을 때부터 남달리 총명했다. 일찍이 난세의 시기에 필요한 학술은 유가가 아닌 법가라는 사실을 통찰한 그는, 법가의 일종인 형명학形名學을 좋아했다. 형명학은 명분과 실상이 부합하는지 여부를 따지는 일종의 명실론名實論으로 궁극적으로는 법의 적용에 공평을 기하려는 취지에서 나온 것이다. 법의 엄격한 적용이 전제되는 까닭에 통상 이를 형명학刑名學으로도 표현한다. 전국시대 말기에 한비자가 법가사상을 집대성할 때까지 형명학은 곧 법가사상을 대신하는 용어로 사용되었다.

상앙이 어렸을 때부터 형명학에 커다란 관심을 보이며 이를 열심히 공부했다는 것은 그의 뜻이 어디에 있는지를 잘 보여준다. 그는 관중처럼 열국 중 한 나라를 선택해 천하제일의 부강한 나라로 만든 뒤 이를 기반으로 천하에 명성을 떨치고자 했다. 그가 청년기에 고향을 떠나 벼슬길을 찾아 나선 것도 이런 맥락에서 이해할 필요가 있다.

그가 가장 먼저 찾은 나라는, 춘추시대에 중원의 패자로 군림했던 진晉나라가 전국시대에 들어와 셋으로 나누어진 뒤 가장 먼저 위세를 떨친 위魏나라였다. 그는 먼저 위나라 상국으로 있는 공숙좌公叔座을 찾아갔다.

당시 상앙이 위나라 상국 공숙좌를 곧바로 찾아간 것은 속히 출세해서 자신의 뜻을 펼치고자 하는 열망이 매우 강렬했음을 반증한다. 공숙좌는 머리가 비상하고 학식 또한 풍부한 상앙과 몇 마디 말을 나누고 그의 비상한 재주를 금세 눈치챘다. 곧바로 그를 공족을 관장하는 관직인 중서자中庶子에 임명해 참모로 활용했다.

공숙좌는 상앙의 보좌를 받아 모든 일을 성취했다. 그러나 그는 상
앙을 위혜왕에게 천거하지는 않았다. 기원전 362년, 진나라와 위나라
군사가 소량小梁 섬서 한성현에서 격돌했다. 위나라 군사는 직전에 이
미 조나라 및 한나라 연합군과 격전을 치른 탓에 진나라 군사의 상대
가 되지 못했다. 진나라 군사가 위나라 군사를 대파한 뒤 마침내 공숙
좌를 포로로 잡게 되었다.

이때 마침 진헌공이 죽고 그의 아들이 뒤를 이어 진효공秦孝公으로
즉위했다. 당시 진효공의 나이는 21세였다. 진나라 군사는 국상이 나
자 이내 위나라와 강화를 맺고 공숙좌를 석방한 뒤 곧바로 회군했다.
석방된 공숙좌가 병으로 자리에 눕자 위혜왕이 문병을 왔다.

"그대가 병석에서 오랫동안 치료를 받아야 한다면 대신 국정을 대
신 맡아볼 사람으로 누가 좋겠소?"

공숙좌가 상앙을 천거했다.

"제 휘하에 중서자 공손앙이라는 인재가 있습니다. 나이는 비록 어
리지만 천하의 기재입니다. 원컨대 대왕은 그를 발탁해 쓰십시오."

위혜왕은 아무 말도 하지 않았다. 실적이 없는 백면서생을 중용하
다가 천하의 웃음거리가 될 것을 염려한 위혜왕이 입을 군게 다물고
있자 공숙좌가 좌우 측근들을 물린 뒤 다시 진언했다.

"대왕이 그를 등용하지 않을 양이면 반드시 그를 제거해 다른 나라
로 빠져나가지 못하게 해야 합니다."

위혜왕이 마지못해 대답했다.

"알았소."

위혜왕이 환궁하자 공숙좌가 상앙을 불렀다.

"지금 대왕이 후임 재상으로 누가 좋은지를 물었다. 나는 그대를 천거했으나 대왕의 안색을 보니 응낙하지 않을 듯하다. 나는 상국의 몸으로 군주의 이익을 우선해야 하고, 신하에 대한 배려는 다음으로 해야 하는 까닭에 만일 그대를 등용하지 않을 양이면 미리 제거해야 한다고 진언했다. 대왕이 이를 수락했으니 그대는 서둘러 이곳을 떠나도록 하라. 이대로 있다간 체포되고 말 것이다."

상앙이 대답했다.

"대왕이 저를 후임으로 기용하라는 상국의 진언을 받아들이지 않았는데 어찌 저를 죽이라는 진언을 받아들일 리 있겠습니까?"

그러고는 태연히 위나라에 머물렀다. 과연 위혜왕은 환궁한 뒤 좌우에게 이같이 말했다.

"상국은 병이 깊어지더니 이상해졌소. 슬픈 일이오. 과인에게 공손앙을 기용하라고 권하다니 말이오. 이 어찌 노망이 든 것이 아니겠소!"

이때 상앙과 가까운 위나라 공자 앙卬도 누차 위혜왕에게 상앙을 천거했다. 그러나 위혜왕은 끝내 상앙을 등용하지 않았다. 얼마 후 공숙좌가 죽었다. 훗날 위혜왕은 상앙을 놓친 것을 두고두고 후회했으나 이미 엎질러진 물이었다.

원하는 것을 주어야 신뢰를 얻는다
—

공숙좌가 죽자 상앙은 진효공이 천하의 인재를 모은다는 소식을 듣고 진나라로 출국할 준비를 서둘렀다. 당시 진효공이 전국에 포고한 구현령求賢令은 그 내용이 명문이다. 골자는 대략 이러했다.

옛날 선군 진목공은 기산岐山과 옹수雍水 사이에서 덕을 닦고 무력을 길러, 동쪽으로 진晉나라의 내란을 평정하고 황하를 경계로 삼았다. 또한 서쪽으로 융적을 제압하고 땅을 1,000리나 더 넓혔다. 천자가 우리에게 방백方伯의 칭호를 내리자 제후들이 모두 경하했다. 후대를 위해 기업基業을 개창한 것이 참으로 빛나고 아름다웠다. 그러나 불행히도 몇 대 동안 정국이 불안정하고 국내에 우환이 있어 밖의 일을 처리할 여가가 없었다. 삼진三晉, 위, 한, 조가 그 틈을 노려 선군의 땅인 하서河西를 빼앗았다. 이보다 더 큰 치욕은 없을 것이다. 진헌공이 즉위한 후 변경을 진무하고 도성을 역양櫟陽 섬서 임동현으로 옮겼다. 과인은 실지를 회복하고 정령의 본의를 밝게 드러내고자 하나 늘 마음속에 부끄럽고 비통한 생각뿐이다. 빈객과 군신들 중에 기계奇計를 내어 진나라를 부강하게 할 수 있는 사람이 있으면 과인에게 오라. 과인이 관직을 내리고 땅도 나누어줄 것이다.

실지를 회복하고 진나라를 천하의 강국으로 만들고자 한 진효공의 의지는 확고했다. 구현령이 포고되자 천하의 인재들이 진나라로 구름처럼 몰려들었다.

진나라에 당도한 상앙은 먼저 진효공의 총애를 받고 있는 대부 경감景監을 찾아갔다. 경감은 상앙과 여러 이야기를 나누었다. 그가 보기에도 과연 상앙은 뛰어난 인물이었다. 경감은 곧 진효공에게 상앙을 천거했다. 진효공은 즉시 상앙을 불러 치국방략을 물었다.

〈상군열전〉에 따르면 당시 상앙은 첫 만남에서 엉뚱하게도 도가에서 말하는 최상의 치도인 제도帝道에 관해서만 말했다. 상앙의 말이 다 끝나기도 전에 진효공은 졸기 시작했다. 이튿날 경감이 공궁으로 들어가자 진효공이 힐난했다.

"그대가 천거한 사람은 쓸데없는 말만 하는 사람이오. 어찌 과인에게 그러한 사람을 천거한 것이오."

경감이 집으로 돌아와 상앙에게 물었다.

"내가 군주에게 선생을 천거했는데 어찌 쓸데없는 이야기만 한 것이오?"

상앙이 대답했다.

"나는 제도를 설명했으나 군주는 그 뜻을 알아듣지 못했습니다. 청컨대 다시 한 번 군주를 배견하게 해주십시오."

제도는 무위통치를 뜻한다. 제도의 요체는 태평천하를 다스릴 때 구사하는 지족知足과 겸하謙下다. 이를 깨닫는 것은 쉬운 일이 아니다. 약육강식이 난무하는 상황에서 제도의 이치를 통찰할 수 있는 군주는 전무했다.

5일 뒤 경감의 주선으로 상앙이 다시 진효공을 배견하게 되었다. 상앙이 이번에는 상나라 탕왕과 주나라 무왕이 덕으로써 민심을 수습해 나라를 세운 일을 자세히 이야기했다. 진효공이 시종 시무룩한 표정을 지었다. 상앙이 물러나오자 경감이 물었다.

"오늘은 무슨 말씀을 드렸소?"

상앙이 대답했다.

"이번에는 왕도王道를 설명했습니다. 그러나 군주는 그 뜻을 알아

듣지 못했습니다. 군주는 왕도가 마음에 들지 않는 듯합니다."

왕도는 맹자가 강조했듯이 덕으로써 천하를 경영하는 것을 말한다. 이 또한 제도와 마찬가지로 비현실적인 방안이었다. 왕도에 대한 진효공의 시큰둥한 반응에 경감이 힐난하자 상앙이 또 청했다.

"이제는 군주가 무엇을 좋아하는지 알았으니 한 번만 더 배견하게 해주십시오. 이번에는 패도를 논해 틀림없이 군주의 뜻에 맞출 것입니다."

상앙이 다시 진효공을 만나 패도를 자세히 논했다.

"옛날에 관중은 제나라 상국이 되어 군령으로 정치를 했습니다. 당시 백성들은 크게 반발했으나 제나라가 크게 다스려지고 제후들이 순종하자 비로소 관중이 자신들을 위한 대계大計를 세웠다는 것을 깨닫게 되었습니다. 무릇 패도의 길은 이처럼 처음에는 민심과 역행할 수밖에 없습니다. 이는 주어진 상황이 제도와 왕도를 허용하지 않기 때문에 불가피한 것이기도 합니다. 제도와 왕도는 성세聖世에는 가히 쓸 수 있으나 난세亂世에는 치도의 지극한 이치를 터득하기 전에는 함부로 쓸 수 없는 것이기도 합니다."

진효공이 고개를 끄덕이며 열심히 들었다. 그러나 곧바로 상앙을 채용할 뜻을 밝히지는 않았다. 상앙이 나가자 진효공이 경감에게 말했다.

"그대의 빈객은 매우 뛰어난 인물이오. 가히 더불어 이야기할 만하오."

경감이 상앙에게 이 말을 전하자 상앙이 말했다.

"제가 이번에는 패도를 논하자 이를 수용할 뜻을 밝혔습니다. 다음에는 분명히 먼저 저를 부를 것입니다."

과연 얼마 후 진효공이 상앙을 다시 불렀다. 진효공이 공손한 태도로 청했다.

"그대에게 진실로 관중과 같은 재주가 있다면 과인은 그대에게 국사를 모두 맡길 것이오. 그러나 패업을 성취하는 길이 무엇인지 정확히 알 길이 없으니 한번 자세히 말해주시오."

상앙이 대답했다.

"나라 재정이 튼튼해야 비로소 군사를 쓸 수 있습니다. 또 군사를 쓸지라도 군사가 강해야만 적을 무찌를 수 있습니다. 나라 재정을 튼튼히 하려면 증산에 온 힘을 기울여야 합니다. 군사를 강하게 하려면 후한 상을 내걸고 장병들을 독려해야 합니다. 백성들에게 나라가 추구하는 바를 정확히 일러주고 상벌을 분명히 해야 합니다. 그래야만 정령이 차질 없이 시행되어 재정을 튼튼히 하고 강군을 육성할 수 있는 것입니다. 그러고도 부강하지 않은 나라를 신은 일찍이 보지 못했습니다."

"참으로 그대의 말이 훌륭하오. 과인은 감히 그대의 말을 좇도록 하겠소."

상앙이 말했다.

"무릇 부강하고자 하면 반드시 먼저 그 일에 적합한 사람을 얻어야 합니다. 비록 적임자를 얻었을지라도 오로지 그에게 모든 일을 맡겨야 합니다. 모든 일을 맡겼을지라도 좌우의 참언에 귀를 기울여서는 안 되고 전적으로 그를 신뢰해야만 합니다."

"그리 하도록 하겠소."

상앙이 진나라 국정을 쇄신하는 방안에 관해 자세히 이야기했다. 〈상군열전〉은 두 사람의 문답은 3일 동안 계속되었으나 진효공이 조금도 피로한 기색을 보이지 않았다고 기록해놓았다.

상앙이 마침내 궁에서 나오자 경감이 물었다.

"그대는 무슨 재주가 있어 군주의 마음을 사로잡은 것이오? 군주가 그토록 기뻐하는 모습은 일찍이 본 적이 없소."

상앙이 대답했다.

"제가 군주를 만나 제도와 왕도, 패도를 차례로 언급했습니다. 그러자 군주가 말하기를, '그것은 너무 시간이 오래 걸리는데다 과인이 좋아 할 수도 없소'라고 했습니다. 그래서 제가 부강한 나라가 될 수 있는 강도强道을 이야기하자 군주가 마침내 크게 기뻐한 것입니다."

진효공은 상앙을 곧바로 참모로 삼았다.

기준은 엄격하고 공정하게 적용하라

―

기원전 359년, 상앙은 자신이 평소 생각한 변법의 구상을 담은 개혁안을 정식으로 제출했다. 개혁안을 작성하는 데 약 2년의 시간이 걸린 셈이다. 그러나 반발이 만만치 않았다. 상앙이 진효공에게 말했다.

"무릇 백성은 함께 시작을 논의할 수 없고, 다만 함께 성공을 즐길 수 있을 뿐입니다. 지덕至德을 논하는 사람은 속인과 어울리지 않고, 대공大功을 이루고자 하는 사람은 많은 무리들과 계책을 논하지 않습니다. 그래서 성인이 실로 나라를 강하게 만들고자 할 때 굳이 과거의 기준을 답습하지 않는 것입니다."

이에 대부 감룡甘龍이 반대했다.

"그렇지 않습니다. 성인은 백성의 관행을 바꾸지 않고도 가르치고, 지혜로운 자는 법을 바꾸지 않고도 가르칩니다. 백성을 가르치는 데 특별히 힘을 들이지도 않았는데 성공할 수 있는 것은 관리들이 이미 법에 익숙해져 있고, 백성들 또한 이를 편히 생각하기 때문입니다."

상앙이 반박했다.

"대부 감룡의 말은 구태의연한 말에 지나지 않습니다. 속인은 옛 풍속을 편하게 생각하고, 학자는 옛 소문에 구애받습니다. 이들을 관원으로 삼아 법을 지키는 것은 가합니다. 그러나 이들과는 법 이외의 다른 일을 더불어 논할 수 없습니다. 3왕은 사용한 예가 달랐지만 왕업을 이루었고, 5패는 사용한 법이 달랐지만 패업을 이루었습니다. 지혜로운 사람은 법을 만들지만 어리석은 자는 이를 고수합니다. 현명한 사람은 예를 바꾸지만 불초한 자는 예에 얽매입니다."

그러나 두예杜摯가 감룡을 옹호하고 나섰다.

"이익은 백 가지를 넘지 않으니 법을 바꾸지 않고, 공은 열 가지를 넘지 않으니 무기를 바꾸지 않습니다. 옛 법을 좇아야 허물이 없게 되고, 옛 예제를 좇아야 삿됨이 없게 됩니다."

상앙이 반박했다.

"세상을 다스리는 길은 하나만 있는 것이 아닙니다. 나라의 실정을 좇아야 하니 옛 법만 고수해서는 안 됩니다. 상나라 탕왕과 주나라 무왕은 옛 법을 좇지 않았기에 새 왕조를 세웠고, 하나라 걸桀과 은나라 주紂은 옛 예제를 바꾸지 않았기에 망한 것입니다."

진효공이 상앙을 칭송했다.

"참으로 훌륭한 말이오."

그리고는 마침내 상앙을 좌서장左庶長으로 삼았다. 이는 상경上卿에 해당하는 진나라의 높은 관직이었다. 진효공은 상앙에게 힘을 실어 주기로 작심한 것이다. 이때 진효공이 군신들에게 이같이 분부했다.

"앞으로 나라의 모든 정사는 좌서장의 명대로 시행할 것이다. 명을 어기는 자가 있으면 추호도 용서치 않을 것이다."

상앙은 곧바로 기존의 낡은 제도와 질서를 뜯어고치기 시작했다. 그의 변법은 백성들의 자발적인 참여를 이끌어내는 데 중점을 두었다. 백성들에게 새로운 기회를 대거 제공하기 위해서는 세족들의 낡은 특권을 타파해야 했다. 이에 따른 반발은 진효공이 앞에 나서 막았다.

상앙의 변법 중 가장 주목할 만한 것은 군공軍功에 대한 포상원칙이다. 군공을 20급으로 나누고 등급에 따라 작위와 관직, 주택, 처첩, 복장 등에 차등을 뒀다. 노비의 신분일지라도 공을 세우면 평민이 되는 것은 물론 높은 작위에 올라갈 수도 있었다. 이는 관록官祿의 세습제를 폐지한 것이나 다름없었다.

당시의 기준에서 볼 때 이는 가히 혁명적인 조치에 해당했다. 공자는 신분세습의 봉건질서를 군자의 양산을 통해 점진적으로 해체하려한데 반해 상앙은 변법조치를 통해 단번에 이를 해체시킨 셈이다. 훗날 진시황이 천하통일 직후 귀족정의 원형인 봉건정封建政을 완전히 소탕하고 곧바로 군주정의 원형인 제왕정帝王政을 세울 수 있었던 것도 바로 이때의 경험이 있었기에 가능했다.

당시 상앙은 진나라를 일대 혁신하지 않고는 장차 중원 진출은커

녕 주변 인국의 침공을 면치 못할 것으로 판단했다. 당시 진나라는 초나라 못지않게 봉건질서에 크게 얽매여 있었다. 상앙이 변법을 시행하지 않았다면 진나라는 초나라처럼 세족들의 발호로 이내 쇠락의 길을 걷고 말았을 것이다.

상앙의 변법은 크게 두 차례에 걸쳐 실시되었다. 진효공이 사망하는 시기까지 총 21년 동안 지속되었고, 그 효과는 막대했다. 진나라가 천하제일의 강국이 되고 백성들이 안심하고 생업에 종사하며 최고의 전투력을 갖추게 된 비결이 모두 여기에 있었다. 이것이 훗날 진시황의 천하통일에 초석이 된 것은 말할 것도 없다.

제1차 변법 시행 당시 태자 사駟가 새 법령에 대해 불평을 털어놓았다. 그러던 중 태자가 법을 위반하는 일이 생겼다. 이 이야기를 전해들은 상앙은 단호히 대처했다.

"태자가 법을 지키지 않는다면 어찌 법을 시행할 수 있겠는가? 태자를 그대로 두면 법을 어기는 것이 된다."

곧 진효공을 찾아가 이를 보고하며 처리방안을 제시했다. 진효공이 이를 승낙하자 이내 이같이 하령했다.

"태자의 죄는 그 스승들이 태자를 잘못 지도했기 때문이다. 태자의 스승 공자 건虔을 코를 베는 형벌에 처하고, 태자의 교관 공손 가賈를 얼굴에 먹을 뜨는 형벌에 처하도록 하라."

이후로는 아무도 법령을 비판하는 자가 없었다. 시간이 지나자 진나라 백성들 중에는 새 법령이 편하다고 말하는 자가 나오게 되었다. 그러자 상앙이 이같이 하령했다.

"이 또한 법령을 어지럽히는 자들이다."

그리고는 새 법령에 대해 비판하는 자들은 물론 칭송하는 자들까지 모두 부중으로 잡아들이게 했다. 상앙이 이들을 크게 꾸짖었다.

"새 법령을 두고 불평한 자들은 법령을 어긴 것이고, 칭송한 자들은 법령에 아부한 것이다. 모두 훌륭한 백성이라 할 수 없다. 이들을 모두 명부에 기록하고 변경의 수졸戍卒로 보내도록 하라."

이로써 법령에 대해 언급하는 사람이 사라지게 되었다. 이후 진나라에서는 백성들이 길가에 떨어진 물건을 줍는 것은 물론 분에 넘치는 물건을 함부로 주고받지 않았다. 도둑도 완전히 사라지고 창고마다 곡식이 가득 찼다. 백성들은 전쟁에는 용감하나 사적인 싸움에는 겁을 먹었다. 그러나 불행히도 이 과정에서 상앙은 당시 태자 사와 척을 지고 말았다. 당시 태자 사는 상앙에 대한 원한을 마음 속 깊이 담아 두고 있었다. 이것이 훗날 상앙에게 되돌아오게 된다.

시기를 가늠하고, 끝까지 밀어부쳐라
—

기원전 354년, 위나라가 조나라로 쳐들어가 도성인 한단을 포위하고 초나라가 군사를 보내 조나라를 구하는 등 열국이 치열하게 다투었다. 이듬해인 기원전 353년, 조나라가 제나라에 도움을 청하자 제나라 장수 전기가 당대 최고의 병법가인 손빈의 도움으로 이해 10월에 계릉桂陵에서 위나라 대군을 격파하는 혁혁한 전공을 세웠다. 이를 계기로 제나라가 천하를 호령하기 시작했다. 싸움은 모두 진나라의 코앞에서 전개되었다. 진효공은 변법에 박차를 가하고 있었던 까닭에 팔짱을 끼고 사태의 추이를 지켜보고만 있었다. 싸움에 개입할 시기를 저울질한 것이다.

기원전 352년, 진효공은 마침내 상앙을 대량조大良造에 임명했다. 대량조는 제16등급의 작위로 일종의 군정대신에 해당한다. 상앙을 대량조에 임명한 것은 본격적인 동쪽 진출의 신호탄이었다. 중원으로 진출하기 위해서는 지정학적으로 관문처럼 버티고 있는 위나라부터 제압해야만 했다. 상앙이 진효공에게 건의했다.

"위나라는 진나라에게 복심腹心의 질환과 같습니다. 위나라가 진나라를 병탄하지 않으면 진나라가 곧 위나라를 병탄해야만 합니다. 안읍安邑에 도읍한 위나라는 진나라와 황하를 경계로 삼고 있으면서 산동山東의 이로움을 독차지하고 있습니다. 위나라는 이로우면 서쪽으로 나아가 진나라를 치고, 불리하면 동쪽으로 나아가 진출기반을 닦습니다. 지금 위나라는 제나라에게 크게 패한데다 제후들도 위나라를 적대시하고 있으니 이번 기회에 위나라를 치면 위나라는 틀림없이 동쪽으로 천도할 것입니다. 이후 동쪽으로 나아가 제후국들과 맹약하면 가히 제왕의 대업을 이룰 수 있을 것입니다."

"참으로 좋은 생각이오."

상앙이 군사 5만 명을 이끌고 위나라로 쳐들어가자 위혜왕이 크게 놀라 군신들과 대책을 논의했다. 공자 앙이 말했다.

"상앙이 우리 위나라에 있었을 때 신은 그와 매우 친했습니다. 이에 신이 군사를 이끌고 가 먼저 화친을 청해보겠습니다. 그가 거절하면 그때 우리는 성을 굳게 지키고 한·조 두 나라에 구원을 청하도록 하십시오."

군신들이 동의했다. 이에 공자 앙이 대장이 되어 군사 5만 명을 이끌고 서하 땅으로 달려갔다. 공자 앙은 오성吳城에 주둔했다. 원래 오성은 전에 오기가 서하 땅을 지킬 때 진나라의 침공을 막기 위해 쌓은 성이다. 양측 군사가 대치하고 있을 때 상앙이 공자 앙에게 서신을 보냈다. 그 골자는 이렇다.

"나는 그대와 서로 좋은 사이였소. 그런데 이제는 서로 두 나라의 장수가 되었소. 하지만 나는 차마 그대를 공격하지 못하겠소. 그대와 얼굴을 맞대고 맹약을 맺은 뒤 즐거이 음주하고 철군해 두 나라 백성을 평안하게 하는 것이 가할 듯하오."

공자 앙이 흔쾌히 수락했다. 며칠 후 상앙과 공자 앙이 일부 갑옷을 벗고 일부 수행원만 대동한 채 술과 음식을 장만해 가까운 옥천산玉泉山에서 회동했다. 두 사람은 두 개의 단지에 한쪽은 술, 다른 한쪽은 정수淨水을 담아 놓고 지난날의 우정을 이야기하며 함께 즐거이 술을 마셨다. 공자 앙이 먼저 상앙에게 먼저 술을 권했다. 상앙이 곧 휘하 군사에게 분부했다.

"이제는 우리가 가지고 온 술과 음식을 내오너라."

이때 상앙을 따라온 사람은 진나라에서도 유명한 용사들이었다. 그중 한 사람의 이름은 오확烏獲이다. 그는 1,000균鈞의 무게를 들어 올리는 장사다. 또 한 사람의 이름은 임비任鄙다. 그는 일찍이 맨주먹으로 호랑이를 때려잡은 용사다. 상앙이 신호를 보내자 오확이 곧바로 공자 앙을 결박했다. 임비는 위나라 수행원들을 모두 포획했다. 상앙이 분부했다.

"위나라 수행원들은 결박을 풀어주어라. 공자 앙을 함거檻車에 가

둔 뒤 승전 소식을 속히 보고토록 하라."

상앙이 위나라 수행원들에게 말했다.

"너희들은 속히 돌아가 진나라와 화평을 맺고 온 듯이 가장하고 성문을 열도록 하라. 그러면 내가 너희들에게 상을 내릴 것이다."

오확이 공자 앙으로 가장해 수레를 타고, 임비는 수레를 호송하는 진나라 사자가 되어 오성 안으로 들어갔다. 위나라 군사들은 아무런 의심도 하지 않고 성문을 열어주었다. 오확이 수레에서 뛰어내려 위나라 군사들을 죽이자 이 틈을 타 진나라 대군이 나는 듯이 쳐들어가 순식간에 오성을 점령했다.

진나라 군사가 여세를 몰아 위나라 도성인 안읍까지 쳐들어가자 위혜왕이 곧 대부 용가龍賈를 상앙에게 보내 강화를 청했다. 상앙이 이같이 회답했다.

"내가 이번에 위나라를 아주 없애지 않는다면 이는 하늘의 뜻을 저버리는 것이 되오."

대부 용가가 말했다.

"새도 옛날에 살던 숲을 그리워하고, 신하는 옛 주인을 잊지 않는다고 합니다. 이는 너무 무정한 말이 아닙니까?"

"서하 땅을 모두 내준다면 내가 철군하겠소."

이로써 진나라는 마침내 잃어버린 서하 땅을 되찾게 되었다. 위혜왕은 서하 땅을 빼앗긴 상황에서 더는 안읍에 머물 수 없었다. 위혜왕이 도성을 지금의 하남성 개봉시인 대량大梁으로 옮기면서 탄식했다.

"내가 전에 공숙좌의 말을 듣지 않은 것이 한스럽기 그지없다."

이후 위나라는 국호를 위魏에서 양梁으로 바꾸었다. 얼마 후 제나라와 조나라가 위나라가 약화된 틈을 노려 함께 위나라를 쳤다. 위나라가 사력을 다해 간신히 막아냈으나 국력이 극도로 피폐해졌다. 이후 위나라는 전혀 힘을 쓰지 못하게 되었다. 도성을 대량으로 옮긴 이듬해인 기원전 351년, 위나라는 기왕에 점령했던 조나라의 도성 한단을 반환하고 조나라와 강화했다. 이를 계기로 위나라는 쇠락의 길을 걷게 되었다. 위혜왕이 상앙을 잃은 후과가 이처럼 컸다.

이와 정반대로 서하 땅을 회복한 상앙은 승승장구했다. 진효공은 상앙의 공을 높이 사서 위나라를 쳐 빼앗은 상어商於 섬서 상현 땅의 15개 성읍을 봉지로 내리고 상군商君의 칭호까지 하사했다. 이전까지만 해도 위나라 출신이라는 뜻에서 위앙衛鞅으로 불리던 그는 이때부터 상앙商鞅으로 불렸다.

제10장

소진,
고난과 역경은 곧
성장의 동력이다

기회는 혼란한 시기에 찾아온다

—

〈소진열전蘇秦列傳〉은 종횡가의 대표적인 인물인 소진蘇秦에 관한 전기다. 전설에 따르면 소진은 전설적인 인물인 귀곡자鬼谷子 밑에서 장의張儀와 함께 유세술을 배운 뒤 열국을 종횡하며 세상을 주물렀다. 전국시대에 진나라에 맞서 6국을 연합하는 이른바 합종책合縱策을 내세워 6국의 재상을 지낸 것이 그렇다. 열국을 진나라와 묶어 생존을 꾀하도록 했던 장의의 연횡책連衡策과 대비된다.

《백서전국책帛書戰國策》에 따르면 소진은 장의가 위나라에서 병사하기 직전에 즉위한 연소왕燕昭王 때 활약한 인물이다. 그는 연소왕이 널리 인재를 구한다는 소문을 듣고 연나라로 가서 중용되었다. 이후 연소왕의 밀명을 받고 제나라로 들어갔다.

기원전 289년, 소진은 제나라의 상국으로 임명되었다. 이때 진나라 승상 위염魏冉이 제나라와 맹약을 맺고 각기 동제東帝와 서제西帝를 칭하면서 조나라를 멸한 뒤 그 땅을 반분하고자 했다. 이에 소진은 제민왕에게 유세해 조나라를 멸하는 것보다는 송나라를 멸하는 것이 낫다며 진나라의 제의를 거절하라고 권했다. 제민왕이 이를 좇았다.

기원전 287년, 소진이 조나라의 봉양군奉陽君 이태李兌를 설득해 5국 연합군을 성사시켰다. 덕분에 조나라는 진나라에 빼앗긴 땅을 되찾을 수 있었다. 이에 조혜문왕은 크게 기뻐하며 큰 공을 세운 소진을 무안군武安君에 봉했다. 이듬해, 제나라가 송나라를 멸한 뒤 합병했다. 제민왕 17년인 기원전 284년에 연나라 장수 악의가 제나라를 공격하자 소진은 연나라를 위해 활동한 사실이 적발되어 이내 거열형에 처해졌다.

〈소진열전〉에는 소진 사후 비로소 그의 간첩행위가 드러났고, 제민왕이 연나라에 원한을 품자 이를 두려워한 연소왕이 소진의 동생인 소대蘇代와 소려蘇厲의 계책을 좇아 열국과 합세해 제나라를 친 것으로 되어 있으나 이는 앞뒤가 뒤바뀐 것이다. 다만 연소왕이 소진 사후 소대와 소려를 총애하며 그들의 계책을 사용한 것은 역사적 사실에 부합한다.

소진이 보여준 일련의 행보는 《귀곡자》에 나오는 책략 및 유세술과 서로 긴밀히 통하고 있다. 《백서전국책》을 두고 소진의 유저인 《소자蘇子》의 일부일 것으로 추론한 것도 전혀 근거 없는 게 아니다. 실제로 〈소진열전〉과 현존하는 《전국책》에 수록된 내용이 증명하듯이 소진의 유세 행보는 매우 뛰어났다. 흡사 《귀곡자》의 유세술을 방불한다. 지금도 많은 사람들이 〈소진열전〉과 《전국책》에 소개된 소진의 유세술에 깊은 관심을 기울이는 것도 이런 맥락에서 이해할 수 있다.

《전국책》은 최대의 난세라고 할 수 있는 전국시대에 활약한 종횡가들의 일화를 묶어 놓은 책이다. 주인공은 소진이다. 그가 세치 혀로 천하를 종횡할 수 있었던 것은 전국시대가 경제적으로도 전례 없는 풍요를 구가한 것과 무관하지 않다. 이는 바로 철기鐵器사용의 급속한 확산과 밀접한 관련이 있다. 철제농구의 보급은 비약적인 증산을 가능하게 했고, 잉여생산물의 활발한 교역은 거대한 상업도시를 탄생시켰다. 막대한 세원의 확보는 강력한 상비군과 중앙집권적 관료 체제의 유지를 가능하게 했다. 이는 기원전 333년에 당대의 종횡가인 소진이 제선왕齊宣王 앞에서 펼친 다음과 같은 유세를 통해 쉽게 확인할 수 있다.

> 지금 제나라 도읍 임치는 7만 호입니다. 최소한 1호 당 3명이 있다고 가정할 경우 장정만 해도 무려 21만 명이나 됩니다. 멀리 떨어져 있는 현에서 징병하지 않고 임치의 병사만 징병해도 거뜬히 21만 명을 동원할 수 있는 것입니다. 거리는 더 없이 번화하여 수레의 차축이 서로 부딪치고, 길가는 사람들의 어깨가 서로 닿고, 옷깃이 이어져 휘장을 이루고, 소매가 나란히 합쳐져 장막을 이루고 있습니다.

이를 통해 짐작할 수 있듯이 전국시대는 열국 간의 치열한 각축 속에서도 임치와 같은 거대한 도시를 중심으로 활발한 교역활동이 이루어진 시기였다. 당시의 교역에 열국의 국경은 아무런 장애가 되지 않았다. 한나라 출신의 부상富商 여불위呂不韋가 열국의 교역도시를 거점으로 막대한 부를 축적한 뒤, 마침내 당시 최대 강국인 진나라의 재상으로 활약할 수 있었던 것도 바로 이런 시대 상황에 따른 것이었다.

속내를 드러내지 않고, 상대의 허점을 살핀다
—

학자들이 《백서전국책》의 기록을 토대로 연대를 추정한 결과 소진은 기원전 284년까지 활약한 것으로 되어 있다. 〈소진열전〉은 제나라의 대부들이 소진과 더불어 제민왕의 총애를 다투다가 이내 자객을 보내 척살을 시도했고, 소진이 간신히 목숨을 구한 후 죽기 직전 제민왕에게 이같이 건의한 것으로 기록해놓았다. 다음은 해당대목이다.

신은 이제 곧 죽게 됩니다. 부디 신을 거열형에 처한 뒤 저자에 내걸도록 하십시오. 그러고는 '소진은 연나라를 위해 작란作亂을 꾀한 자다'라고 말 하십시오. 이같이 하면 반드시 신을 척살하려 한 자를 찾아낼 수 있을 것 입니다.

전국시대 초기 오기가 죽기 직전 초도왕의 시신 옆에 몸을 숨김으로써 자신에게 화살을 날린 자들을 일거에 제거한 일화를 떠올리게 한다. 항간의 이야기를 그대로 옮겨 놓은 것으로 짐작된다. 《백서전국책》에 따르면 소진이 재상을 역임한 곳은 연나라가 아닌 제나라였다. 제민왕이 연소왕의 밀명을 받은 그의 거짓 망명을 사실로 믿은 결과다.

진혜문왕이 죽기 직전에 보위에 오른 제민왕 때 활약한 소진이 진혜문왕이 죽은 지 2년 뒤에 죽은 장의를 만날 일이 없었다. 그렇기 때문에 소진이 합종책을 성사시켜 6국의 재상이 되었고, 이로 인해 진나라가 15년 동안 함곡관 밖으로 나올 생각을 하지 못했다는 그간의 통설은 수정을 요한다.

〈소진열전〉에서 주목할 것은 사마천이 '세상에 퍼진 소진의 사적에는 이설이 매우 많다. 시대를 달리하는 사적이라도 모두 소진에게 끌어다 붙였기 때문이다'라고 언급한 대목이다. 해당 자료의 진위 여부에 대한 판단을 유보한 채 항간에 나도는 이야기까지 모두 그러모아〈소진열전〉을 편제했음을 보여준다.

객관적으로 볼 때 장의처럼 전국시대 최강국인 진나라를 배경으로 연횡책을 꾀하는 것은 합종책을 구사하는 것보다 상대적으로 쉽다. 막강한 무력이 있기 때문이다. 그런 점에서 소진이 추진한 합종책은 장의가 구사한 연횡책에 비해 훨씬 높은 수준의 뛰어난 수완을 요한다. 《귀곡자》의 총론에 해당하는〈벽합〉은 책략과 유세의 요체를 이같이 요약해놓았다.

성인은 사람을 관찰할 때 상대의 장단점과 허실을 살펴 판단하고, 상대가 기호와 욕망에 근거해 그 의지와 의도를 읽는다. 또 상대의 말과 반대되는 측면에서 그 허점을 찾아낸 뒤 짐짓 자신이 알고 있는 것에 기초해 반문하는 방법으로 실정을 파악함으로써 상대의 속셈을 읽는다. 먼저 마음을 닫아걸었다가 이후 여는 식으로 상대가 말하는 바의 이로운 점이 무엇인지 알아내는 것이다. 이는 상황에 따라 마음을 열고 자신의 입장을 분명히 보여주는가 하면 때론 마음을 닫아걸고 속내를 드러내지 않아야만 가능하다.

《백서전국책》에 나오는 소진의 설득경영과 닮았다. 소진의 동생인 소대와 소려가 소진 사후 나름 종횡가로서 커다란 명성을 떨친 것도 이런 맥락에서 이해할 수 있다. 모두 소진의 가르침을 받고, 행보를 흉내낸 덕분이다. 〈소진열전〉에는 소진이 죽고 나서야 비로소 그의 간첩행위가 드러났고, 제민왕이 연나라에 원한을 품자 이를 두려워한 연소왕이 소대와 소려의 계책을 좇아 열국과 함께 제나라를 친 것으로 되어 있으나 이는 앞뒤가 뒤바뀐 것이다. 다만 연소왕이 소진 사후 소대와 소려를 총애하며 그들의 계책을 사용한 것은 역사적 사실에 부합한다. 사마천은 《사기》〈소진열전〉에서 소진 3형제를 이같이 평해놓았다.

소진 3형제 모두 제후들에게 유세해 이름을 빛냈다. 그들의 학설은 권모와 변설에 뛰어났다. 소진이 제나라에서 반간反間의 죄목으로 죽임을 당한 후 천하 사람들 모두 그를 비웃은 까닭에 사람들은 이들의 학설을 내놓고 익힐 수 없었다. 그 때문에 세상에 퍼진 소진의 사적에는 이설이 매우 많다. 시대를 달리하는 사적이라도 모두 소진에게 끌어다 붙였기 때문이다. 소진이 평민의 신분에서 입신해 6국을 연결시켜 합종을 맺게 한 것은 그의 재지才智가 보통 사람을 훨씬 뛰어넘는다는 것을 말해준다. 내가 그의 행적을 시간대별로 차례로 나열한 것은 그가 악평만 받는 것을 막으려는 취지다.

글에서 나름 소진을 높게 평가했음에도 사마천이 활동할 당시 소진에 관한 악평이 주류를 이루었음을 짐작할 수 있다. 사실 종횡가에 대한 이러한 부정적인 견해는 이후 더욱 강화되는 경향을 보였다. 특히 성리학이 생긴 이후에는 더욱 그러했다. 그러나 난세에 대한 정확한 이해는 종횡가에 대한 이해 없이는 불가능한 일이다. 전한 말기 유향이 《전국책》을 새롭게 편제하면서 소진을 높게 평가한 사실이 이를 뒷받침한다.

소진이 크게 활약하자 산동의 제후들이 모두 바람을 좇아가듯 그를 추종
하면서 조나라를 크게 받들었다. 원래 소진은 토굴 같은 뒷골목에 있는 뽕
나무 지게문에 나무로 만든 돌쩌귀로 된 집안 출신의 초라한 선비에 불과
했다. 그러나 훗날 크게 성공해 호화로운 수레에 고삐를 잡히고 천하를 마
음대로 역방歷訪하며 제후들에게 유세하게 되자 열국 군신들의 입을 간단
히 틀어막을 수 있었다.

소진에 대한 극찬이다. 사실《전국책》에 실려 있는 내용 중 상당 부
분이 모두 소진의 활약에 관한 것이다. 유향이 소진을 매우 긍정적으
로 평가한 결과다.

소진 유세술의 특징

—

학계 일각에서는 합종책으로 전국시대를 풍미했던 소진의 유세술을
크게 7단계로 정리해놓았다. 요지는 다음과 같다.

첫째, 열지이예說之以譽다. 이는《귀곡자》〈비겸〉에서 말하는 것처럼
먼저 상대방을 칭찬해 기분을 띄워주는 것을 말한다. 소진의 유세 내
용을 보면 '나라의 강성함과 대왕의 현명함'이라는 말이 상투적으로
거론된다. 예외가 없다. 유세할 때는 반드시 상대방을 띄워준 뒤 말문
을 열어야 한다.

둘째, 협지이해脅之以害다. 이는 '열지이예'와 정반대되는 것이다. 《귀곡자》〈오합〉에서 말한 것처럼 이익으로 유혹한 뒤 자신의 충고를 좇지 않을 경우 어떤 해가 미칠 것인지를 언급하며 은근히 협박하는 것을 말한다. '대왕이 진을 섬기면 진은 반드시 의양과 성고를 요구할 것입니다. 금년에 그것을 떼어주면 내년에 또 다른 땅을 요구할 것입니다. 떼어줄 땅이 더 없는데도 진은 계속 요구할 것입니다. 그러다 줄 것이 없게 되면 진은 쳐들어올 것입니다. 진나라를 섬겨 땅을 떼어주어도 기다리는 것은 파멸 밖에 없습니다'라고 언급한 것이 그렇다.

셋째, 시지이성示之以誠이다. 이는 《귀곡자》〈벽합〉에서 상황에 따라 자신의 마음을 열어 정성을 보여 상대가 속마음을 털어놓도록 만드는 계책이다. 소진은 유세할 때 단락이 끝날 때마다 '대왕을 위해 애석하게 생각한다', '대왕을 위해 부끄럽게 생각한다', '대왕을 좀더 일찍 만나지 못한 것이 후회스럽다'는 등의 표현을 구사했다. 상대는 이런 이야기를 들으면 자신을 위해 정성을 다한다는 느낌을 받게 된다.

넷째, 명지이세明之以勢다. 이는 《귀곡자》〈양권〉이 언급한 것처럼 천하대세를 명확히 파악한 뒤 유세를 함으로써 유세를 주효하게 만드는 계책이다. 지세와 군사력의 현황을 구체적으로 분석한 뒤 시의에 부합하는 건의를 할 때 효과적이다. 소진은 초나라에서 유세할 때 '진나라에 대해 초나라만큼 위협적인 나라는 없다. 초가 강해지면 진은 약해지고 진이 강해지면 초가 약해진다. 두 세력은 절대 양립할 수 없다'는 식으로 언급했다. 이것이 정확한 정세분석에 기초한 것임은 말할 것도 없다. 초나라가 합종책에 동의한 배경이다. 상대방이 스스로를 과대평가할 때 정신을 차리게 만드는 효과가 있다.

다섯째, 유지이리誘之以利다. 이는《귀곡자》〈마의〉에서 언급했듯이 상대를 이익으로 유혹하는 계책이다. 소진은 합종에 동의할 경우 구체적으로 어떤 이익이 뒤따를 것인지를 은근히 암시하는 수법을 구사했다.《사기》와《전국책》의 기록에 따르면 그는 조나라 군주가 목욕을 즐기며 휴양하는 것을 좋아하자 열국의 휴양지 시설을 언급하며 은근히 부추겼다. 초나라 군주가 음악과 여자를 좋아한다는 것을 알고 각 나라의 뛰어난 음악과 미인들을 거론하며 그의 침을 마르게 했다.

여섯째, 격지이언激之以言다. 이는《귀곡자》〈췌정〉이 강조하듯이 자존심을 건드려 격동시키는 계책이다. 병법의 격장지계激將之計와 닮았다. 소진은 한나라에서 유세할 때 '이제 대왕이 서면해 진나라를 섬기니 바로 쇠꼬리가 된 것이 아니고 무엇입니까?' 이렇게 말로 한나라 군주를 분격시켰다. 이에 한나라 군주는 칼을 뽑아가며 진나라를 더 이상 섬길 수 없다고 고함쳤다.

일곱째, 결지이력決之以力이다. 이는《귀곡자》〈결물〉에서 역설했듯이 상대가 우물쭈물하며 결단하지 못할 때 강하게 밀어붙여 결단하게 만드는 계책이다. 대개 일이 마무리될 즈음 방심하거나 긴장을 풀어버려 그간의 노력이 허사가 되는 경우가 많다. 결심을 확고히 하지 못한 탓이다. 소진은 마지막 순간까지 상대가 결단하지 못하고 망설이는 낌새를 보이면 그 속셈을 읽고 거듭 설득해 자신의 뜻을 관철시켰다.

소진이 보여준 일련의 행보가《귀곡자》에 나오는 책략 및 유세술과 서로 긴밀히 통하고 있음을 알 수 있다. 일각에서《백서전국책》을 두고 소진의 유저인 《소자》의 일부일 것으로 추론한 것도 전혀 근거 없는 것은 아니다. 《사기》 〈소진열전〉과 《전국책》에 수록된 그의 유세 행보가 그만큼 뛰어났음을 방증한다.

제11장

진소양왕,
당장의 이득보다
큰 목표를 추구하라

목적 달성을 위해 당장의 굴욕은 참는다

—

진소양왕은 이복형인 진무왕秦武王의 급작스러운 죽음으로 보위에 오르게 되었다. 진무왕은 역사들과 힘을 겨루다가 횡사한 특이한 인물이다. 당시 진무왕에게 아들이 없어 연나라에 인질로 잡혀 있던 진무왕의 서제庶弟인 공자 직稷이 뒤를 이었다. 그가 바로 춘추전국시대를 통틀어 최장 기간인 45년 동안 재위한 진소양왕秦昭襄王이다.

기원전 304년, 진소양왕과 초회왕이 지금의 하남성 남양현인 황극黃棘에서 결맹했다. 진나라가 초나라의 요구를 수용해 상용上庸 땅을 초나라에 반환했다. 초나라에 우호적이었던 위염의 입김이 강하게 작용한 결과였다. 이때 초회왕은 진나라 왕실의 여인을 며느리로 맞아들였다. 초나라 대부 굴원屈原은 이를 반대하다가 귀양을 가게 되었다.

이듬해인 기원전 303년, 초나라와 화친을 맺은 여세를 몰아 진나라가 위나라와 한나라를 동시에 쳐서 많은 땅을 취했다. 당시 초나라는 열국이 힘을 합쳐 진나라에 대항하는 소위 합종合縱의 맹주로 있었다. 제민왕은 초회왕이 아무런 통보도 없이 제나라를 등지고 진나라에 접근한 사실을 알고는 대로했다. 제민왕이 곧 사자를 한·위 두 나라에 보내 함께 초나라를 칠 것을 제의했다. 삼국 연합군이 일시에 맹약 위반을 이유로 초나라로 쳐들어갔다. 초회왕이 급히 태자 횡橫을 진나라에 인질로 보내면서 구원을 청했다. 진소양왕이 좌우에 명해 대군을 이끌고 가서 초나라를 구원하게 했다. 진나라 출병하자 삼국 연합군은 이내 철군했다.

이듬해인 기원전 302년, 진나라에 인질로 왔던 초나라 태자 횡이 사소한 일로 진나라 대부와 다투다가 이내 그를 죽이고 초나라로 달아났다. 이는 후에 초회왕이 진나라에 인질로 잡혀 있다가 횡사하는 참사로 이어졌다. 당시 진소양왕은 초나라 태자 횡이 도주한 사실을 알고는 대로했으나 곧바로 행동을 취하지는 않았다. 전국시대 초기 과거 진晉나라를 삼분해 성립한 한韓, 위魏, 조趙 등 3진三晉을 완전히 제압하기 위해서는 아직 초나라와 가까이 지낼 필요가 있었다.

기원전 301년, 촉 땅을 다스리던 진나라 장수 휘輝가 진나라에 반기를 들었다. 촉 땅에서 일어난 두 번째 반란이었다. 이 반란은 이내 평정되었으나 이후 촉 땅은 수천 년 동안 천하가 어지러울 때마다 반란군의 소굴이 되는 선례를 남겼다.

진소양왕은 촉 땅의 반란이 진압되자 곧바로 그간 미루었던 초나라 태자 횡의 도주사건을 해결하고자 했다. 이에 경卿에 해당하는 군정 대신인 서장庶長 환奐에게 명해 3진의 군사를 모아 초나라를 쳤다. 4국 연합군이 지금의 하남성 비양현안 중구重丘에서 초나라의 군사를 대파하고 초나라 장수를 생포했다. 이듬해인 기원전 300년, 진소양왕은 화양군 미융에게 명해 군사를 이끌고 가서 초나라를 치게 했다. 미융은 초나라 군사 3만 명을 참수하고 양성襄城까지 빼앗았다. 이에 초회왕이 크게 두려워한 나머지 급히 제나라로 사자를 보내 도움을 청했다. 초나라 사자가 상국으로 있는 맹상군 전문田文을 만났다.

"지금 무도한 진나라가 우리 초나라로 쳐들어와 매우 위급한 상황입니다. 태자 횡을 제나라에 인질로 보낼 터이니 부디 귀국이 나서

진·초 두 나라와의 강화를 성사시켜 주시기 바랍니다."

진나라가 제나라의 중재를 받아들여 이내 초나라와 강화했다. 하지만 기원전 298년 가을, 진나라 군사가 초나라로 쳐들어 가서 단숨에 8개의 성읍을 손에 넣게 된다. 진소양왕이 초회왕에게 서신을 보냈다.

"서로 접경한 우리 진나라와 초나라는 혼인을 통해 줄곧 친하게 지낸 사이로 특히 황극의 회맹 이후 더욱 가까워졌소. 그런데 최근 초나라 태자가 과인의 중신을 죽이고 사과도 하지 않고 도망치고 말았소. 과인은 화를 참을 수 없어 군사들을 시켜 초나라 변경을 치게 했으나 초나라와 화친하지 못하면 제후들을 호령할 수 없다는 사실을 잘 알고 있소. 군왕과 무관武關에서 만나 결맹하고자 하오."

초회왕이 즉시 군신들과 상의했다.

"과인이 가지 않으면 진왕이 크게 노여워할 것이오. 만일 간다면 진왕의 속임수에 걸려드는 것은 아닌지 모르겠소. 장차 이 일을 어찌 하면 좋겠소?"

영윤 소수昭睢가 만류했다.

"진나라는 호랑虎狼과 같은 나라입니다. 진왕은 제후들을 병탄하고자 하는 마음을 품고 있으니 그를 믿어서는 안 됩니다. 차라리 군사를 동원해 스스로 지키느니만 못합니다."

대부 굴원도 극구 만류하고 나섰다.

"우리 초나라가 저들에게 속은 것이 한두 번이 아닙니다. 대왕이 무관으로 가면 결코 돌아오지 못할 것입니다."

그러자 대부 근상靳尙이 반박했다.

"지금 진나라 군사를 대적하기는 어렵습니다. 공연히 그들에게 대항했다가 땅을 베어주느니 차라리 그들과 동맹해 잃은 땅을 되찾는 것이 현명합니다."

진나라 여인을 부인으로 맞이한 초회왕의 서자 난蘭이 근상을 적극 거들고 나섰다.

"비록 진나라가 군사를 보내 초나라를 치고 있기는 하나 오히려 우리의 환심을 사려고 동맹을 청해왔습니다. 이런 호의를 어찌 무시할 수 있겠습니까?"

결국 초회왕이 동맹을 맺는 것을 승낙했다. 초회왕이 무관에 도착하자 진나라 군사가 곧바로 관문을 닫았다. 초회왕이 크게 놀라 물었다.

"어째서 급히 관문을 닫는 것이오?"

"그같이 하는 것이 우리 진나라의 법입니다."

"진왕은 지금 어디에 있소?"

"공관에 와 있었습니다."

초회왕의 수레가 공관 앞에 당도하자 공관 안에서 진소양왕으로 분장한 장수가 나왔다. 그는 비록 몸에 금포를 입고, 허리에 옥대를 둘렀으나 위엄이 전혀 없었다. 초회왕이 주저하며 수레에서 내리려 하지 않자 진소양왕으로 분장한 장수가 다가와 말했다.

"신은 사실 진왕이 아닙니다. 청하옵건대 대왕은 공관 안으로 들어가십시오. 대왕에게 드릴 말씀이 있습니다."

초회왕이 공관 안으로 들어간 뒤 물었다.

"과인은 진왕과 회동하고자 온 것이오. 어찌해 군사들이 나를 포위하는 것이오?"

"지금 과군寡君은 몸이 불편해 바깥출입을 못합니다. 대왕은 신과 함께 함양까지 가서 과군과 회동하도록 하십시오. 실은 바깥 군사들은 대왕을 모셔 가기 위해 온 것입니다."

초회왕이 함양으로 끌려가면서 크게 탄식했다.

"내가 굴원의 말을 듣지 않았다가 이런 꼴을 당하는구나."

초회왕이 함양에 당도하자 진소양왕이 군신들과 함께 초회왕을 맞이했다. 초회왕이 물었다.

"과인은 진나라와 인척간이기 때문에 안심하고 무관에 온 것이오. 무슨 일로 거짓말을 해서 과인은 이곳 함양까지 데려온 것이오?"

진소양왕이 대답했다.

"지난날 군왕은 우리에게 검중黔中 땅을 주겠다고 약속하고서 아직 그 약속을 실행하지 않았소. 그래서 이곳까지 오게 한 것이오."

"그렇다면 얼마든지 좋은 말로 할 수 있는 것이 아니겠소?"

"검중과 무巫 땅을 내주면 당장이라도 대왕을 초나라로 돌려보내겠소."

초회왕이 화를 냈다.

"군왕은 나를 속인 것도 모자라 땅까지 빼앗으려는 것이오. 그리 할 수는 없소."

진소양왕은 곧 초회왕을 함양성 안에 억류했다. 국왕이 납치된 초유의 사태를 맞은 초나라 조정은 급히 대책을 논의했으나 의견만 분분했다. 결국 논의 끝에 제나라에 인질로 가 있는 태자 횡을 즉위시키기 위해 사자를 제나라로 보내 거짓으로 초회왕의 부고를 전했다. 제민왕이 군신들과 대책을 논의했다. 한 신하가 건의했다.

"이는 태자를 계속 억류하면서 초나라의 회북淮北 땅을 요구하느니만 못합니다."

재상인 맹상군이 반대했다.

"초왕의 아들은 우리 제나라에 와 있는 태자 횡 하나만이 아닙니다. 만일 초나라에 새 왕이 들어서면 우리는 공연히 허울뿐인 인질을 껴안고 있는 꼴이 되고, 게다가 열국의 제후들로부터 초왕이 죽었는데도 태자를 돌려보내지 않았다는 비난까지 듣게 됩니다."

제민왕이 맹상군의 건의를 좇아 태자 횡을 초나라로 돌려보냈다. 초나라 군신들이 곧바로 태자 횡을 새 왕으로 옹립했다. 그가 바로 초경양왕楚頃襄王이다. 초경양왕은 즉위하자마자 이복동생인 공자 난을 영윤으로 삼았다. 이는 진나라의 환심을 사기 위한 것이었다. 이런 상황에서 초회왕이 진나라를 탈출하려다가 다시 체포된 뒤 이내 그곳에서 병사하고 말았다. 진소양왕은 초회왕의 영구를 초나라로 돌려보냈다. 이는 훗날 진나라에 부메랑으로 돌아오게 된다.

회유하려면 상대를 극한의 상황으로 몰아라

—

당시 진소양왕은 합종의 맹주인 초나라를 제압해 산동 6국의 합종 움직임에 미리 쐐기를 박고자 했다. 그러나 초경양왕은 이를 전혀 눈치채지 못했다. 그는 진나라와 인척관계를 맺은 것 등을 이유로 방비를 소홀히 했다.

악의가 조나라로 망명한 기원전 278년, 진소양왕이 대장 백기에게 명해 대군을 이끌고 가 초나라를 치게 했다. 함양에서 100리가량 남쪽으로 떨어져 있는 남전藍田을 출발한 백기가 밤낮으로 달려가 초나라의 도성을 급습했다. 초나라 군사는 제대로 대응도 못하고 사방으로 도주했다. 백기는 역대 초왕들의 묘가 있는 지금의 호북성 의창현인 이릉夷陵을 불태웠다. 이로 인해 초나라는 도성을 동북쪽의 진현陳縣으로 옮겨야만 했다. 이곳은 옛날 초나라에 의해 멸망한 진陳나라의 도성이 있던 곳이다. 망국의 전철을 밟고 있었던 셈이다.

초나라가 진현으로 천도한 이듬해인 기원전 277년, 진소양왕이 초나라로부터 빼앗은 땅에 남군南郡을 설치한 뒤 백기를 이곳에 봉하고 무안군武安君으로 칭했다. 무안군 백기가 초나라의 관문에 해당하는 남군을 장악한 것은 초나라의 인후咽喉를 틀어쥔 것이나 다름없었다. 이는 곧 현실로 드러났다. 무안군 백기는 다시 대군을 이끌고 가서 지금의 사천성 무산현인 무巫와 호남 원릉현인 검중黔中을 평정했다. 진소양왕은 이곳에 검중군黔中郡을 두었다. 초나라의 강역이 반 토막으로 줄어들었다. 이는 장차 천하가 진나라에 의해 통일될 것임을 예고한 것이나 다름없었다.

이때 진나라 군사의 무력에 무릎을 꿇은 위나라와 한나라도 거듭 땅을 떼어주며 강화하는 등 초나라의 전철을 밟고 있었다. 기원전 273년, 진소양왕이 무안군 백기를 시켜 한위 두 나라 군사를 이끌고 가 초나라를 치려고 했다. 이 소식을 전해들은 초경양왕이 태자의 사부로 있는 태부 황헐黃歇을 불렀다.

"이대로는 장차 우리 초나라가 남아나지 않겠소. 어떻게 해서든 이를 막도록 하시오."

《사기》〈춘신군열전春申君列傳〉에 따르면 훗날 춘신군春申君으로 봉해진 황헐은 언변이 뛰어나 초경양왕에게 발탁된 인물이다. 그는 곧 진나라로 가 진소양왕에게 다음과 같은 서신을 올렸다. 골자는 이와 같다.

"제가 들건대 '사물이 극한 상황까지 가면 다시 돌아온다'고 했습니다. 겨울이 가면 여름이 오는 것이 바로 이런 것입니다. 지극한 곳에 이르면 위태롭다고 했으니 이는 장기 알을 높이 쌓으면 끝내 무너지는 것과 같습니다. 지금 군왕은 한·위 두 나라가 진나라를 잘 좇고 있다고 믿으나 이는 바로 오나라가 월나라를 믿는 것과 같습니다. 한·위 두 나라는 겸손한 말로 우환을 제거하고자 하나 실제로는 진나라를 속이려는 것입니다. 이는 무엇 때문이겠습니까? 대왕은 두 나라에 덕을 베푼 적이 없고 누대에 걸쳐 원망만 받아왔습니다. 무릇 한·위 두 나라 군주의 부자형제가 진나라 장수에게 줄지어 죽은 지 이미 거의 10세대나 되었습니다. 그래서 두 나라가 망하지 않으면 이는 진나라의 우환입니다. 이제 군왕이 그들의 힘을 토대로 함께 초나라를 공격하려는 것은 실수가 아니겠습니까? 대왕이 초나라와 잘 지내면 제나라의 서쪽은 팔짱을 끼고 얻을 정도로 쉽게 취할 수 있습니다. 그리되면 대왕은 동해에서 서해에 이르는 영토를 차지해 장차 천하를 약속할 수 있습니다."

진소양왕이 백기의 공격을 중지시킨 뒤 한·위 두 나라에게 사례했다. 또 황헐을 초나라로 돌려보낸 뒤 초나라와 화친했다. 이를 계기로 산동 6국의 합종은 사실상 불가능하게 되었다. 당시 진나라가 성공을 거두게 된 가장 큰 배경은 위나라에 대한 집요한 공격에 있었다. 위나라가 끝내 버티지 못하고 땅을 크게 떼어주고 진나라와 강화하자 초나라마저도 겁에 질린 나머지 진나라에 머리를 숙이고 만 것이다. 진시황이 천하를 통일하게 된 것은 이로부터 40년 뒤의 일로, 천하통일의 기반은 이때 구축되었다고 보아도 과언이 아니다.

위험한 싸움일수록 신중하라

—

기원전 261년, 진소양왕이 위안희왕에게 사자를 보내 한나라를 멸망시킨 뒤 그 땅을 나누자고 제의했다. 진소양왕은 내심 한나라를 시작으로 열국을 차례로 병탄해 자신의 치세 때 천하통일의 대업을 이룰 생각을 품고 있었다. 당시 위나라에서는 신릉군信陵君인 공자 무기無忌가 강력 반대하고 나섰다.

"지금 진나라 선태후는 폐위된 뒤 심려 끝에 죽고, 양후 위염은 진왕의 외숙이며 공을 누구보다 많이 세웠는데도 결국 쫓겨났고, 동생인 경양군과 고릉군은 죄가 없는데도 봉지를 빼앗겼습니다. 일가친척과 형제 사이에도 이와 같으니 하물며 원수인 적국이야 말할 필요가 있겠습니까? 한나라가 멸망하면 이내 동주와 서주도 멸망하게 되고, 3진의 사직이 위험해지고, 제나라는 몹시 두려워하며 입조하게 될 것입니다."

진소양왕은 위나라가 거절하자 단독으로 한나라 공벌에 나섰다. 진나라 군사가 두 갈래로 나뉘어 한나라로 진격했다. 백기가 지금의 하남성 심양현인 야왕野王을 취하자 상당上黨으로 가는 길이 끊어졌다. 얼마 후 조나라의 평원군平原君 조승趙勝이 군사를 이끌고 와서 상당 땅을 점거했다. 이에 조나라 장수 염파廉頗가 군사를 이끌고 가서 산서성 고평현인 장평長平에 주둔했다. 진소양왕이 이 이야기를 듣고 대로했다. 군신들이 속히 군사를 일으켜 상당 땅을 취할 것을 건의했다. 진소양왕이 이를 좇았다. 조나라의 운명을 좌우한 장평대전長平大戰의 서막이 오르게 된 배경이다. 장평대전은 조나라뿐 아니라 천하의 판세를 결정지은 전국시대 말기의 최대 격전에 해당한다. 당시 진소양왕이 볼 때 조나라를 더는 방치할 수 없었다. 천하통일의 행보에 커다란 장애가 될 것이 확실했기 때문이다.

기원전 260년, 진소양왕이 공손 기起와 장수 왕기王齮에게 명해 대군을 이끌고 가서 조나라를 치게 했다. 진나라 군사가 기세 좋게 진공했으나 곧바로 염파가 이끄는 조나라 군사의 저지에 막혀 더는 나아갈 수 없었다. 염파는 진나라 군사의 진격 방향을 예상하고 철저히 대비하고 있었다. 염파가 삼엄한 방비를 펼치면서 교전에 응하지 않자 진나라 군사는 앞으로 나아가지도 못한 채 대치 상태를 유지할 수밖에 없었다. 진소양왕이 이내 좌서장左庶長 왕흘王齕에게 명해 전군을 이끌고 상당 땅으로 가서 주둔하게 했다. 진나라 군사가 몰려오자 보복을 두려워한 상당의 한나라 백성들이 모두 조나라로 달아났다. 염파가 싸움에 응하지 않자 진·조 두 나라 군사가 오랫동안 장평을 사이에 두고 대치하게 되었다.

조효성왕은 염파가 겁을 집어 먹은 것으로 오해하고 사자를 여러 차례 보내 염파를 나무랐다. 응후 범수가 이 사실을 알고 곧 반간계를 구사했다. 첩자들이 천금을 가지고 조나라로 들어가 다음과 같은 이야기를 퍼뜨렸다.

"우리 조나라에는 마복군馬服君 조괄趙括만한 장수는 없다. 그는 그의 부친 조사趙奢보다 몇 배나 뛰어난 장수이다. 염파는 이미 너무 늙어 겁이 많다. 그는 진나라 공격을 견디지 못하고 이내 항복할 것이라고 한다. 진나라 군사가 두려워하는 것은 오직 조괄뿐이다. 속히 조괄을 내보내 진나라 군사를 물리쳐야 한다."

이 소문이 삽시간에 널리 퍼졌다. 조효성왕은 가뜩이나 의심을 품고 있던 중에 이런 말을 듣자 마침내 조괄을 불렀다.

"경이 국가를 위해 능히 진나라 군사를 격파할 수 있겠소?"

조괄이 장담했다.

"진나라가 무안군 백기를 보냈으면 시일이 좀 걸리겠지만 왕흘 쯤이야 당장에 깨뜨릴 수 있습니다."

"어째서 그렇소?"

"백기는 싸우기만 하면 반드시 이기는 명장입니다. 신이 백기와 싸우면 상당한 시일이 걸릴 것입니다. 그러나 왕흘은 처음으로 대장이 된 자입니다. 염파 장군이 겁을 먹은 까닭에 왕흘이 깊이 들어왔으나 이제 신이 가면 적들을 일거에 물리칠 수 있습니다."

조효성왕이 곧 조괄을 상장군으로 삼고 부절을 내리며 분부했다.

"경에게 부절과 군사 20만 명을 줄 터이니 즉시 출정을 서두르도록 하라."

정계일선에서 은퇴한 인상여가 이 소식을 듣고 황급히 조효성왕을 찾아왔다.

"조괄의 명성이 높다는 이유로 그를 장수로 삼으면 이는 마치 거문고 줄을 고정시켜 탄주하는 것과 같은 것입니다. 조괄은 그 아비의 병서를 읽고 이야기하는 것에 불과합니다. 그는 임기응변의 용병 이치를 모릅니다."

그러나 조효성왕은 이를 무시했다. 이것이 조나라가 쇠락을 걷게 된 배경이다. 당초 조괄은 어려서부터 병법을 배운 까닭에 병법이론에 관한 한 천하에 그를 당할 자가 없었다. 그 또한 병법의 대가임을 자처했다. 일찍이 그는 부친과 더불어 병법을 논한 적이 있었다. 조사는 병서를 섭렵한 조괄을 이론적으로 당할 길이 없었다. 이에 부인이 크게 기뻐하며 말했다.

"우리에게 이런 영특한 아들이 있으니 얼마나 기쁜 일입니까?"

그러나 조사는 아무 말도 하지 않았다.

"장군은 어찌해 아무 말도 하지 않는 것입니까?"

조사가 말했다.

"용병은 본래 사지死地로 들어가는 것이오. 그런데 이 아이는 이를 너무 쉽게 말하고 있소. 이것 하나만 보아도 그는 장수가 될 자격이 없소. 무릇 장수는 항상 긴장을 풀지 않고, 제장들에게 널리 묻고, 혹여 실수라도 있을까 염려되어 밤잠을 못 이루는 것이오. 이 아이처럼 너무 쉽게 말하는 자가 병권을 잡게 되면 남의 말을 듣지 않고 독단적으로 일을 처리하게 되오. 만일 그를 장수로 삼게 되면 조나라 군사는 반드시 패하고 말 것이오. 조나라 군사를 패하게 만들 사람은 바로 이 아이일 것이오."

조사가 죽기 직전 아들에게 유언했다.

"병사兵事는 흉한 것이고 싸움은 위험한 것이다. 이에 옛 사람들은 함부로 싸우지 말라고 경고한 것이다. 내가 죽기 전에 너에게 한 가지 일러 줄 말이 있다. 너는 결코 장수가 될 인물이 못 된다. 무슨 일이 있어도 장수의 자리에 앉아서는 안 된다. 한 번 잘못하면 네 몸을 망칠 뿐 아니라 나라까지 망치게 된다."

이어 부인에게 당부했다.

"훗날 조왕이 이 아이를 불러다가 장수를 시키려 하거든 당신은 조왕에게 내가 한 말을 이야기하고 철회를 청하도록 하시오. 많은 군사를 죽게 만들고 나라를 욕되게 하는 것이 어찌 신하된 자의 도리이겠소?"

조사가 죽자 조혜문왕은 그의 공로를 높이 사서 조괄로 하여금 마복군의 군호君號를 잇게 했다. 그러다가 마침내 이때에 이르러 조혜문왕이 조괄을 장수로 삼게 된 것이다. 조괄이 장수가 되어 출병하려고 하자 그의 모친이 급히 상서해 조괄을 장수로 삼지 말 것을 청했다. 조효성왕이 그 연고를 물었다.

"어찌해서 장수로 삼지 말라고 하는 것이오?"

"제가 당초 그의 부친 조사를 모실 때 조사는 장령將領이었습니다. 당시 그는 상을 받으면 모두 군리軍吏에게 나누어주었습니다. 또 명을 받게 되면 집안일을 일절 묻지 않았습니다. 지금 조괄은 하루 만에 장군이 되자 동쪽을 향하며 제장들의 조회를 받고, 군리들 중 감히 그를 올려다보는 사람이 없습니다. 또 군왕이 하사한 금백金帛을 모두 집으로 가져와 쌓아두었습니다. 또 늘 좋은 전택田宅이 어디에 있는지를 눈여겨보았다가 살 수 있는 것은 모두 사들이고 있습니다. 군왕은 그를 그 아비와 같다고 생각하나 이들 부자는 심사가 완전히 다릅니다.

그를 장수로 내보내서는 안 됩니다."

"나는 이미 결정했으니 이를 다시는 거론하지 마시오."

"만일 그가 직책을 다하지 못할 경우 청컨대 저를 연루시키지 말아주십시오."

"그리 하겠소."

당시 진소양왕은 조괄이 장수가 되었다는 이야기를 듣고 승상 범수를 불러 상의했다. 범수가 말했다.

"무안군 백기가 아니면 이 일을 성취시킬 수 없습니다."

곧 은밀히 무안군을 상장군으로 삼으면서 왕흘을 부장군으로 돌린 뒤 이같이 하령했다.

"무안군이 장수가 되었다는 사실을 감히 누설하는 자는 참형에 처할 것이다."

조나라가 백전의 용장 무안군 백기의 상대로 겨우 병서나 읽은 풋내기 조괄을 내세운 것은 승리를 상납한 것이나 다름없었다. 조괄은 20만 대군을 이끌고 장평에 당도하자마자 조효성왕에게서 받은 부절을 염파에게 보여주었다. 이에 염파는 모든 군적軍籍을 넘기고 단지 군사 100여 명만 이끌고 한단성으로 돌아갔다.

조괄은 염파가 만들어 놓은 기존의 부서와 군령을 모두 바꾸고 군리의 자리까지 변경했다. 이어 염파가 여러 곳으로 흩어 놓은 영채를 한 곳으로 모아 대영大營을 만든 뒤 전군에 이같이 하령했다.

"앞으로 진나라 군사가 오거든 즉시 나가 싸우도록 하라. 진나라 군사가 달아나면 끝까지 추격해 무찌르도록 하라."

이때 무안군 백기도 진나라 군영에 당도했다. 그는 우선 군사

3,000명을 조나라 군영 앞으로 보내 싸움을 걸게 했다. 조괄이 즉시 군사 1만 명을 내보내 영격했다. 진나라 군사가 크게 패했다. 백기가 높은 곳에서 이를 바라보다가 부장군 왕흘에게 말했다.

"내가 이제 적을 이길 방도를 알아냈소."

의기양양해진 조괄이 즉시 사자를 시켜 진나라 군영에 전서戰書를 보냈다. 백기가 부장군 왕흘을 내세워 이같이 회답했다.

"내일 승부를 결정짓도록 하겠소."

그러고는 곧 10리 밖으로 물러나 영채를 세웠다. 조괄이 환호작약 했다.

"진나라 군사가 나를 무서워한 나머지 10리 밖으로 물러갔다. 내일 크게 싸워 반드시 진나라 장수 왕흘을 사로잡고야 말 것이다."

이때 백기는 제장들을 모아놓고 이같이 하령했다.

"내일 왕분王賁과 왕릉王陵은 군사 1만 명을 이끌고 진을 벌인 채 싸우지는 말고 적을 유인토록 하라. 사마조司馬錯와 사마경司馬梗은 각기 군사 1만 5,000명을 이끌고 가 조나라 군사의 양도를 끊도록 하라. 또 호양胡陽은 군사 2만 명을 이끌고 가 왼쪽에 주둔해 있다가 조나라 군사가 이곳까지 오거든 즉시 뛰쳐나가 조나라 군사의 허리를 자르도록 하라. 몽오蒙鷔와 왕전王翦은 각기 기병 5,000명씩을 이끌고 가 전세를 살피며 응원하도록 하라."

이튿날 먼동이 트자 조나라 군사가 정연한 모습으로 전진했다. 5리쯤 갔을 때 전방에서 진나라 장수 왕분이 병사들을 시켜 2개의 원진圓陣을 치고 있는 모습이 눈에 들어왔다. 조괄이 선봉대를 내보내 이들을 치게 했다. 왕분이 잠시 싸우다가 짐짓 도주했다. 조나라 군사가 급히 그 뒤를 쫓자 진나라 장수 왕릉이 도중에 나타나 잠시 앞길을 막다가 짐짓 달아났다. 조괄이 환호하며 친히 대군을 몰아 달아나는 진나라 군사를 급히 추격했다.

조괄이 진나라 군영 앞까지 추격하자 진나라 군사는 영루를 굳게 지키며 싸움에 응하지 않았다. 조나라 군사가 3일 동안 계속 강공을 퍼부었으나 진나라 영채는 끄덕도 하지 않았다. 조괄이 좌우에 하령했다.

"속히 후군後軍을 이리로 오도록 하라. 우리도 이곳에 영채를 세우고 총공격을 하겠다."

그러나 그사이 진나라 기병 2만 5,000명이 몰래 조나라 군사의 퇴로를 끊었다. 또 기병 5,000명이 조나라 군사와 조나라 대영 사이의 통로를 끊자 조나라 후군이 전진할 수 없게 되었다. 조나라 군사는 완전히 둘로 나뉜 데다 양도마저 끊어졌다. 백기가 경병輕兵으로 이들을 치자 조나라 군사가 크게 불리해졌다. 조괄이 군사를 거두어 수초가 무성한 곳에 영채를 세웠다. 스스로 독안에 든 쥐를 자처한 꼴이 되었다. 날마다 진나라 군사들이 조나라 영채 앞에 와 큰소리로 말했다.

"백기 장군의 명이다. 속히 항복하면 목숨만은 살려줄 것이다."

조괄은 이때야 비로소 백기가 진나라 군사 속에 있다는 것을 알게 되었다. 크게 놀란 조괄은 어찌할 바를 몰랐다. 당시 진소양왕은 조군의 양도가 끊어졌다는 이야기를 듣고 친히 하내河內로 가 15세 이상의 백성을 모두 징발해 장평으로 보냈다. 이들은 조나라 군량을 탈취하고, 조나라 원군이 나오지 못하도록 길을 모두 차단했다. 고립된 조괄의 군사는 포위된 지 한 달이 넘자 이내 군량이 바닥나게 되었다. 양식이 떨어진 지 46일째가 되자 조나라 군사가 몰래 서로 잡아먹었다. 궁지에 몰린 조나라 군사가 진나라의 영루로 진공했으나 진나라 군사는 전혀 반응하지 않았다. 조괄이 마지막 수단으로 직접 정예군을 이끌고 가서 육박전을 폈다. 진나라 군사가 간단히 활을 쏘아 죽여버렸다. 결국 조나라 군사가 대패해 병사 40만 명이 모두 항복했다. 백기가 말했다.

"진나라가 이미 상당을 취했는데 상당 사람들은 진나라 백성이 되기를 꺼려했다. 이에 조나라로 귀부했다. 조나라 군사는 반복무상하니 그들을 모두 죽이지 않으면 장차 난을 일으킬까 두렵다."

그리고는 마침내 조나라 군사를 거짓말로 속인 뒤 모두 산 채로 파묻어 버렸다. 사서는 당시 참살된 자가 모두 45만 명에 달한다고 기록해놓았다. 《자치통감資治通鑑》에 따르면 이때 미성년인 소년 병사 240명만이 살아남아 귀국하게 되었다. 진나라가 이들을 생환시킨 것은 진나라의 위엄을 널리 선양하기 위한 것이었다.

스스로 물러날 줄 알아야 한다

사마광은 《자치통감》을 저술하면서 주왕실이 소멸된 이듬해부터 진소양왕의 재위 연도를 쓰기 시작했다. 이는 훗날 진시황이 천하를 통일한 데 따른 것이었다. 주난왕이 죽은 이듬해의 연호는 진소양왕 52년으로 기원전 255년에 해당한다.

이때 진나라에서는 하동 군수 왕계王稽가 제후들과 내통한 죄로 기

시기市되는 사건이 벌어졌다. 이 사건으로 승상 범수가 곤경에 처하게 되었다. 범수는 왕계의 천거로 진소양왕을 만날 수 있었다. 이에 앞서 범수가 천거한 정안평도 조나라에 투항한 바 있다. 이런 일련의 일로 인해 범수의 입지가 크게 좁아졌다. 진소양왕이 조회에 나와 탄식할 때마다 범수는 몸 둘 바를 몰라 했다. 범수가 이내 이같이 진언했다.

"신이 듣건대, '군주에게 근심이 있으면 신하가 굴욕을 당해야 하고, 군주가 굴욕을 당하면 신하된 사람은 마땅히 죽어야 한다'고 했습니다. 이제 대왕이 조회에 나와 한숨을 쉬니 저희들은 그 연고를 몰라 대왕의 근심을 함께 하지 못하고 있습니다. 혹여 신에게 잘못이 있으면 벌을 내려주십시오."

진소양왕이 대답했다.

"무릇 모든 일은 손발이 맞아야 성공하는 법이오. 지금 무안군이 죽은데다 정안평과 왕계마저 과인을 배신했소. 안으로는 양장良將이 없고, 밖으로는 숱한 적국이 있으니 과인이 어찌 이를 걱정하지 않을 수 있겠소?"

이는 사실 범수를 신랄하게 질타한 것이나 다름없었다. 무안군 백기를 죽게 한 것도 자신이고, 정안평과 왕계 역시 자신이 천거한 사람이다. 범수는 크게 두려운 나머지 곧바로 입을 다물었다. 범수는 아무 말도 못한 채 황급히 궁에서 물러나왔다. 이때 마침 연나라 사람 채택蔡澤이 진나라로 왔다. 학식이 많고 구변에 능했던 그는 함양에 당도한 뒤 객관 주인에게 말했다.

"좋은 쌀로 밥을 짓고, 좋은 고기로 반찬을 만들어주시오. 내가 머지않아 진나라 승상이 될 터이니 그때에 넉넉히 갚아주겠소."

"손님이 누구기에 감히 이 나라의 승상 자리를 차지한다는 것이오?"

"나는 진왕을 만나러 왔소. 진왕이 나를 보기만 하면 반드시 내 말을 믿을 것이오. 지금 승상 자리에 있는 범수를 내쫓고 내 허리에 승상의 인을 걸어 줄 것이오."

객관 주인이 놀러 온 손님들에게 채택의 말을 흉내까지 내며 비웃었다.

"살다 보니 세상에 별 미친 사람도 다 있소."

그러나 채택은 이에 아랑곳하지 않고 사람을 사서 거리를 떠돌며 이같이 떠들고 다니게 했다.

"연나라 사람 채택은 천하의 인재로 변론에 탁월한 재주를 지니고 있다. 그가 진왕을 한 번만 알현해도 진왕은 반드시 그 사람을 상국으로 앉히기 위해 응후의 자리를 빼앗고 말 것이다."

소문을 전해들은 범수가 크게 놀랐다.

"나는 고금의 역사와 제자백가의 설을 모두 알고 있다. 명성을 떨치는 변사들도 내 앞에서 굴복했는데 도대체 채택이 어떤 자이기에 능히 진왕을 설득하고 내가 가진 승상의 인을 가로챈다는 말인가. 즉시 그 자를 데려오도록 하라."

승상부로 끌려온 채택은 범수를 보고는 단지 읍만 하고 절을 하지 않았다. 화를 참지 못한 범수가 대뜸 큰소리로 나무라듯 물었다.

"네가 나를 대신해 진나라의 상국이 될 것이라고 떠들고 다녔다고 하는데 과연 그런 일이 있었는가?"

"그러하오."

"네가 무슨 말로 우리 대왕을 설득해 나의 벼슬을 빼앗겠다는 것인가?"

"슬픈 일이오, 승상은 어찌해 이토록 아둔한 것이오. 사계절의 흐름을 보시오. 무릇 성공한 자는 공을 이루면 스스로 물러날 줄 알아야 하는 법이오. 분별력 있는 선비만이 이치에 따라 만물을 정연히 배치하고, 목숨이 끊어질 때까지 장수해 천수를 누리고, 그 은택이 만세에 이르도록 차고 넘치게 할 수 있소."

"무슨 말을 하려는 것인가?"

"진나라의 상앙과 초나라의 오기, 월나라 대부 문종과 같은 사람은 비록 큰 공을 세웠으나 모두 명대로 살지 못하고 비참한 죽음을 당했소. 승상은 과연 이들이 분별력 있는 선비의 모습을 보였다고 생각하시오?"

범수가 반박했다.

"왜 그렇지 않다고 하는 것이오. 무릇 상앙은 진효공을 섬기면서 온 정성을 다해 일하고 두 마음을 품지 않았소. 공公을 바로 세우기 위해 사私를 돌보지 않았고, 상벌을 분명히 해 바른 다스림을 이루었소. 불행히도 사람들의 원망과 참소를 입게 되었을 뿐이오. 오기 또한 초도왕을 섬기면서 사사로운 일로 공적인 일을 손상시킨 일이 없고, 군왕에게 영합하기 위해 구차스럽게 꾸미는 법이 없었고, 행동 또한 다른 사람의 행보를 염두에 두고 애매한 태도를 취한 적이 없소. 군주를 패자로 만들고 나라를 부강하게 만드는 일이라면 일신의 재난은 조금도 개의치 않았소. 대부 문종도 월왕 구천을 섬기면서 군주가 궁지에 몰려 곤욕을 치를 때 충성을 다하면서 조금도 게으르지 않았소. 많은 공을 세웠음에도 교만하지 않았고, 부귀를 이루고도 교만하지 않았소. 이 세 사람은 의와 충성이 무엇인지를 보여준 것이오. 그래서 군자는 일신을 희생시켜 이름을 이루는 살신성명殺身成名을 위해 의로운 것이라면 비록 몸이 죽더라도 조금도 후회하지 않는 것이오."

채택이 말했다.

"비간比干은 충성스럽기는 했으나 은나라를 존속시키지 못했고, 오자서는 지혜롭기는 했으나 오나라를 존속시키지 못했고, 태자 신생은 효성스럽기는 했으나 나라를 혼란에서 구하지 못했소. 충신과 효자가 있었음에도 국가가 멸망하고 혼란에 빠진 것은 무슨 연고겠소? 이는 충언에 귀를 기울이는 밝은 군주와 어진 부친이 없었기 때문이오. 비간이 죽임을 당하자 미자는 은나라를 떠났고, 소홀이 죽을 때 관중은 오히려 제나라로 가 큰 인물이 되었소. 살아남은 미자와 관중을 두고 어찌 죽은 비간이나 소홀보다 못하다고 할 수 있겠소? 만일 죽음으로써 충성을 다하고 이름을 이루게 된다면 미자도 인인이라 부르기에 부족하고, 공자도 성인이라 하기에 부족하고, 관중도 대인이라 하기에 부족할 것이오."

"참으로 옳은 말이오!"

"상앙과 오기, 문종이 남의 신하가 되어 충성을 다하고 공을 이루게 된 것은 실로 사람들이 기대하는 바를 이루었다고 할 수 있소. 그러나 굉요閎夭가 주문왕을 섬기고 주공 단旦이 주성왕을 보좌한 것 또한 어찌 충성이 아니라고 할 수 있겠소? 군신 관계에서 볼 때 상앙과 오기, 문종을 굉요와 주공 단에 비교할 때 과연 어느 쪽이 바람직하다고 보시오?"

"비명에 죽은 상앙과 오기, 대부 문종이 어찌 굉요와 주공 단만 하겠소?"

"그렇다면 지금 진왕이 충신을 신뢰하고 함께 고생한 사람을 생각하는 정도가 진효공과 초도왕, 월왕 구천 등과 비교해 더 낫다고 보시오?"

"그것은 과연 어떠한지 잘 모르겠소."

"속담에 이르기를, '해가 중천에 오르면 지게 마련이고, 달도 차면 기울기 마련이다'라고 했소. 만물은 일단 성하면 쇠하는 법이오. 이것이 천지의 이치요. 진나라가 얻고 싶어 하는 것을 승상이 모두 충족시켜 주었으니 승상의 공은 절정에 이른 셈이오. 이때 은퇴하지 않으면 상앙과 백기, 오기, 대부 문종과 같은 신세가 되고 말 것이오. 승상은 어찌해 당장 상국의 인수를 풀어 다른 현자에게 그 자리를 양보하지 않는 것이오? 그리하면 승상은 반드시 백이伯夷와 같이 청렴하다는 칭송을 받고, 봉지에서 대대로 영화를 누릴 수 있고, 적송자赤松子 등의 신선 같이 장수를 누릴 수 있을 것이오. 화를 입고 그만 두는 것과 이를 비교하면 어느 쪽이 낫소?"

범수가 고개를 끄덕였다.

"내가 어찌 선생이 가르침을 좇지 않을 리 있겠소."

며칠 후 범수가 입조해 진소양왕에게 말했다.

"저의 빈객 중에 새로이 산동에서 온 채택이라는 자가 있습니다. 그는 뛰어난 변사로 제가 이제까지 많은 사람을 보아왔지만 그보다 뛰어난 인물은 본 적이 없습니다. 그는 창업주를 도울 만한 인재입니다. 저는 그의 만분의 일도 안 됩니다."

진소양왕이 그날로 채택을 불러 천하통일 방안을 묻자 채택의 언변에 막힘이 없었다. 진소양왕이 크게 기뻐하며 곧바로 그를 객경으로 삼았다. 범수가 병을 칭하고 상국의 인수를 풀어 반납하려고 하자 진소양왕이 받아들이지 않았다. 범수가 자신의 병세가 위독하다는 핑계를 대고 끝내 승상의 자리를 물러났다. 진소양왕이 할 수 없이 채택을 승상으로 삼은 뒤 패망한 서주의 영토를 다스리게 했다. 그러나 채택 역시 몇 달 동안 승상으로 일했으나 헐뜯는 자가 연이어 나타나자 이내 벌을 받을까 두려운 나머지 칭병하고 상국의 인수를 내놓았다.

제12장

———

진시황,
끊임없이 회의하고
자신을 다그쳐라

지식만으로 현명함을 판단할 수 없다

―

기원전 259년 정월, 조희가 진시황을 출산했다. 정월에 태어난 까닭에 이름을 정政으로 지었다. 당시 여불위는 조희를 이인에게 넘긴 뒤 그의 귀국을 위해 백방으로 노력했으나 별다른 효험이 없었다. 그렇다면 이인은 어떻게 해서 조나라 수도 한단을 빠져나와 진나라 함양으로 돌아올 수 있었던 것일까?

진시황이 생후 2년이 되던 해인 기원전 257년, 진나라 군사가 한단을 포위하자 한단성 안의 조나라 백성들이 화가 난 나머지 이인을 죽이려고 했다. 이인이 급히 여불위와 상의해 황금으로 감시관을 매수한 뒤 진나라 군사가 있는 곳으로 달아났다. 조희는 태어난지 얼마 안된 진시황을 안고 몸을 숨긴 뒤 진나라 군대가 철수할 때까지 은밀히 거처를 옮겨 다니며 목숨을 부지해야만 했다. 당시 여불위는 화양부인이 초나라 출신인 사실을 감안해 진나라로 돌아오면서 이인에게 초나라 복장을 입고 화양부인을 만나볼 것을 권했다. 화양부인이 크게 기뻐했다.

"나는 초나라 사람이다. 너를 내 아들로 삼겠다."

그리고는 이인의 이름을 '초나라 종자種子'라는 뜻의 자초子楚로 바꾸었다. 조희는 이인이 보위에 오른 기원전 250년에야 어린 아들 진시황과 함께 진나라로 갈 수 있었다.

진소양왕의 뒤를 이어 보위에 오른 진효문왕은 생모인 당팔자唐八

子을 당태후唐太后로 높이고, 정실인 화양부인의 적자로 입양된 자초를 태자로 삼았다. 조나라 사람들이 조희와 진시황 정 모자를 즉시 진나라로 봉송했다. 학문에 조예가 깊었던 진효문왕은 자초를 태자로 삼고는 내심 그의 학문이 얼마나 되는지 궁금했다. 하루는 자초를 부른 뒤 책을 내주면서 읽어보라고 했다. 자초가 얼굴을 붉히며 말했다.

"저는 어려서부터 외국에 버려져 일찍이 선생을 모시고 글을 배운 일이 없습니다. 아직 책을 읽는 것이 서투릅니다."

진효문왕이 그에게 책 읽는 일을 그만두게 한 뒤 궁중에 머물게 했다. 진효문왕도 당초 자초가 얼마나 학문을 깊이 닦았는지를 따져 후계자로 삼은 것도 아닌 만큼 이를 굳이 추궁할 필요를 느끼지 못했을 것이다. 그러나 자초는 내심 부끄러웠다. 부왕이 한가한 때를 틈타 이같이 진언했다.

"대왕도 일찍이 조나라에 인질로 간 적이 있습니다. 그때 조나라의 호걸들로 폐하와 사귀어 이름을 알고 지낸 자가 적지 않을 것입니다. 대왕이 귀국해 보위에 오른 뒤 그들은 줄곧 서쪽을 바라보며 폐하만을 생각하고 있습니다. 그런데 대왕은 사자 한 사람이라도 보내 그들을 위로한 적이 한 번도 없습니다. 신은 그들이 그사이 원망하는 마음을 가졌을까 두렵습니다. 국경의 관문을 저녁에 일찍 닫고 아침에 늦게 열기 바랍니다."

진효문왕이 이를 옳게 여기면서 그의 재능을 기이하게 생각했다. 비록 학문이 짧기는 하나 진언의 내용 자체가 기특하기 그지없었다. 자초는 후계자 자격시험을 무사히 통과한 셈이다.

기원전 250년, 진효문왕의 뒤를 이어 태자 자초가 진장양왕으로 즉위했다. 진장양왕은 적모인 화양부인을 화양태후, 생모인 하희를 하태후夏太后로 높였다. 태자비 조희는 자연히 왕후가 되었다. 기원전 248년, 대장군 몽오蒙驁가 파죽지세로 한나라 군사를 대파하고 지금의 하남성 형양滎陽 일대를 취한 뒤 삼천군三川郡을 설치했다. 몽오는 훗날 진시황이 천하를 통일한 뒤 서역을 개척할 때 대공을 세운 몽념蒙恬의 조부였다. 기원전 247년, 장군 왕흘이 상당 일대를 취하고 태원군太原郡을 설치했다. 위안희왕은 위나라 군사가 연패하자 조나라에 머물고 있는 자신의 동생 신릉군에게 사자를 보내 급히 도와줄 것을 청했다. 신릉군이 문객들을 이끌고 급히 위나라로 돌아오자 교외까지 마중나간 위안희왕이 신릉군을 붙잡고 울면서 말했다.

"어진 동생은 과인의 지난날의 잘못을 너무 탓하지 말라."

상장군이 된 신릉군이 마침내 위, 한, 조, 연, 초 등의 5국 연합군을 이끌고 출정에 나섰다. 몽오는 비록 용장이기는 했으나 5국 연합군을 일시에 맞아 싸우기는 버거웠다. 이내 그가 퇴각하자 신릉군은 틈을 주지 않고 그 뒤를 급히 추격해 마침내 진나라 군사를 함곡관 안으로 밀어 넣었다. 연합군이 함곡관 앞에 영채를 세운 뒤 무력시위를 벌이자 진나라 군사는 관문을 굳게 닫아걸고 꼼짝도 하지 않았다. 진나라의 천하통일은 아직 시간이 더 필요했다.

비루함을 가장해 상대를 안심시켜라

—

왕분이 위나라의 대량성을 함몰시킬 당시 20만 대군을 이끌고 초나라 토벌에 나선 진나라 장수 이신과 몽념은 초반에 승기를 잡고 승승장구했으나 이내 초나라 군사의 계략에 말려 패퇴하고 말았다. 일곱 명의 도위都尉가 전사하고 이신은 패잔병을 이끌고 황급히 철군했다. 대로한 진왕 정이 이신을 크게 꾸짖은 뒤 곧바로 빈양 땅으로 가서 왕전에게 사과했다.

"과인이 장군의 계책을 듣지 않아 이신이 과연 우리 군사를 욕보이게 만들고 말았소. 장군이 비록 병이 들었다고는 하나 어찌 과인을 버리기야 하겠소?"

"저는 병이 들어 더는 군사를 지휘할 수가 없습니다."

"장군의 마음을 알고 있으니 부디 사양하지 마시오."

왕전이 제안했다.

"꼭 저를 쓰고자 하신다면 군사 60만 명이 아니고는 불가합니다. 옛날과 지금은 싸우는 방법이 다릅니다. 옛날에는 반드시 싸울 날짜를 통지하고 서로 진을 친 뒤 싸웠습니다. 싸울 때도 반드시 진 앞에서만 싸웠고 달아나고 뒤쫓는 데도 규칙이 있었습니다. 그러나 지금은 힘으로 제압하는 시대가 되었습니다. 농부들마저 무기를 잡고 어린 아이들까지 병적에 오르는 총력전을 벌이고 있습니다. 숫자가 적으면 어찌할 도리가 없습니다. 더구나 초나라는 동남 일대를 모두 차지하고 있는 대국입니다. 한 번 명을 내리기만 하면 즉시 100만 명의 군사를 동원할 수 있습니다. 상황이 이러한데 어찌 60만 명도 안 되는 군사로 초나라를 칠 수 있겠습니까?"

"과인의 불찰이었소. 장군이 전장에서 늙지 않았다면 어찌 그토록 사세를 정확히 읽을 수 있었겠소? 장군의 계책을 따르도록 하겠소."

진왕 정이 왕전과 함께 수레에 올라 귀경했다. 그날로 왕전을 대장, 몽무蒙武를 부장으로 삼고 군사 60만 명을 배속시켰다. 이듬해인 기원전 224년, 왕전이 60만 대군을 이끌고 초나라 정벌에 나섰다. 출정 당일 진왕 정이 지금의 섬서성 서안시 북쪽인 파상灞上까지 따라 나와 격려했다. 당시 왕전은 술을 가득 부어 진왕 정에게 바치며 이같이 말했다.

"떠나는 이 자리에서 대왕에게 청할 말이 있습니다."

진왕 정이 물었다.

"장군이 과인에게 무슨 할 말이 있소?"

왕전이 소매 속에서 목록을 꺼내었다. 함양 일대의 땅 중에서도 가장 좋은 밭과 저택이 적혀 있었다.

"여기에 적혀 있는 밭과 저택을 신에게 내려주시길 바랍니다."

"장군은 출정하는 마당에 어찌 이토록 가난해질까 걱정하는 것이오?"

"신은 이미 늙었습니다. 공을 세워도 열후에 봉해지지는 못할 것입니다. 그러나 이 좋은 밭과 저택들만은 자손에게 물려줄 수 있습니다. 공을 세운 뒤 대왕의 은덕을 자손 대대로 전하려는 것입니다."

진왕 정이 크게 웃었다.

"잘 알겠소. 장군의 청대로 하겠소."

왕전이 무관武關에 이르는 동안 사자를 다섯 번이나 보냈다. 측근이 힐난했다.

"장군은 재물을 구하는 것이 지나칩니다."

"그렇지 않소. 지금 진왕은 나라 안의 병사를 모두 나에게 맡겨 놓고 있소. 만일 내가 자손을 위해 전택을 많이 청하는 모습을 보이지 않으면 진왕의 의심을 살 수 있소."

당시 초나라 정벌은 사실 천하통일을 거의 완수하는 것이나 다름 없었다. 이런 대공을 세우면 시기하는 사람도 많아질 뿐 아니라 군왕 또한 대공을 세운 공신에 경계심을 가질 수밖에 없다. 왕전은 이를 알고 전택 등을 요구하며 장차 편히 살겠다는 태도를 보이며 비루한 모습을 짐짓 연출한 것이다. 사실상의 천하통일에 해당하는 초나라 정벌과 같은 대공을 세울 경우 공성신퇴의 행보를 취하지 않으면 매우 위험하다.

기원전 228년, 춘신군 소생인 초유왕이 병사할 당시 아들이 없었다. 초나라 군신들이 왕실의 종친인 공자 웅학熊郝을 초애왕楚哀王으로 옹립했다. 그러나 초애왕은 즉위한지 불과 두 달 만에 서형인 부추負芻에 의해 죽임을 당했다. 왕전이 초나라 토벌군을 일으켰을 때는 부추가 스스로 보위에 오른지 4년째 되던 기원전 224년이다. 초왕 부추는 왕전이 대군을 이끌고 쳐들어온다는 소식을 듣고 크게 놀라 곧바로 장수 항연項燕을 대장으로 삼은 뒤 군사 20여만 명을 이끌고 가 진나라 군사를 막게 했다. 숫자상으로 이미 대적이 불가능했다.

초나라 장수 항연은 진나라 군사가 엄청나게 많은 것을 보고 급히 초왕 부추에게 사자를 보냈다.

"진나라 군사가 60만 명이나 됩니다. 즉시 군사를 증원해주십시오."

부추가 곧 장수 경기景騏에게 명해 군사 20만 명을 이끌고 가서 항연을 돕게 했다. 당시 왕전은 영루를 높이 쌓고 굳게 지킬 뿐 결코 교전하려 들지 않았다. 초나라 군사들이 여러 차례 도전했으나 끝내 응하지 않았다. 진나라 군사들은 매일 음식을 잘 먹고 충분히 휴식을 취했다. 왕전은 병사들과 함께 지내면서 같은 음식을 먹었다. 하루는 왕전이 휘하 군관을 내보내 병사들의 동태를 파악하게 했다.

"병사들이 무슨 놀이를 하고 있는가?"

"투석놀이를 하는데 규정된 거리보다 훨씬 멀리 날아갑니다."

투석놀이는 기계를 이용해 무려 12근에 달하는 돌덩이를 쏘아 올리는 군사훈련을 겸한 놀이를 말한다. 왕전이 이 말을 듣고 크게 기뻐했다.

"이제야 비로소 쓸 수 있겠다!"

당시 연일 싸움을 걸던 초나라 군사들은 크게 지친 나머지 이내 동쪽으로 철군하기 시작했다. 왕전이 마침내 전군에 하령해 이들의 뒤를 급히 추격했다. 항연은 지금의 안휘성 숙현인 기蕲 땅의 남쪽에 이르러 진나라 군사를 맞이해 반격에 나섰으나 다시 크게 패하고 말았다. 이 싸움에서 항연이 전사하자 대장을 잃은 초나라 군사는 기왓장이 흩어지듯 사방으로 궤산하고 말았다. 여세를 몰아 초나라의 여러 성읍을 차례로 공략한 왕전은 몽무의 군사와 합세한 뒤 마침내 초나라 도성 수춘성을 포위했다. 성을 포위한 지 얼마 지나지 않아 왕전과 몽무가 전군에 총공격령을 내리자 진나라 군사가 맹공을 퍼부었다. 진나라 군사가 개미떼처럼 성벽 위로 기어올라가 공격을 가하자 초나라 장수 경기가 성루에서 스스로 목을 치고 자진했다. 이후 진나라 군사가 물밀듯이 성 안으로 들어가 초왕 부추를 생포했다. 승전보를 접한 진왕 정이 크게 기뻐하며 곧바로 함양성을 떠나 수춘성을 향했다. 그는 수춘성 인근의 번구樊口에 이르러 초왕 부추를 끌어오게 했다.

"너는 초왕을 죽이고 멋대로 보위에 올랐다. 네 죄를 알겠는가? 목숨만은 살려줄 터이니 이제부터 백성이 되어 여생을 보내도록 하라."

이로써 춘추전국시대의 열국 가운데 가장 먼저 왕을 칭하면서 한때 천하를 호령했던 초나라는 마침내 멸망하고 말았다. 가장 방대한 영토와 많은 백성을 보유했던 초나라는 시종 자신의 강대함만을 믿고 천하를 깔보다가 패망하고 만 것이다. 60만 대군을 동원해 기필코 이루어낸 초나라 정벌은 진왕 정의 천하통일 작업이 사실상 완수되었음을 의미했다.

입술이 없으면 이가 시리다

진나라는 초나라를 멸망시킴으로써 사실상 천하통일을 이룬 것이나 다름없었다. 그러나 비록 승리하기는 했으나 진나라도 60만 대군을 동원한 까닭에 국력이 크게 소진되어 약간의 휴식이 필요했다. 이것이 초나라 정벌 이후 제나라 정벌까지 2년의 시간이 소요된 이유다.

당시 진나라 장수 왕분은 연나라를 멸망시키고 귀국하는 길에 서쪽으로 방향을 돌려 조나라 망명정권의 근거지인 대代 땅을 쳤다. 조왕 가嘉는 별반 싸우지도 못하고 크게 패한 뒤 이내 흉노 땅으로 도주하다 포로로 잡혔다. 왕분이 함거에 실어 함양으로 압송하려고 하자 조왕 가가 허리띠를 풀어 스스로 목을 조르고 숨을 거두었다. 이로써 조나라 역시 역사 무대에서 완전히 자취를 감추고 말았다.

당시 오월의 옛 땅에는 월왕 구천의 후손들이 서로 군장君長으로 칭하며 여러 곳에 흩어져 살고 있었다. 사서는 이들을 통칭해 '백월百越'이라 불렀다. 왕전이 군사를 이끌고 가자 백월의 수장들이 이내 머리를 조아리며 진나라 백성이 될 것을 약속했다. 왕전은 월나라 땅의 지도와 호구 등을 조사한 뒤 곧바로 사람을 함양으로 보내 남방이 완전히 평정되었음을 보고했다. 진왕 정은 이곳에 회계군會稽郡을 설치했다.

왕전과 그의 아들 왕분은 천하통일에 결정적인 공헌을 한 당대 최고의 명장들이었다. 2대에 걸친 이들 왕씨 가문은 몽오, 몽무, 몽염으로 이어진 몽씨 가문과 쌍벽을 이루었다. 그러나 이들 두 가문은 훗날 진제국의 멸망과 더불어 패망하고 말았다. 진왕 정은 오월 지역에 대한 평정을 계기로 제나라에 대한 남북 협격의 사전정지 작업이 끝나자 곧바로 전국에 명을 내려 대대적인 주연酒宴을 즐기도록 했다. 천하의 신민들 모두 이를 축하하며 환호했다. 이는 제나라 정벌의 전야제나 다름없었다.

실제로 제나라는 극히 혼란스러운 모습을 보이고 있었다. 제왕 건建이 암군 행보를 보인 탓이다. 그는 나라 첩자들로부터 많은 뇌물을 받고 일신의 안녕만을 꾀하는 상국 후승后勝의 말만 들었다. 산동의 5국이 진나라의 침공으로 곤경에 처해 있을 때 수수방관하는 자세를 유지한 것도 이 때문이다. 그는 오히려 상국 후승의 말만 믿고 한나라와 위나라를 돕지 않고, 이웃나라가 하나씩 망할 때마다 사자를 진나라로 보내 축하했다.

진나라는 제나라 사자가 올 때마다 많은 황금을 주어 돌려보냈다.

제나라 사자는 복명할 때마다 진나라에서 극진한 대접을 받은 사실을 칭송했다. 그럴 때마다 제왕 건은 더욱 감격했다. 그러나 그 역시 나머지 5국이 한 해를 걸러 차례로 무너지자 불안해하기 시작했다. 기원전 222년, 비로소 서쪽 경계에 군사를 배치해 진나라의 침공을 대비하기 시작했다. 그러나 이미 때는 늦었다.

당시 제나라는 이미 진나라 첩자들의 소굴로 변해 있었다. 이들은 제나라의 유력 인사들을 대거 빈객으로 삼아 진나라로 들여보냈다. 진나라는 이들에게 황금을 후하게 내려주었다. 빈객들은 귀국하는 즉시 곧바로 제왕 건을 찾아가 진왕 정을 조현하도록 사주했다. 기원전 222년 말, 왕분이 요동 평정이 끝났음을 통보했다. 진왕 정이 곧 답서를 보냈다.

"장군은 군사를 이끌고 머나먼 2,000리 길을 달려가 연나라와 대 땅을 평정했으니 그 공은 부친 왕전의 공에 못지않소. 이제 단 하나 남은 제나라는 바로 장군이 돌아오는 길에 있소. 잠시 노선만 변경하면 즉시 칠 수 있을 것이오. 장군이 돌아오는 길에 제나라를 평정하면 진나라에서 장군 부자의 공보다 더 큰 공은 없을 것이오."

마음 놓고 제나라를 정벌할 수 있으니 속히 남하하라는 주문이었다. 이에 왕분은 남하 시기를 저울질했다. 진시황 26년인 기원전 221년 초, 함양을 향해 서진하던 왕분의 군사들이 방향을 틀어 제수濟水를 바라보며 곧장 남하하기 시작했다. 제수는 제나라 도성 임치 부근을 감돌아 발해만 쪽으로 빠져나가는 황하의 지류로 임치의 생명줄이나 다름없었다. 이미 5국을 평정한 진나라 군사의 사기는 하늘을 찌를 듯했다. 왕분이 제나라 경계로 들어서자 제나라 군사는 별다른 저항도 하지 못한 채 사방으로 궤산했다. 제나라 군사들은 40여 년에 걸친 평화로운 분위기에 익숙해져 군사훈련 한 번 제대로 한 적이 없었다. 진나라 군사는 마치 무인지경을 가는 듯했다. 이때 진왕 정이 대부 진치陳馳를 제왕 건에게 보냈다. 제왕 건은 진치로부터 500리 땅에 봉하겠다는 진왕 정의 말을 전해 듣고 이내 항복했다. 얼마 후 사자가 와 제왕 건에게 진왕 정의 분부를 전했다.

"제왕 건은 잠시나마 우리 진나라 군사에게 항거하려고 했다. 이는 마땅히 제나라의 종묘사직을 허물고 제나라 군신을 모두 주살할 일이다. 그러나 그간 제왕 건이 40여 년 동안 과인에게 순종한 뜻을 가상히 여겨 살려주기로 한다. 제왕 건은 지금 곧 처자를 데리고 공共 하남 휘현 땅으로 가 여생을 마치도록 하라."

제왕 건이 공 땅으로 옮기고 보니 거처할 곳이라고는 태항산 밑의 작은 오두막뿐이었다. 사방을 둘러보아야 소나무와 잣나무만 빽빽이 우거진 깊은 산속이었다. 산속에는 아무도 살고 있지 않았다. 제왕 건은 기가 막혀 밤낮으로 울었다. 제나라 정벌로 진시황이 추진한 천하통일 작업은 마침표를 찍게 되었다.

진시황의 천하통일이 지닌 가장 큰 의미는 천하의 백성들이 열국 제후들의 착취에서 벗어나 만인이 공평한 천하인의 일원으로 살아갈 수 있게 된 점이다. 중국과 같이 방대한 영토와 많은 인구를 보유한 곳에서는 황제의 명에 의해 일사불란하게 다스려지는 제왕정帝王政이 제후들에 의해 다스려지는 봉건정封建政보다 훨씬 효과적이다.

사서의 기록을 보면 진시황은 기본적으로 치세를 이루기 위해 불철주야 노력하는 부지런한 통치자였다. 그는 저울을 사용해 정확히 무게를 달 듯이 똑같은 양의 정해진 과제를 매일 처리했다. 확정된 사안도 철저히 검토하기 전에는 결코 잠자리에 들지 않았다. 또 10년 동안 무려 다섯 번이나 나라의 구석구석을 시찰하는 '천하순행'을 결행하는 등 통일천하에 대한 지극한 열정을 보여주었다. 이는 황제가 직접 천하의 대소사를 모두 재단하는 이른바 만기친재萬機親裁의 선구자에 해당한다. 진시황이 제국의 기틀을 다지기 위해 헌신적으로 노력했던 모습과 열정과 신념 등은 높이 평가할 만하다.

項羽

제13장
———
항우,
자신을 가장
경계해야 한다

웅대한 포부는 큰일을 도모하는 원동력이다

—

〈항우본기項羽本紀〉는 젊은 나이에 천하를 호령한 항우의 사적을 기록한 전기다. 모든 면에서 뛰어난 여건을 갖춘 자가 성공을 거둔 뒤 이내 급전직하急轉直下해 천하의 웃음거리가 된 배경을 소상히 일러주고 있다. 항우와 유방이 천하를 놓고 다투던 시기인 이른바 초한지제楚漢之際 당시 항우가 보여준 무공은 눈이 부실 정도로 휘황했다. 7년간에 걸친 '초한지제'를 전반적으로 개관할 때 마지막 결전에서 패할 때까지 항우는 시종 우위를 유지했다. 항우가 최후의 결전에서 패하기 전까지 보여준 뛰어난 용병술은 현대에도 참고할 만하다. 다만 그가 최후의 결전에서 패한 것을 타산지석으로 삼으면 된다.

항우 리더십의 뛰어난 면모는 크게 세 가지로 요약할 수 있다. 첫째, 어렸을 때부터 천하를 경영하겠다는 '웅대한 포부'를 지닌 점이다. 사서의 기록에 따르면 항우와 유방이 역사의 무대에 등장한 것은 진승이 처음으로 반기를 든 기원전 209년 9월이다. 그는 숙부인 항량項梁의 휘하장수로 있었다. 항량은 초나라의 명문가 출신이다. 그의 부친은 초나라 장수 항연項燕이다. 항연은 진시황이 천하를 통일하기 2년 전인 기원전 223년 초나라 군사를 이끌고 진나라 군사와 결전을 치렀다. 이 싸움에서 항연이 왕전王翦이 이끄는 진나라 군사에게 패하면서 초나라도 이내 역사무대에서 사라지고 말았다. 이는 항량이 기병하기 14년 전의 일이다.

항우가 어렸을 때부터 얼마나 큰 뜻을 품고 있었는지 짐작할 수 있는 일화가 《사기》〈항우본기〉에 나온다. 이에 따르면 한번은 항량이 조카 항우와 함께 밖에 나갔다가 회계산을 유람하고 지금의 전단강인 절강浙江을 지나는 진시황의 행차를 보게 되었다. 장려한 행렬을 유심히 바라보던 항우가 이같이 탄식했다.

"저 황제의 자리는 가히 빼앗을 만하구나!"

깜짝 놀란 항량이 황급히 조카의 입을 막았다.

"경망스러운 말을 입 밖에도 꺼내지 말라, 삼족이 멸하게 된다!"

〈항우본기〉는 항량이 내심 항우를 기재奇才로 여겼다고 기록해놓았다. 항우의 원래 이름은 적籍이다. 우羽는 자字다. 그는 어렸을 때부터 문文보다 무武를 좋아했다. 그의 호무好武 행보는 단순히 검이나 배워 무예를 뽐내는 식의 용부勇夫와는 커다란 차이가 있다. 그는 숙부 항량이 자신의 호무 행보에 대해 노여워하는 모습을 보이자 이같이 항변한다.

"글이란 원래 사람의 이름을 쓰는 것만으로도 충분합니다. 검 또한 한 사람만을 대적할 수 있을 뿐이니 족히 배울 만한 게 못됩니다. 저는 만인을 대적하는 것을 배울 생각입니다!"

'무武'는 원래 글자의 생성 원리에서 볼 때 전쟁을 그치게 한다는 뜻을 지니고 있다. 항우가 말한 만인을 대적하는 것을 배우다는 뜻의 학만인적學萬人敵 발언은 그가 어린 나이에 무의 기본취지를 통찰했음을 보여준다. 실제로 《사기》의 기록을 보면 항우의 용병술이 매우 뛰어났음을 알 수 있다. 어떤 면에서는 배수진 등을 구사하는 등 병법의 귀재로 통한 한신을 능가하기도 했다.

단호한 결단이 필요할 때가 있다

—

둘째, 반드시 승리를 거두겠다는 필사의 각오와 단호한 결단이다. 항우의 일생에서 가장 빛나는 대목은 총사령관 송의의 목을 베고 황하를 건너간 뒤 진나라 명장 장함章邯이 이끄는 진나라 정예군을 거록鉅鹿에서 격파했던 일이다. 이를 흔히 '거록대전'이라고 한다. 사실상 진나라가 패망한 날이라고 보아도 무방하다. 이는 항우가 단호한 결단을 내리고 총사령관의 목을 벤 뒤 군사를 이끌고 황하를 건넜기에 가능한 일이었다.

〈항우본기〉에 따르면 항량이 장함의 진나라 군사에게 패사한 뒤 초회왕은 항량의 군사를 항우가 아닌 송의宋義에게 넘겨주었다. 항량의 그늘에서 벗어나 독자적인 군권君權을 확립하고자 했다. 당시 초회왕과 손을 잡은 인물이 바로 송의와 유방이었다. 초회왕이 진나라의 도성인 함양에 먼저 입성하는 자를 관중왕에 봉하겠다고 공언한 것도 바로 이들 두 사람을 염두에 둔 것이었다.

〈고조본기高祖本紀〉는 탕현碭縣을 출발한 유방이 서쪽으로 진격하면서 진나라 군사를 잇달아 격파했다고 기록해놓았다. 유방이 초회왕의 밀명을 받고 무관을 돌파하는 상황에서 송의를 상장군으로 모시게 된 차장 항우로서는 비상한 결단이 필요한 시점이었다. 빌미는 송의가 제공했다. 기원전 208년 겨울, 송의가 지금의 산동성 조현인 안양安陽에 이르자 무려 46일 동안 그곳에 머물며 앞으로 나아갈 생각을 하지 않았다. 이는 항우도 전혀 예상하지 못한 일이었다. 송의는 두 달 가까이 꾸물거리면서 한 발짝도 전진하지 않았다. 당시 송의는 아들을 제나라의 재상으로 보내게 된 것을 크게 기뻐하며 전쟁 중임에도 친히 아들을 전송하는 성대한 연회를 베풀었다. 게다가 송의가 먹고 마시며 흥겨워하던 때, 병사들이 추위에 떨며 배를 곯고 있었다. 이에 항우의 분노가 폭발했다.

"마땅히 힘을 다해 진나라를 공격해야 하는데도 송의는 오랫동안 행군하지 않고 있다. 금년은 흉년으로 백성들이 빈곤해 사졸 또한 채소와 콩류가 반 씩 든 밥만 먹고 있는데 장군은 연회만 계속하고 있다. 군사를 이끌고 강을 건너 조나라의 식량을 먹으면서 조나라와 합세해 진나라를 공격할 생각은 하지 않고 기껏 말하기를, '피폐한 틈을 타야 한다'고 한다. 무릇 진나라의 막강한 무력으로 새로 세워진 조나라를 치니, 순리대로라면 조나라는 망할 것이다. 조나라가 망해 진나라가 더욱 강해지는데 무슨 피폐한 틈을 타겠다는 말인가? 게다가 우리 초나라 군사가 직전에 격파를 당해 왕은 좌불안석하고 있다. 나라 안의 군사를 청소하다시피 끌어모아 전적으로 장군에게 맡겨 놓은 상황이다. 국가의 안위가 진나라를 격파하고 조나라를 구하는 이번 싸움에 달려 있다. 지금 송의는 사졸들을 아끼지 않고 부자간의 사사로운 정을 좇고 있으니 사직의 위기를 구하는 중신이 아니다."

이해 11월, 항우는 아침 일찍 상장군 송의의 장막 안으로 들어가 조현朝見하는 자리에서 칼을 뽑아 그의 머리를 베었다. 그러고는 곧 장병들을 모은 뒤 피가 뚝뚝 흐르는 그의 머리를 손에 들고 큰소리로 이같이 말했다.

"송의가 제나라와 모의해 우리 초나라를 배반했다. 이에 초왕이 나 항우에게 밀명을 내려 그를 주살했다."

〈항우본기〉는 당시 제장들 모두 크게 두려워하며 이구동성으로 항우의 거사를 칭송했다고 써놓았다. 항우는 곧 사람을 시켜 송의의 아들 송양을 추격해 목을 베게 한 뒤 이를 초회왕에게 보고했다. 초회왕은 경악했으나 이미 끝난 일이었다. 항우가 상장군이 되어 제후연합군을 지휘할 당시 진나라 장수 장함은 양쪽에 담장이 있는 식량운반용 도로인 용도甬道를 높게 쌓아 황하까지 이르게 했다. 이어 부장副將인 왕리에게 명해 군량 공급에 차질이 없도록 조치했다. 왕리의 군사들은 군량이 풍족해지자 배불리 먹은 후 거록성을 더욱 세차게 공격했다. 이와 정반대로 거록성은 양식도 떨어진데다 군사 또한 상대적으로 적었다. 거록성은 이내 스스로 무너질 수밖에 없었다.

이제 유일한 희망은 초나라 총사령관 송의의 목을 벤 뒤 상장군의 자리에 오른 항우가 속히 달려와 진나라 군사를 격파하는 것밖에 없었다. 항우가 송의의 목을 벨 때 내건 명분은 촌각을 다투는 위기에 빠진 거록성을 구하는 것이었다. 항우는 곧바로 휘하장수 영포英布 등에게 명해 속히 병사 2만 명을 이끌고 황하를 건너가 거록성을 구하게 했다. 이들은 초반 접전에서 승리를 거둔 여세를 몰아 장함이 애써 만들어 놓은 용도를 끊는데 성공했다. 왕리가 이끄는 진나라 군사가 곧 끼니를 거르게 되었다.

보고를 접한 항우가 마침내 전군에 명을 내려 속히 황하를 건너도록 했다. 이때 그는 도하가 끝나자마자 전군에 명을 내려 배에 구멍을 뚫어 모두 침몰시키고, 취사용 솥과 시루를 모두 깨뜨리게 했다. 장병들에게 필사의 각오로 싸울 것을 촉구한 것이다.

예나 지금이나 '필사의 각오'는 장수가 앞장서 보여주어야 주효할 수 있는 것이다. 그래야만 전 장병이 죽기를 각오하고 싸우는 결사대로 거듭날 수 있는 것이다. 필사의 각오가 주효하면 한 사람이 능히 1만 명의 적군을 상대하는 일이 가능해진다. 항우가 거록대전에서 막강한 무력을 자랑하던 30만 명의 진나라 군사를 일거에 격파한 것도 장병 모두를 결사대로 만든 덕분이다.

적은 힘으로 최고의 효과를 노린다

—

셋째, 설득을 통한 승리다. 항우의 일생에서 가장 빛나는 거록대전은 왕리의 생포에서 시작되었다. 그러나 이는 국지전의 승리에 불과했다. 당시 총사령관인 장함은 나름 군사를 차분히 정비하며 결전을 준비하고 있었다. 장함의 주력군을 격파해야만 비로소 완벽한 승리를 거두게 된다. 항우는 설득을 통해 이를 이루었다. 장함의 투항은 왕리를 생포한지 여섯 달 뒤인 기원전 207년 7월에 실현되었다. 〈항우본기〉는 당시 상황을 이같이 기록해놓았다.

왕리의 군사가 이미 복몰覆沒키는 했으나 장함은 극원棘原에 주둔하며 항우의 진군을 가로막고 있었다. 항우는 장수漳水의 남쪽에 주둔하고 있었다. 양측 모두 서로 굳게 지키며 교전을 피했다.

장수의 실력이 비슷하고 보유한 병력이 필적할 경우 섣불리 움직이면 오히려 불리하다. 이때 조나라 장수 진여陳餘가 장함에게 투항을 권하는 글을 보냈다. 진나라 조정이 어지러운 만큼 아무리 충성을 다할지라도 결국 무함을 당해 비참한 죽음을 맞이할 수 있으니 속히 투항하라는 것이 그 요지다. 말할 것도 없이 투항에 따른 후한 포상도 언급해놓았다. 사서에는 명백한 기록이 없으나 이 서신은 진여가 항우와 상의하고 보낸 것으로 추정된다.

〈항우본기〉는 당초 진여의 서신을 받은 장함이 한동안 이리저리 생각하며 결단하지 못했다고 기록해놓았다. 그러나 이는 오래가지 않았다. 곧 휘하 군관 시성始成을 은밀히 항우에게 보내 맹약을 맺고자 했다. 하지만 공교롭게도 이때 일이 터졌다. 맹약이 맺어지기 전에 항우가 휘하 장수에게 명해 먼저 일부 군사를 이끌고 가 진나라 군사를 치게 했다. 항우의 명을 받은 초나라 장수가 이내 장수의 남쪽에 진을 친 뒤 진나라 군사를 깨뜨렸다. 그사이 항우는 친히 전군을 이끌고 지금의 하남성 임장현 경계에 있는 오수汙水 부근에서 진나라 군사를 공격했다. 장함이 곧 사람을 항우의 진영에 보내 맹약을 맺고자 했다. 장함의 사자를 만난 항우가 이내 제장들을 불러놓고 상의했다.

"우리도 군량이 많지 않으니 적의 맹약 제의를 들어주는 것이 어떻겠소?"

"좋은 생각입니다."

이해 7월, 항우와 장함이 지금의 산서성 여성현에서 발원해 조나라 일대를 관통하는 원수洹水의 남쪽 은허殷墟에서 맹약했다. 맹약이 끝나자 장함이 항우 앞에서 눈물을 흘리며 함양의 혼란스러운 정황을 이야기했다. 항우가 장함을 위로하면서 곧바로 옹왕雍王에 임명했다. '옹'은 관중을 뜻한다. 장함을 임의로 관중왕에 봉한 셈이다. 거록대전의 패배로 진나라는 사실상 항복한 것이나 다름없었다. 이 때 진나라 내부의 갈등이 최고조에 달해 조고가 2세를 살해하고 자영을 옹립하는 일이 빚어졌다. 항우가 투항한 장함을 앞세워 함양으로 진격하자, 진나라 관원들이 다투어 합류했다. 설득을 통한 적장의 투항이 어떤 효과를 거두는지를 여실히 보여준 예다.

자신의 힘을 과신하지 않는다

—

항우는 앞서 입관한 유방의 항복을 받은 뒤 제후 연합군을 이끌고 유유히 함양으로 입성했다. 하지만 이때 그는 함양을 도륙하는 일생일대의 실수를 범했다. 그는 항복한 자영을 죽이고, 진나라 궁을 모두 불태웠다. 불은 세 달 동안이나 꺼지지 않았다. 이어 함양의 재화와 부녀자들을 모조리 거두어 동쪽 팽성으로 갔다. 진나라 백성들이 항우에게 크게 실망한 것은 말할 것도 없다.

이로 인해 유방이 얻은 반사이익은 엄청났다. 여기에는 소하의 공이 컸다. 그는 진나라 승상과 어사의 율령, 도서 등을 거두어 보관했다. 두 달 동안 진나라의 율령과 도서에 의거해 나름 새로운 왕조 건립의 예행연습을 할 수 있었다. '약법3장'이 그 결과물이다. 당시 유방의 무리는 항우와 달리 일찍부터 소하를 중심으로 한 관료체제가 가동되고 있었던 셈이다. 이를 조금만 확장·보강하면 이내 진제국과 유사한 중앙집권적 관료체제를 구축할 수 있었다. 실제로 유방이 세운 한제국은 바로 그런 식으로 흘러갔다. 후대의 사가들이 소하의 공을 높이 평가한 이유다. 당시 항우 주변에도 이를 통찰한 한나라 출신 유생이 있었다. 그는 항우를 찾아와 이같이 건의했다.

"관중은 산으로 막혀 있고 황하가 가로질러 사방이 요새인 곳으로 땅 또한 비옥합니다. 가히 도읍으로 삼아 천하의 패권을 잡을 만합니다."

그러나 항우는 진나라 궁궐이 모두 이미 불타버려 폐허가 된 것이 꺼림칙했다. 게다가 내심 고향인 강동江東으로 돌아가고 싶어 이같이 대답했다.

"부귀富貴하게 되어 고향으로 돌아가지 않는 것은 마치 수를 놓은 비단옷을 입고 밤길을 다니는 것과 같소. 그리 되면 누가 그것을 알아보겠소."

〈항우본기〉는 당시 한생이 물러나오며 이같이 탄식했다고 기록해 놓았다.

사람들이 초나라 사람을 두고 '사람의 옷을 입힌 원숭이'라고 하더니 과연 그러하다!

항우가 이 말을 듣고 한생을 뜨거운 물에 삶아 죽이는 형벌에 처했다고 한다. 당시 유방의 항복을 받아들여 명실상부한 패왕의 자리에 오른 항우에게는 두 가지 과제가 놓여 있었다. 먼저 형식적이기는 하나 자신보다 위에 있는 초회왕을 어떻게 처리할 것인가 하는 문제가 있었다. 두 번째로는 수도를 어디에 두고 공을 어떻게 나누어 천하를 호령할 것인가 하는 문제가 있었다. 항우는 첫 번째 문제를 해결하기 위해 먼저 사람을 초회왕에게 보내 관중 문제를 처리한 결과를 통보했다. 그러나 초회왕의 회답은 의외였다.

"약속대로 한다!"

초회왕의 회답대로 유방을 관중왕으로 봉할 경우 이는 자신의 잠재적인 라이벌에게 날개를 달아주는 격이었다. 더 무서운 것은 이후에도 초회왕의 명을 받드는 입장에 처해 어떤 봉변을 당할지 모른다는 점이었다. 어떤 식으로든 초회왕을 제거할 필요가 있었다. 그러나 문제는 처리방법이 매끄럽지 못한 데 있었다. 이후 유방이 항우를 비난할 때마다 이를 전가의 보도처럼 사용하게 된다.

반드시 폐법廢法의 조치를 취하는 것처럼 초회왕을 제거하려면 일정한 형식의 폐위廢位 과정을 거쳐야만 했다. 항우는 이런 이치를 깨닫지 못했다. 욕심이 앞선 데다 자신의 힘을 과신했다. 이것이 훗날 항우가 패배한 원인 중 하나가 된 셈이다. 초회왕은 비록 형식적이기는 했으나 진시황이 세운 사상 최초의 제국이 일거에 사라진 상황에서 볼 때 반진세력 최고의 권위자였기 때문에 불란을 일으키지 않고 처리할 필요가 있었다. 그러기 위해서는 일정한 명분이 필요했다. 그러나 항우는 자신의 힘만 믿고 이를 무시했다. 이로 인해 항우는 마침내 손에 넣은 천하를 유방에게 넘겨주고 말았다.

천하는 아무리 난세의 시기일지라도 힘만으로는 결코 차지할 수는 없다. 그럼에도 항우는 죽을 때까지 이를 제대로 깨닫지 못했다. 초회왕의 회답을 받고 불같이 화를 낸 사실이 이를 반증한다.

"회왕이란 자는 우리 집안이 세운 자일 뿐이다! 진나라를 정벌한 공도 없는데 어찌해 약속을 마음대로 주관한단 말인가. 천하가 당초 반기를 들 때 임시로 제후의 후예를 세워 진나라를 쳤을 뿐이다. 그러나 몸에 갑옷을 입고 무기를 들어 가장 먼저 일을 일으키고, 들에서 3년 동안 야전을 하며 진나라를 멸망시키고 천하를 평정한 것은 모두 제장들과 나 항우의 공이다. 허나 회왕이 비록 공로가 없을지라도 땅을 나누어주고 왕을 칭하게 할 것이다."

제장들이 입을 모아 칭송했다.

"옳소."

아무리 '허수아비 왕'일지라도 왕의 자리에 앉힌 채 제거하는 것은 하책이다. 더구나 항우는 초회왕의 위상을 의제義帝로 격상시키는 우를 범하기까지 했다. 항우가 자신의 꾀에 스스로 넘어간 셈이다.

항우는 왜 이런 하책을 선택한 것일까? 여러 이유가 있겠으나, 가장 큰 문제는 지나친 반진反秦 의식과 강고한 친초親楚 의식이었다. 항우는 진나라가 실행한 모든 제도와 관행, 가치 등을 온통 뒤집고자 했다. 당시 군웅들이 할거한 상황에서는 일단 황제의 자리에 오른 뒤 시간을 두고 제후왕들을 차례로 제압하는 것이 올바른 순서였다. 이는 유방이 걸은 길이기도 했다. '왕 중의 왕'인 패왕霸王은 황제만큼의 권위가 없다. 천하대세의 관점에서 볼지라도 이런 식의 봉건적인 조치는 역사의 흐름을 거스르는 것이었다.

항우는 초회왕을 제후왕만도 못한 존재로 만들어놓고 패왕의 자리에서 여러 제후왕들을 다스리고자 했다. 패왕과 제후왕의 차이는 종이 한 장 차이에 불과하다. 진나라를 무너뜨리고 최강의 정적인 유방의 항복을 받아낸 여세를 몰아 스스로 보위에 오르거나, 권위를 더욱 높인 뒤 여러 방안을 강구해 자신의 통제 하에 두어야만 했다. 항우는 새해 정월에 군웅들 앞에서 이런 옹색한 선언을 한다.

"옛날의 황제는 땅이 사방으로 1,000리였고 또한 반드시 상류에 거처했다."

그리고는 의제를 장강 남쪽인 강남江南으로 옮긴 뒤 호남성 성도인 장사長沙 일대 침주郴州 땅에 도읍을 정하게 했다. 한헌제는 비록 허수아비 황제에 지나지 않았으나 끝까지 권위만큼은 지키고 있었다. 이에 반해 의제는 힘도 없고, 권위조차 없었다. 진시황이 급서한 기원전 210년에서 패왕의 자리에 오르는 기원전 207년 정월까지 4년 동안 지속된 혼란을 가까스로 다잡은 상황에서 다시 천하를 쟁탈 대상으로 내놓는 우를 범한 셈이다.

실제로 그가 이해 2월에 스스로 서초패왕西楚覇王의 자리에 오르면서 유방을 비롯한 군웅들을 각지의 제후왕에 봉한 지 두 달 만에 제나라의 실력자 전영이 반기를 들고 일어났다. 유방이 이에 호응해 관중왕을 자처하고 나서면서 천하는 다시 혼란 속으로 휘말려 들어갔다. 이 또한 현실을 무시한 항우의 잘못된 분봉에서 비롯된 것이다.

인화를 얻지 못하면 모든 것이 허사다
—

항우가 백전백승의 승리를 거두다가 마지막에 패한 것은 막판에 한신이 유방의 편에 섰기 때문이다. 그만큼 한신의 세력이 막강했다. 당시 항우의 군사는 한신에게 일격을 받고 농성에 들어갔다. 바로 진성陳城이다. 이곳은 항우가 어린 시절을 보낸 항씨 전래의 본향인 항성項

城에서 매우 가까운 곳이기도 했다. 항성은 진성에서 북쪽으로 약 40 킬로미터 지점에 위치해 있다.

　불과 5년 전에 거록전투에서 천하무적을 자랑하는 장함의 진나라 군사를 대파하고, 4년 전에는 서초의 패왕이 되어 천하를 호령했던 항우가, 이제는 상황이 역전되어 고향 인근에서 농성을 벌이는 초라한 신세로 전락하고 만 것이다. 다음은 〈항우본기〉의 해당 기록이다.

　　항왕이 진하에 방벽을 쌓고 한나라 군사를 막았다. 병사는 적고 식량도 떨어졌다. 한나라와 여러 제후들의 군사가 몇 겹으로 에워쌌다. 어느 날 밤 진성을 사면으로 포위한 한나라 군사 진영에서 초나라 노래가 들려왔다.

　〈항우본기〉는 당시 상황을 매우 문학적으로 윤색해놓았다. 이에 따르면 하루는 한나라와 제후들의 군사가 겹겹이 포위한 상황에서 잠을 이루지 못하는 항우의 귀에 문득 한나라 군사 진영에서 일제히 부르기 시작한 초나라 노랫소리가 들려왔다. 크게 놀란 항우가 크게 탄식했다.

　"한나라 군사가 초나라 땅을 이미 모두 점거했단 말인가? 어찌해 한나라 군사 속에 초나라 지역 사람들이 저토록 많단 말인가!"

　초나라 군사가 모두 배신한 것으로 생각한 것이다. 그러고는 한밤중에 일어나 장막 안에서 술을 마셨다. 항우는 강개한 심정으로 시를 지어 읊었다.

　힘은 산을 뽑고 기개는 세상을 덮을 만하네.

시운이 불리해 추騅 또한 나아가지 않네.

추가 나아가지 않으니 이를 어찌해야 하는가.

우虞여, 우여, 그대를 어찌해야 좋단 말인가.

항우가 여러 차례 노래를 부르자 전쟁터마다 항우를 따라다녔던 우미인도 함께 비통한 심경이 들어 목놓아 울었다. 〈항우본기〉는 당시의 비극적인 정황을 이같이 묘사해놓았다.

항우의 눈물이 여러 갈래로 나뉘어 아래로 쏟아지자 곁에 있던 시위侍衛가 모두 함께 울며 쳐다볼 수 없는 지경이 되었다. 항우는 그의 준마인 추에 올라탄 뒤 휘하 장사 800명이 말에 올라 수종하는 가운데 한밤중이 되는 시간까지 포위를 뚫고 남쪽으로 내달렸다. 날이 밝아서야 한나라 군사들이 이내 이를 알아챘다. 유방이 기병대장 관영에게 명해 기병 5,000기를 이끌고 그 뒤를 쫓게 했다.

항우는 잔여 병력 100여 명을 이끌고 포위망을 뚫었으나 유방의 휘하장수 관영이 이끄는 5,000명의 기병이 그 뒤를 급속히 추격했다. 〈항우본기〉에 따르면 당시 항우가 회하를 건널 때 뒤따르는 자는 겨우 100여 기에 불과했다. 항우 일행이 안휘성 정원현 서북쪽 음릉陰陵에 이르러 길을 잃고 한 농부에게 길을 물었다. 농부가 길을 속여 말했다.

"왼쪽이오!"

항우 일행은 왼쪽으로 가다가 이내 큰 늪 지역에 빠지고 말았다. 한나라 군사들이 곧바로 바짝 추격해왔다. 항우는 다시 군사를 이끌고 동쪽으로 내달렸다. 지금의 안휘성 정원현인 동성東城에 이르렀을 때는 겨우 28기만 남아 있었다. 항우가 동성에 이르렀을 때 추격해오는 한나라 기병은 수천 명에 달했다.

〈항우본기〉는 이때 항우가 내심 '한나라 군사의 추격을 벗어나는 것이 불가능하다고 생각했다'고 기록해놓았다. 이내 항우가 수종하는 기병들에게 말했다.

"내가 기병한지 벌써 8년이 되었다. 70여 차례 참전했으나 일찍이 패한 적이 없어 마침내 천하에 패자를 칭하게 되었다. 그러나 지금 여기에서 곤경에 처하게 되었으니 이는 하늘이 나를 망하게 한 것이지 결코 내가 싸움을 잘못한 죄가 아니다. 오늘 죽음을 결심했으니 내가 제군들을 위해 통쾌하게 싸울 것이다. 반드시 포위를 무너뜨리고, 적장의 목을 베고, 적의 깃발을 베어버릴 것이다. 이같이 세 번 이겨 제군들로 하여금 하늘이 나를 망하게 하려는 것이지 결코 내가 싸움을 잘못한 죄가 아니라는 사실을 알리도록 하겠다."

여기서 '하늘이 나를 망하게 한 것이지 결코 내가 싸움을 잘못한 죄가 아니다'라는 언급이 두 번에 걸쳐 나온다. 〈항우본기〉에 따르면 항우는 휘하 기병들 앞에서 이런 '호언'을 한 뒤 기병을 4대隊로 나눠 네 방향으로 진행하게 했다. 한나라가 군사가 그들을 여러 겹으로 포위했다. 항우가 부하 기병에게 말했다.

"내가 그대들을 위해 저 장수들 중 하나의 목을 베겠다!"

그리고 사방을 향해 있던 기병들에게 말을 타고 아래로 질주하도록 하면서 산의 동쪽 세 곳을 지정하여 만나기로 약속했다. 항우가 큰

소리를 내며 내려가자 한나라 군사들이 모두 놀라 사방으로 흩어져 달아났다. 마침내 한나라 장수 하나를 참했다. 이때 훗날 적천후赤泉侯에 봉해진 낭중기郎中騎 양희楊喜가 급히 추격해왔다. 〈항우본기〉는 항우가 눈을 부릅뜬 채 큰소리로 꾸짖자 양희와 타고 있던 말이 모두 크게 놀라 몇 리를 뒷걸음질쳤다고 기록해놓았다.

이때 항우와 기병들이 세 곳으로 나뉘어 모여 있자 한나라 군사들은 항우가 어디에 있는지 알 길이 없었다. 이내 군사를 셋으로 나누어 다시 그들을 포위하기 시작했다. 항우가 다시 말을 타고 내달려 한나라 도위 한 사람의 목을 베고 수백 명을 죽인 뒤 다시 기병을 모았다. 그는 단 2기를 잃었을 뿐이다.

〈항우본기〉는 이때 항우가 동쪽 오강烏江까지 달아났다고 기록해놓았다. 지금의 안휘성 화현和縣에 해당한다. 오강의 정장亭長이 출항 차비를 마치고 배를 준비시켜 놓고 기다리다가 항우에게 말했다.

"강동江東은 비록 작으나 땅이 사방으로 1,000리나 되고 수십만의 무리가 있으니 족히 왕을 칭할 수 있습니다. 원컨대 대왕은 속히 도강하도록 하십시오. 지금은 신만이 배를 갖고 있어 한나라 군사들이 이를지라도 도강할 배가 없습니다."

항우가 웃으며 말했다.

"하늘이 나를 망하게 했는데 내가 강을 건너 무엇 하겠는가. 게다가 나는 강동의 자제 8,000명과 함께 도강해 서진했다가 지금 한 사람도 돌아오지 못하게 되었다. 설령 강동의 부형들이 나를 가련하게 생각해 왕으로 맞아준다 한들 내가 무슨 면목으로 그들을 보겠는가. 설령 그들이 겉으로 이야기하지 않을지라도 내가 어찌 부끄러운 생각이

들지 않겠는가."

　그리고는 타고 있던 애마 추를 정장에게 내린 뒤 기병들로 하여금 모두 말에서 내려 걸어가며 길이가 짧은 병기를 들고 접전하게 했다. 〈항우본기〉는 이때 항우 홀로 접전해 죽인 한나라 군사만 수백 명에 달했다고 기록해놓았다. 항우는 이내 자신의 몸에 십여 군데 창상創傷을 입게 되었다. 이때 그의 눈에 한나라 기병사마騎兵司馬 여마동呂馬童의 모습이 보였다. 그를 돌아보며 이같이 말했다.

　"그대는 옛날에 알고 지내던 사람이 아니던가."

　여마동이 고개를 돌려 항우를 등진 채 중랑기中郎騎 왕예王翳에게 손가락으로 항우를 가리키며 소리쳤다.

　"이 사람이 항우다!"

　항우가 말했다.

　"내가 듣건대 한나라에서 천금과 성읍 1만 호에 나의 목을 산다고 하니 내가 너를 위해 덕을 베풀겠다."

　그리고는 스스로 목을 찔러 죽었다. 왕예가 그의 머리를 잘라 취하자 다른 기병들도 항우의 시신을 쟁탈하려 서로 마구 짓밟았다. 이때 서로 죽고 죽인 자가 수십 명이었다. 결국 마지막으로 양희와 여마동, 낭중 여승呂勝과 양무楊武가 각기 시신을 나누어가졌다. 왕예를 비롯한 5명이 각자 얻은 시신을 하나로 모으자 바로 항우의 몸 전체가 되었다. 〈항우본기〉에 따르면 유방은 이들의 공을 기려 항우의 식읍을 다섯 개로 나눠 배분해 그들 모두를 열후에 봉했다고 한다. 당시 항우의 나이 31세였다.

　예로부터 유방보다 모든 면에서 뛰어났던 항우가 패망한 원인을 두고 여러 이야기가 나왔다. 항우는 어느 모로 보나 유방보다 뛰어났다. 그런데도 그는 결국 일개 건달 출신인 유방에게 천하를 내주고 말았다. 이는 항우의 지나친 자기과신에서 그 실패의 원인을 찾을 수 있다. 항우의 이런 태도는 주변 사람들과의 화합을 이끌어내지 못했고, 결국 한신과 진평 등 당대 초일류 인사들이 유방에게 넘어가 반사이익을 안겨주게 되었다.

실제로 이런 사례는 우리 주변에서 쉽게 찾아볼 수 있다. 승승장구하며 고속승진을 거듭한 인물들에게서 이런 현상이 흔히 나타난다. 학교와 직장, 결혼 등 모든 것이 순조롭게 풀린 사람들은 세상을 우습게 보는 우를 범한다. 아무리 국지전에서 백전백승을 거두더라도 마지막 결전에서 이기지 못하면 아무 소용이 없다. 최후의 승리를 거두기 위해서는 끝까지 신중하고 겸허한 자세를 견지할 필요가 있다.

천하를 다스리고자 하면 다른 사람의 지혜와 힘을 빌릴 수 있어야 한다. 본인이 아무리 출중한 인물일지라도 천하는 넓다. 결코 혼자의 힘으로 얻을 수도, 다스릴 수도 없다. 모두 인재들의 도움을 얻어야 가능한 일이다. 그러기 위해서는 늘 스스로 겸양한 자세로 인재를 그러모으고, 최후의 승리를 거둘 때까지 긴장을 늦춰서는 안 된다. 항우는 자신의 능력과 배경에 도취한 나머지 다른 이들의 지혜와 용기를 빌릴 생각을 하지 못했다. 항우는 자신의 뛰어난 능력과 배경을 최대한 활용해 실제로 천하를 거머쥐었으나 얼마 가지 못했다. 자고자대하며 최대 정적인 유방을 얕본 것이 화근이 되었다. 항우의 가장 큰 문제는 천하의 인재를 두루 끌어들이기는커녕 제 발로 휘하에 들어온 인재조차 놓친 데 있다.

제14장

유방,
사람의 가치를 알아보는 것이
가장 큰 능력이다

실력만큼 명분도 중요하다

—

〈고조본기高祖本紀〉는 최초의 평민 출신 황제인 유방의 사적을 다룬 전기다. 유방은 젊었을 때 건달로 지내다가 장년에 이르러서야 비로소 관원 시보試補가 되었다. 맡은 직책은 사수군의 가장 큰 정亭인 사수정泗水亭의 정장亭長이었다. 정장은 10리마다 세워진 정의 치안과 소송을 담당한 관원을 말한다.

당초 유방이 정장으로 있게 된 것은 소하 덕분이었다. 유방이 정장이 된지 3년째에 해당하는 해에 대한 다음과 같은 기록이 있다.

고조가 일찍이 함양에서 요역徭役할 때 한번은 황제의 행차를 종관縱觀한 적이 있었다. 진시황의 행차를 보고는 위연喟然히 탄식하기를, '아, 대장부라면 마땅히 저러해야 할 것이다!'라고 했다.

'종관'은 구경을 허락받아 마음대로 본다는 뜻이다. 이 구절은 유방이 젊었을 때 요역 차 함양에 갔고, 이때 진시황의 행차를 허락을 받아 관람했을 가능성을 시사한다.

당시 그는 인솔해온 인부들의 감독을 동료에게 맡기고 함양을 두루 관람했을 공산이 크다. 이때 6필의 말이 이끄는 황금 장식 수레 위에 앉아 있는 진시황의 장려한 모습을 처음으로 목도했을 것으로 짐작된다. 포부가 큰 건달 출신 촌뜨기 정장 유방의 입에서 절로 감탄이 터져 나왔음직한 장면이다.

천하가 일거에 혼란의 소용돌이에 빠지고 이에 편승해 진승과 오광이 반기를 들었을 때 덩달아 시골 건달 유방도 반진의 깃발을 들고 나선 배경을 여기서 대략 짐작할 수 있다.

당시 유방은 아홉 달에 걸친 인부의 징발 임무를 무사히 마치고 고향으로 돌아왔다. 이때 귀로에 오른 인부들의 잠재적인 우두머리가 되었을 가능성이 높다. 실제로 유방이 반기를 들었을 때 마을의 부로 父老들이 하나같이 유방을 반군의 우두머리로 천거했다.

《사기》〈고조공신후연표高祖功臣侯年表〉에 따르면 훗날 경후敬侯에 봉해진 마을의 부로 팽조彭祖가 현성의 성문을 가장 먼저 열어 유방을 맞이했다. 유방은 팽조를 비롯한 패현의 부로들이 현령으로 추대하려 하자 짐짓 사양하는 모습을 보였다. 〈고조본기〉의 해당대목이다.

천하가 바야흐로 크게 혼란스러워 제후들이 일시에 일어나고 있습니다. 지금 저처럼 무능한 장수를 택하면 여지없이 패해 다시는 일어날 수 없는 처참한 상황에 처할까 두렵습니다. 제가 감히 저 자신을 아껴서 그러는 것이 아니라, 능력이 부족한 제가 그런 역할을 떠맡으면 여러 부형자제가 온전하지 못할까 두렵기 때문입니다. 이는 매우 큰일이니 원컨대 적임자를 신중히 선택하시길 바랍니다.

당시 유방은 나름 고사固辭하는 모습을 보였으나 이 또한 연극에 지나지 않았다. 그가 거듭 고사하자 부로들이 간곡히 청했다.

"평소에 들은 여러 신비한 일에 비추어볼 때 그대는 마땅히 귀인이 될 것입니다. 점을 쳐 보아도 마찬가지입니다. 그대처럼 길한 분이 없었습니다."

사마천은 사평에서 당시 소하와 조참 등이 감히 나서지 못한 이유를 다음과 같이 분석했다.

"소하와 조참 등은 모두 문리文吏다. 이들은 제 몸을 아꼈고, 혹여 일이 실패하면 후에 진나라에 멸족의 화를 당할까 두려워했다. 모두 유방에게 양보한 이유다."

고금을 막론하고 대다수의 아전들은 변화보다는 안정을 중시했다. 소하와 조참 등의 아전들이 후환을 두려워한 유방에게 현령의 자리를 양보했다는 사마천의 지적이 틀린 것은 아니다. 유방이 반진의 깃발을 들고 패현의 현령 자리에 오른 것은 그 의미가 크다. 군도群盜의 단계를 벗어나 지방군벌인 토패土霸의 자리에 앉게 되었기 때문이다.

난세에는 실력이 중요한 것이 사실이지만 형식도 무시할 수 없다. 유방이 현령의 '토패'에서 시작해 토왕과 토황제를 거쳐 마침내 천하를 석권한 것이 그 증거다. 역대 왕조교체의 역사를 보면 군도와 토후, 토패, 토왕, 토황제는 각각 한 끗 차이다. 이들 간의 각축전에서 최후의 승리를 거두는 자가 새 왕조의 창업주가 된다. 그 기반이 바로 토패다. 이로써 유방도 천자가 될 수 있는 기본요건을 갖춘 셈이다.

〈고조본기〉는 유방이 거병할 당시 소하와 조참 등이 패현의 자제 2,000~3,000여 명을 확보하고 있었다고 기록해놓았다. 이는 처족인 여택과 여석지를 비롯해 죽마고우인 노관, 패현의 아전 우두머리인 소하와 조참 등이 이끄는 무리를 모두 합친 것이다.

토패의 일원이 된 유방에게 시급한 것은 군사력을 배양하는 것이었다. 그러기 위해서는 세력범위를 확장해 병력자원의 근원인 백성을 대거 확보할 필요가 있었다. 유방은 측근들을 모아놓고 곧바로 전략회의에 들어갔다. 유방의 무리는 진나라 군사와 직접 충돌하는 대신 북상하는 방안을 채택했다. 유방은 호릉에서 새로 가담한 일당을 이끌고 사수를 거슬러 올라가 서북쪽의 방여方與를 노렸다. 방여 역시 큰 저항 없이 접수했다. 초한지제 내내 호릉과 방여는 서로 차지하기 위해 다투는 쟁지爭地로 작용했다. 이곳에는 유방과 호흡을 같이하는 무리가 대거 포진해 있었다. 호릉과 방여 일대의 장악은 곧 중원진출의 교두보를 확보했다는 뜻이었다.

유방의 무리가 방여를 장악했을 무렵 사수군의 군수 장壯은 뒤늦게 소식을 접하고 서둘러 관군을 소집했다. 이 때문에 유방은 이들의 동향을 속속들이 알고 있었다. 사수군의 고위 관원인 주가와 그의 사촌동생 주창을 비롯해 하급 아전인 임오任敖 등이 가담했기 때문이다. 정보전에서 이미 이기고 있었던 셈이다.

유방은 사수군에 주둔한 진나라 군사가 움직이기 시작했다는 정보를 입수하자 곧바로 고향인 풍읍 쪽으로 방향을 틀었다. 패현의 현성縣城보다는 풍읍의 읍성邑城에서 농성하는 것이 유리하다고 판단한 결과다. 여기에는 내부 이탈자를 최소화하려는 속셈도 있었다. 사수군 군수 장은 군사를 이끌고 사수 건너편의 설현薛縣을 공략한 뒤 본영를 차렸다. 유방의 무리가 북쪽의 제나라 반군과 연계하는 것을 미리 차단하려 한 것이다. 이어 직속부하인 군감郡監 평平에게 명해 군사를 이끌고 사수를 건너게 했다. 평은 손쉽게 패현 현성의 탈환에 성공했다. 사수군수 장의 용병이 간단치 않았음을 보여준다. 진나라 군사가 여세를 몰아 유비의 무리가 운집한 풍읍을 포위했다.

그러나 손쉽게 패현의 현성을 탈환한 사수군감 평은 승리에 취해 사태를 너무 낙관했다. 이들이 풍읍을 포위한 지 사흘째 되던 날 유방이 풍읍의 수비를 옹치에게 맡긴 뒤 과감히 성문을 열고 기습공격에 나섰다. 이에 진나라 군사가 일순 와해되고 말았다. 유방은 내친 김에 패현의 현성 쪽으로 내달렸다. 당시 패현 현성에는 약간의 수비대밖에 없었다. 유방은 이내 패현을 탈환했다.

이어서 유방은 수군을 편성한 뒤 곧바로 사수를 건넜다. 배가 모두 나포된 까닭에 패배 소식이 강 건너편에 진을 치고 있던 진나라 군사의 귀에 들어가지 않았다. 사수군수 장은 유방의 기습공격에 크게 놀라 황급히 달아났다. 이로써 유방은 패현에 이어 상급 행정단위인 사수군까지 세력을 확장하며 명실상부한 토패의 일원으로 우뚝 서게 되었다.

승세를 탔을 때 몰아부쳐라

—

유방은 비록 사수군을 손아귀에 넣었지만 이내 더 강력한 적을 상대해야만 했다. 바로 진승의 장초였다. 토왕 진승 입장에서 토패 수준의 유방이 계속 세력을 확장하는 것을 그대로 방치할 수는 없는 일이었다. 이에 승승장구하며 동쪽으로 진출했던 진승의 휘하장수 주불周市이 적현狄縣에서 전담의 반격으로 더는 동진이 불가능해지자 사수군 쪽으로 방향을 돌렸다.

당시 주불은 일단 위나라 땅으로 돌아온 뒤 진성에 머물던 옛 위나라 왕족 위구를 보위에 앉힌 뒤 자신은 재상에 취임했다. 그는 위나라 군사를 이끌고 하수를 따라내려와 유방이 점거한 사수군 일대를 공략하기 시작했다. 당시 유방은 같은 반진인 연합세력이 자신의 등을 치리라고는 생각하지 못했다.

원래 유방의 고향 풍읍은 전국시대 말기 병화를 피해 위나라 백성들이 대거 남하해 둥지를 튼 곳 가운데 하나이다. 주불이 이를 노리고 적장의 마음을 뒤흔드는 계책을 구사했다. 주불은 군사를 이끌고 풍읍의 수비를 맡은 옹치에게 사람을 보내 설득했다.

"풍읍은 원래 위나라 수도 대량에서 옮겨온 이주민의 땅이오. 이제 위나라가 평정한 땅이 수십 성에 이르니 지금 위나라에 항복하면 위나라에서 그대를 후侯로 삼아 풍읍을 지키게 할 것이오. 하지만 만일 투항하지 않으면 곧바로 풍읍을 함락시킬 것이오."

적장인 옹치의 마음을 뒤흔들기 위해 회유와 협박을 동시에 구사한 것이다. 〈고조본기〉의 기록에 따르면 옹치는 매우 유능한 인물이었다. 도리 때문에 나이 어린 유방의 지휘를 기꺼이 받아들이기는 했으나 내심 불만이었다. 그는 주불에게 제안을 받자마자 곧바로 이를 수용했다. 당시 풍읍에는 유방의 부모인 유태공과 유온은 물론 아내인 여치와 자식들도 있었다. 첫 번째 아내인 조씨曹氏와 그사이에서 태어난 장남 유비劉肥도 그곳에 있었다.

옹치의 배신은 유방에게 커다란 충격을 안겨주었다. 가장 그의 가슴을 아프게 만든 것은 자신을 추종했던 풍읍의 자제들까지 옹치와 행보를 같이 한 것이다. 당시 옹치는 풍읍 사람들에게 고향인 위나라에 귀순해 장초 진영에 참가함으로써 반진 항전을 효과적으로 수행하자고 설득했다. 옹치의 설득이 통한다면 유방의 무리는 앉은 자리에서 이내 해체될 수밖에 없었다.

이 소식을 들은 유방은 대경실색해 점거한 방여와 호릉을 놓아둔 채 황급히 풍읍으로 달려갔다. 전력을 다해 공격했으나 이미 이를 대비해 착실히 준비한 옹치를 이길 수는 없었다. 유방은 부득불 패현의 현성으로 돌아갈 수밖에 없었다.

〈고조본기〉에 따르면 유방이 풍읍 탈환에 실패해 패현의 현성으로 돌아올 당시 또 다른 반란군인 진가秦嘉와 영군寧君이 초나라 귀족인 경구景駒를 초왕으로 옹립한 뒤 유현留縣에 집결했다. 진가의 무리가 유현에 사령부를 차린 것은 회수 하류의 동해군을 장악한 뒤 세력을 사방으로 확산시키려는 속셈이었다.

유방은 경구가 유현에 이르렀다는 소식을 듣고는 이내 몸을 굽히고 합류했다. 옹치를 물리치고 풍읍을 탈환하려는 속셈이었다. 이때 마침 장함이 이끄는 관군은 장초의 수도인 진현을 쳤다. 별장인 사마이司馬夷는 동으로 진격해 사수군의 상현을 함락시킨 여세를 몰아 다시 탕현을 쳤다. 크게 놀란 경구는 강력한 부장 영군과 새로 가담한 유방을 파견해 이를 저지하게 했다. 유방은 영군과 함께 군사를 이끌고 사수를 내려가 팽성에 이르렀다. 여기서 서쪽에 위치한 소현蕭縣으로 들어가 사마이가 이끄는 진나라 군사와 맞붙었다. 유방의 군사가 하비의 서쪽 팽성에 이르렀을 때 공교롭게도 경구에게 몸을 의탁하기 위해 무리를 이끌고 오던 장량과 마주치게 되었다. 유방과 이런저런 이야기를 나눈 장량은 곧 유방의 휘하로 들어갔다. 유방으로서는 천군만마를 얻은 것이나 다름없었다.

당시 장함의 별장 사마이가 이끄는 진나라 군사는 사수군의 군도郡
都인 상현을 공략한데 이어 여세를 몰아 탕현의 늪지대 일대까지 밀
고 들어왔다. 유방은 영군과 합세해 결사적으로 싸웠다. 유방이 다시
탕현을 공격해 3일 만에 함락시켰고 탕현의 군사를 수습해 6,000명
의 군사를 얻었다. 전에 있던 병사와 합치면 모두 9,000명이나 된다.
얼마 후 여택과 여석지 형제는 탕현의 북쪽에 위치한 하읍下邑을 함
락시켰다. 이번에도 많은 수의 병사를 손에 넣었다. 유방은 여세를 몰
아 풍읍에 대한 포위공격에 들어갔다. 풍읍을 잃는 다면 다시 군도로
전락할 수밖에 없었다. 더구나 풍읍에는 가족과 동료가 있었다.

이런 상황에서 항량의 군사가 북상해 경구의 군사를 격파하는 일
이 벌어졌다. 이는 유방이 전혀 예상하지 못한 일이었다. 유현에서 남
하해 팽성 동쪽에 진을 친 뒤 싸움에 임했다가 대패한 경구의 군사는
사방으로 흩어져 달아났다. 일부는 패현을 거쳐 호릉까지 향했다. 당
시 유방은 유현에 설치된 경구의 본진을 떠나 탕현과 하읍의 늪지대
로 들어가 있었다. 만일 경구와 같이 있었다면 항량에게 참패를 당했
을 것이다. 유방은 다시 고개를 숙이고 항량 밑으로 들어갔다. 〈고조
본기〉는 당시 상황을 이같이 기록해놓았다.

패공은 항량이 설 땅에 있다는 이야기를 듣고, 100여 기를 이끌고 찾아가
알현했다. 항량은 패공에게 군사 5,000명과 오대부五大夫 장수 10명을 보
태 주었다. 패공은 이들을 이끌고 돌아가서 풍읍을 공격했다.

기원전 207년 3월, 항량의 휘하장수로 들어간 유방이 지금의 하남성 개봉開封 등지를 공격했으나 이기지 못했다. 서쪽으로 진격하는 중에 진나라 장수 양웅楊熊과 지금의 하남성 활현인 백마白馬에서 맞붙게 되었으나 승부가 나지 않았다. 싸움터를 지금의 하남성 중모현의 동쪽 곡우曲遇로 옮겼다. 이 싸움에서 유방이 이겼다. 참패를 당한 양웅은 황급히 형양滎陽으로 퇴각했다. 일보 후퇴해 수비에 치중한 것이다. 그러나 이 소식을 접한 2세 황제 호해는 대로했다. 곧바로 사자를 보내 참한 뒤 그의 시체를 군중에 널리 돌렸다.

〈고조본기〉는 유방이 장량을 활용해 한나라 땅을 두루 경략했다고 기록해놓았으나 영천성 도륙의 배경에 대해서는 입을 다물고 있다. 영천성에서 벌어진 도륙은 〈고조본기〉에서 집중적으로 미화한 유방의 관인한 모습과 동떨어져 있다.

당시 유방이 고국으로 돌아가 장량과 재회한 것은 두 사람에게 일대 전기로 작용했다. 장량은 유방에게 옛 송나라 일대를 제압할 것을 권했다. 유방이 장량의 전략을 좇아 진나라 군사를 차례로 격파했다. 이내 옛 송나라와 위나라 영역을 차지할 수 있었다. 유방이 차지한 땅은 전국시대 열국의 영역에 비교해도 뒤지지 않을 정도로 넓었다.

팽성을 출발할 당시만 해도 유방의 군사는 초회왕 휘하의 말단 군단에 불과했다. 그러나 이때에 이르러서는 왕호王號만 사용하지는 않았을 뿐 당당한 군벌의 일원이 되었다. 항량의 패사를 계기로 팽성이 초나라의 새 수도로 정해질 당시 유방이 초회왕에게 부여받은 임무는, 진승과 항량 휘하에 있다가 사방으로 흩어진 병사들을 거두는 일이었다. 대규모 방위군단을 조직해 수도 팽성의 방위선을 구축하려는 심산이었다. 유방은 성공적으로 임무를 완수했다.

진나라와 전면전이 선포된 이후 유방의 머릿속은 온통 함양 입성
뿐이었다. 이에 항우가 초나라 연합군을 이끌고 서진할 당시 유방이
팽성 방위선의 북단에 있는 창읍의 공략을 포기하고 창읍의 진나라
군사를 팽월에게 맡긴 뒤 서쪽으로 진격했다. 입관을 위한 유방의 행
보는 매우 신속했다.

작은 승리에 안주하지 마라
—

당시 유방이 함양에 입성한 이후에 보여준 일련의 행보에 주목할 필
요가 있다. 당시 상황을 기록한 〈고조본기〉의 해당 기록이다.

패공과 그의 군사들은 서쪽 함양으로 들어간 뒤 함양의 궁전과 객사에 머
무르며 쉬려고 했다. 번쾌와 장량이 거듭 간한 까닭에 진나라 보물과 재물
을 각종 창고에 봉인封印하고 군대를 파상灞上으로 돌렸다.

이 기록만 보면 유방이 마치 함양의 궁성에 들어가지 않은 것처럼
오해하기 쉽다. 그러나 이는 의도적으로 유방을 미화하기 위해 윤색
해놓은 것이다. 〈유후세가留侯世家〉의 다음 기록이 그 증거다.

유방이 서진해 함양으로 들어갔다. 궁실과 휘장, 구마狗馬, 귀중한 보물,
궁녀는 모두 천의 단위로 헤아릴 정도로 호화스러웠다. 유방은 궁전에 눌

러앉고자 했다.

여러 기록에 비춰 유방은 함양 궁성의 호사스러움에 넋을 잃고 있었던 게 확실하다. 번쾌樊噲가 간하고 나섰다.

"유방은 천하를 갖고 싶습니까, 아니면 장차 부잣집 영감이 되고 싶습니까? 무릇 사치스럽고 화려한 물건은 모두 진나라를 망하게 한 것들인데 유방은 이것들을 어디에 쓰려는 것입니까. 원컨대 유방은 급히 파상으로 돌아가십시오. 더는 궁중에 머물러서는 안 됩니다."

번쾌가 지적했듯이 일시적인 승리에 취해 안주하는 것은 패망의 지름길이다. 번쾌는 직감적으로 불안감을 느꼈던 것으로 보인다. 유방이 듣지 않자 장량이 나섰다.

"진나라가 무도했던 까닭에 유방이 이런 위치에 이를 수 있었습니다. 무릇 천하를 위해 백성을 괴롭히는 잔포한 적도들을 제거하려면 의당 소박함을 기본으로 삼습니다. 지금 처음 진나라에 들어왔는데 바로 그 즐거움에 안주하고자 하면 이는 '하나라 걸을 도와 포학한 짓을 하는 것'과 같습니다. 게다가 충언은 귀에 거슬리나 실천하는 데 이롭고, 독한 약은 입에 쓰나 병을 치료하는 데 이로운 법입니다. 원컨대 부디 번쾌의 말을 들으십시오."

번쾌의 말을 듣지 않았던 유방은 장량까지 나서자 이내 그의 말을 좇았다. 이해 11월, 유방은 여러 현縣의 부로들과 호걸들을 모두 불러 놓고 이같이 말했다.

"여러 부로들이 진나라의 혹법으로 고생한지 이미 오래 되었소. 나와 제후들이 약속키를, '먼저 입관하는 자가 관중의 왕이 된다'고 했소. 나는 관중에서 왕을 칭할 것이오. 여러 부로들과 약속컨대 이후에는 단 세 가지 법, 즉 법삼장을 정할것이오. '사람을 죽인 사형에 처하고, 사람을 다치게 하거나 물건을 훔친 자는 저지른 죄의 경중에 따라 처벌한다'는 것이오. 그 외의 진나라의 법은 모두 제거할 것이니 이민吏民들은 모두 안심하고 옛날같이 지내도록 하시오. 내가 여기에 온 것은 부로들을 위해 해를 없애려는 것이지 결코 침탈하려는 것이 아니니 두려워하지 마시오. 또한 내가 파상으로 환군하는 것은 다른 제후들이 오기를 기다려 기왕의 약속을 확정지으려는 것뿐이오."

여기서 말하는 세 가지 법은 후대인에게 통상 백성들과 합의해 만들어낸 매우 간명하면서도 공정한 법률인 이른바 약법約法의 전형으로 알려져왔다. 법삼장이라고도 하는 이 '약법3장'은 후대에 커다란 영향을 미쳤다.

유방이 입관 이후 법삼장 등으로 민심을 수습하고 있을 때 항우는 이런 사실을 까마득히 몰랐던 것이 분명하다. 같은 시기 장함과 함께 투항한 진나라 군사를 대거 산 채로 파묻은 사실이 이를 뒷받침한다. 당시 초나라 군사들은 한밤중에 투항한 진나라 군사 20만 명을 격살한 뒤 지금의 하남성 신안현新安縣의 현성 남쪽에 파묻었다. 이는 초한지제 때 빚어진 여러 사건 가운데 가장 규모도 컸을 뿐 아니라 가장 잔혹한 사건에 속한다.

이는 관중의 민심향방을 가르는 결정하는 배경으로 작용해, 훗날 항우의 발목을 잡게 된다. 연전연패하던 유방이 항우와 최후의 결전을 벌일 당시 휘하 병사 대부분이 관중 출신이었기 때문이다.

유방이 관중 일대를 모두 탈환한 시점은 기원전 205년 봄 정월이다. 그사이 조나라에서 갈라져 나온 상산의 장이가 유방에게 항복하고, 조헐趙歇이 다시 조왕이 되었다. 비슷한 시기 항우가 의제를 제거하자 유방을 비롯한 군웅들이 이를 자신들의 반기를 합리화하는데 적극 활용하기 시작했다.

당시 항우는 이번 기회에 반란의 진원이 된 전영의 본거지를 뿌리 뽑고야 말겠다는 각오로 대군을 이끌고 북상했다. 서쪽의 유방 등이 전혀 걱정이 되는 것은 아니었지만 우선 화급한 사안부터 해결한 뒤 차례로 대응하려 한 것이다. 급속히 북진해 전영의 근거지 인근인 성양城陽에 이르자 전영이 급히 군사를 이끌고 나와 싸움을 벌였다. 전영은 항우의 상대가 아니었다. 그는 이내 패해 산동성 평원平原 방향으로 달아났다. 이에 항우가 전가田假를 제왕으로 삼았다. 그러나 전영의 잔당이 아직 남아 있었다. 항우는 여세를 몰아 계속 북진했다. 〈항우본기〉는 지금의 산동성 낙창현인 북해北海에 이른 뒤 성곽과 가옥을 모두 불태우고 항복한 전영의 병사들을 모두 갱살했다고 기록해 놓았다.

그사이 유방은 승승장구했다. 휘하 장수들이 관중의 북쪽 외곽지역인 북지北地를 함락시키고 옹왕 장함의 동생 장평章平을 포로로 잡는 성과를 올렸다. 유방이 함곡관 밖으로 세력을 확장해 항우의 영토를 야금야금 파먹고 들어오는 형국이었다. 낙양에 도읍한 하남왕 신양申陽은 유방의 군사가 들이닥치자 곧바로 항복했다. 유방은 그곳에 하남군河南郡을 두었다.

이해 3월, 유방이 위나라를 접수하기 위해 임진臨晉에서 황하를 건넜다. 위왕 위표魏豹가 이내 항복한 뒤 군사를 이끌고 유방의 뒤를 좇았다. 유방이 여세를 몰아 하내河內를 함락시킨 뒤 은왕殷王 사마앙을 포로로 잡았다. 그곳에 하내군河內郡이 설치되었다. 한 해 전인 기원전 206년 8월에 관중 탈환을 위해 한중을 출발한 시점부터 이듬해 3월 은왕 사마앙을 굴복시킬 때까지 여덟 달 동안 관중을 포함해 하동과 하남, 하내 등 삼하三河의 땅을 모두 손에 넣은 셈이다.

출관 이후 연승을 거두고 세력범위를 크게 넓힌 유방은 크게 고무된 나머지 이런 승세에 적극 올라타 이내 항우의 본거지인 팽성까지 손에 넣을 심산이었다. 곧 평음平陰의 나루터에서 황하를 남쪽으로 건너 낙양에 도착했다. 옛 주나라 왕실이 있던 낙양의 입성은 상징성이 컸다. 유방이 내사內史로 있던 패현 출신 주가周苛를 어사대부로 삼아 진제국의 뒤를 잇는 제2의 제국 건립 행보를 본격화했다. 조만간 닥칠 일을 미리 내다보고 이런 조치를 취한 것이다.

이때 그는 전국시대 한韓나라의 16대 왕인 한양왕韓襄王의 서손 한신韓信을 군사총책인 태위로 삼은 뒤 군사를 이끌고 가서 한나라 지역을 경략하게 했다. 유방의 명을 받은 한왕 신이 곧 대군을 이끌고 항우에 의해 새롭게 한나라 왕에 봉해진 정창을 공격했다. 기습공격을 받은 정창이 양성陽城에서 항복했다. 기원전 206년 10월의 일이다.

이때 유방이 한왕 신을 한나라 왕으로 삼았다. 진시황이 천하통일 과정에서 가장 먼저 한나라 땅을 병탄한데서 알 수 있듯이 이곳은 관중에서 중원으로 진출하는 교두보에 해당한다. 역으로 중원에서 관중으로 진출하는 목구멍이기도 하다. 그만큼 전략적으로 중요한 곳이다.

그럼에도 항우는 분봉을 전후해 이곳을 거의 방치하다시피 했다. 한

왕으로 분봉한 한성을 장량과 함께 팽성으로 끌고 갔다가 이내 살해한 것이 그렇다. 유방이 관중을 접수한 뒤 한나라 땅의 공략에 나서자 뒤늦게 정창을 한왕에 임명해 이를 막으려 했으나 이미 때가 늦었다.

진여의 군사가 제나라 군사와 함께 유방에게 협력한 상산왕 장이를 습격하자 싸움에서 패한 장이가 황급히 유방이 있는 곳으로 달아나 몸을 의탁했다. 유방의 입장에서 볼 때 뜻밖의 수확이었다. 장이는 진여와 더불어 당대의 책사로 통한 인물이다. 당대의 병법가인 한신에 이어 장이까지 유방에게 귀부한 것은 천하대세의 흐름이 유방에게 유리하게 전개되고 있다는 신호였다. 한때 장이를 모신 바 있는 유방은 그를 후대했다. 기원전 205년 3월, 전영의 동생 전횡田橫이 전영의 아들 전광田廣을 제왕으로 삼은 뒤 항우에게 도전장을 던졌다. 항우는 전영에 이어 전횡을 상대하느라 유방의 동진을 제대로 막지 못했다. 전영을 제후에 봉하지 않은 후과가 이처럼 컸다.

항우는 제나라 땅에 머물며 전횡과 수차례 싸웠으나 쉽게 제압하지 못했다. 그는 이 와중에 유방이 동쪽으로 진격하고 있다는 소식을 들었다. 장량의 말만 믿고 아무런 대비도 하지 않았던 항우는 허를 찔린 셈이다. 그러나 이미 끝난 일이었다. 대로한 항우는 차제에 전횡을 완전히 격파한 뒤 유방을 치는 게 낫다고 판단했다. 얼핏 보면 양면전을 동시에 전개할 수 없는 상황인 만큼 일리 있는 결단으로 보인다. 그러나 그 내막을 보면 이 또한 커다란 실책에 해당한다. 〈항우본기〉의 다음 기록이 이를 뒷받침한다.

봄, 한왕이 오국 제후왕의 군사 약 56만 명을 이끌고 동쪽으로 진격해 초나라를 정벌했다.

항우는 제나라 토벌에 전력을 기울이는 바람에 둥지를 유방에게 그대로 헌납한 셈이다.

위기와 기회를 식별하라
—

《사기》의 내용을 종합적으로 분석해볼 때 사마천은 결코 한고조 유방에게 호의적이지 않았다. 비록 등장인물의 입을 통한 고발이기는 하나 〈고조본기〉에서 호방한 척하며 속이 좁고, 너그러운 척하며 질투심이 많은 유방의 이중적인 면모가 직설적으로 표현된 점이 그렇다. 이는 유방의 토사구팽 행보 등에 대한 비판적인 시각이 투영된 결과로 해석할 수 있다.

하지만 〈고조본기〉는 시종 유방을 '배포가 큰 군자'로 묘사한다. 사서의 기록을 보면, 유방이 나름 배포 넓은 군자의 모습을 보인 것 또한 부인할 수 없는 사실이다. 왕조교체기 때 유방이 승리를 거머쥔 사례를 개관하면 몇 가지 특징을 찾아낼 수 있다. 특히 초한지제에 그런 특징이 모두 드러나 있다. 유방이 최후의 승리자가 된 것도 이런 특징을 구비한 결과로 볼 수 있다. 최근 학자들의 연구 성과를 종합하면 유방이 승리한 이유를 크게 세 가지로 요약할 수 있다.

첫째, 인화人和다. 이는 《사기》를 비롯한 대다수 사서들이 하나같이 유방이 천하를 얻은 비결로 꼽은 것이다. 유방이 인화에 성공한 까닭에 득록得鹿의 행운을 거머쥘 수 있었고, 반대로 항우는 제 발로 걸어온 인재마저 제대로 활용하지 못한 탓에 다 잡은 사슴을 놓치는 실록失鹿의 당사자가 되었다는 것이 골자다. 천시天時는 난세에 과감히 반기를 들고 봉기한 모든 군웅에게 거의 동일하게 적용된다.

둘째, 승시乘時다. 기회가 왔을 때 즉각 이에 올라타야 한다. 항우는 홍문의 연회 때 범증의 계책을 좇아 유방의 목을 치는 결단을 내리거나, 최소한 굴복을 받아내 한중이 아닌 다른 곳에 봉해야 했다. 그러나 그는 그리하지 못하고 유방을 한중왕에 봉했다. 이는 호랑이를 숲에 풀어준 것이나 다름없었다. 이후에도 유방을 제압할 수 있는 기회가 여러 번 있었다. 그러나 항우는 계속 우물쭈물하며 이런 기회들을 날려버렸다. 거록대전에서 승리를 거둘 때 파부침주破釜沈舟의 결단을 내린 것과 대비된다. 이와 정반대로 자기 멋대로 결정해 일을 처리하던 유방은 마지막 순간에 장량의 계책을 받아들여 절호의 기회를 놓치지 않았다. 최후의 결전에서 항우의 군사를 결정적으로 궤멸시킨 것이 그렇다.

셋째, 투지鬪志다. 유방은 당대 최고의 전략가이자 용장인 항우를 상대로 싸운 까닭에 시종 비세非勢를 면치 못했다. 그럼에도 그는 결코 좌절하지 않았다. 팽성을 점령했다가 항우의 기습공격으로 참패를 당했을 때 달아나는 도중에 수레의 무게를 덜기 위해 어린 자식을 수레 밖으로 밀어 떨어뜨릴 정도로 혼이 나가는 상황을 맞이하고도 포기하지 않았다. 매사를 낙관적으로 바라보는 그의 천성이 패업을 달성하는 데 적지않게 도움이 되었다는 것이 일반적인 평가다.

고금의 모든 싸움이 그렇듯 판세의 저울추를 기울게 하는 진검승부에서 승리하는 자가 천하를 거머쥐기 마련이다. 난세는 기존의 가치와 관행이 일거에 뒤집히는 격동의 시기다. 이런 상황에서는 명문가 출신이 오히려 불리하다. 특히 엘리트 의식에 젖어 민심을 제대로 읽지 못하는 태도는 치명적인 약점이 된다.

유방이 천하를 거머쥔 것도 이런 맥락에서 이해할 수 있다. 그는 건달 출신인 까닭에 누구보다 민심에 밝았다고 볼 수 있다. 또한 유방은 당초 잃을 게 없었다. 실제로 그는 시작부터 경무장을 한 채 신속히 이동해 힘을 한 곳에 집중하는 식의 용병술을 구사했다. 중무장을 한 채 사방으로 뛰어다닌 항우와 대비된다.

항우는 뛰어난 병법과 초인적인 능력을 발휘해 백전백승을 거뒀지만 정작 가장 중요한 득민심得民心에 실패해 결국 천하의 강산을 유방에게 상납한 셈이다.

제15장

한신,
큰 뜻을 위해
작은 치욕은 가볍게 넘겨라

공을 세울수록 자신은 낮추어라

—

〈회음후열전淮陰侯列傳〉은 초한지제 당시 당대 최고의 병법가로 활약한 한신韓信의 사적을 기록한 전기다. 한신은 젊었을 때 먼 훗날을 위해 현재의 작은 굴욕을 참은 과하지욕胯下之辱의 일화를 남긴 것으로 유명하다. 그는 후에 뜻을 이루어 천하를 통일한 유방 휘하의 최고 장수가 되었다. 많은 사람이 한신이 없었다면 유방이 패업을 달성할 수 없었을 것이라 말한다.

그러나 한신은 항우가 죽고 그 공을 인정받아 초왕에 봉해졌다가 모반 혐의를 받고 회음후로 강등되고, 이내 멸족의 화를 입는다. 그의 토사구팽은 스스로 자초한 측면도 있다. 큰 공을 세운 뒤 군주를 위협하는 위세인 진주지위震主之威를 드러냈기 때문이다.

한신이 당대 최고의 전략가인 진나라 장수 장함章邯과 항우를 잇달아 격파한데는 왕조교체기의 흐름이 크게 작용했다. 사서의 기록을 보면 한신은 그 누구에게도 패한 적이 없다. 토사구팽을 당한 후 그가 거둔 현란한 전공이 대거 그의 휘하장수 조참의 몫으로 둔갑한 점을 감안하면 한신의 전공은 사서의 기록보다 더 화려했을 것이다. 후대인이 그를 전신戰神으로 추앙한 것이 결코 근거 없는 것이 아님을 알 수 있다.

실제로 전승 사례를 보면 그가 《손자병법》을 비롯한 역대 병서에 나오는 모든 종류의 병법을 얼마나 훤히 꿰고 있었는지 단박에 알 수 있다. 더 놀라운 것은 상황에 따라 병법 원리를 거꾸로 응용해 승리를 거둔 점이다. 모든 병서를 관통하는 핵심인 임기응변의 요체를 뀐 것이다. 하지만 한신이 처음부터 그의 재능을 인정받고 중용되었던 것은 아니다. 한신은 본래 항우를 섬겼으나, 출신이 미천해 요직에 등용되지 못하고 한직을 전전했다. 한신은 항우가 자신의 재능을 알아보지 못하자 결국 항우를 떠나 유방의 진영에 가담하게 된다.

한신이 유방에게 중용되게 된 것은 소하의 추천 덕이었다. 당초 한중왕에 봉해진 유방은 항우의 눈을 피하기 위해 장량의 계책을 좇아 관중에서 한중으로 들어가는 잔도를 불태워 없애는 등의 궤도詭道를 구사한 바 있다. 그사이 소하는 장차 관중으로 진공할 것에 대비해 배후지인 촉 땅으로 연결된 도로를 정비하고 군수물자를 비축하는 등 만반의 준비를 갖추었다. 얼마 후 전영田嬰이 제나라 땅에서 반기를 들고 조나라 땅의 진여 및 팽월 등과 손을 잡았다는 소식이 들려왔다. 이내 항우를 성토하는 전영의 격문이 도착했다. 힘을 합쳐 무도한 항우와 싸우자는 내용이었다.

유방이 곧 휘하 참모들을 모아놓고 대책을 논의했다. 당시 항우는 유방의 관중 진출을 원천 봉쇄하기 위해 관중을 셋으로 쪼갠 뒤 투항한 진나라 장수 장함과 사마흔司馬欣, 동예董翳를 각각 옹왕과 새왕塞王, 적왕翟王에 봉했다. 이를 삼진三秦이라고 한다. 장량을 비롯한 유방의 휘하 참모들 모두 절호의 기회가 온 만큼 속히 관중으로 진출할 것을 건의했다. 그러나 과연 누가 나설 것인가가 문제였다. 더구나 유방이 처한 상황도 그리 좋지 못했다. 이때 소하가 한신을 천거했다. 유방이 이를 받아들여 한신을 대장에 임명했다.

눈앞에 보이는 길만이 답은 아니다

—

원래 암도진창暗渡陳倉의 출전은 〈고조본기〉다. 여기서는 그 주인공이 유방으로 되어 있다. 다음은 해당 대목이다.

기원전 206년 4월, 한중왕 유방이 한중을 향해 떠나자 항우가 병사 3만 명을 풀어 그 뒤를 따르게 했다. 유방이 관중을 떠나 한중으로 들어갈 때 장량의 권고를 따라 잔도를 불태웠다. 제후들이 은밀히 군사를 움직여 습격하는 것에 대비하고, 또 유방이 동쪽으로 돌아갈 뜻이 없음을 가장하기 위한 것이었다. 이해 8월, 유방이 한신의 계책을 좇아 옛날 초나라로 가는 길을 통해 옹왕 장함章邯을 급습했다. 장함은 진창에서 한나라 군사를 맞이해 공격했으나 패주했다. 호치好畤에서 재차 싸웠지만 다시 패해 도주했다.

당초 유방의 무리가 함양을 출발해 남정에 도착했을 때는 계절이 한여름을 넘어 늦여름을 향하고 있었다. 한신의 계책이 받아들여진 것은 가을이 시작될 무렵이었다. 당시 한중의 궁궐에서 전개된 일련의 전략회의에서 주도적인 역할을 맡은 사람은 말할 것도 없이 당대 최고의 병법가인 한신이었다. 〈회음후열전〉에 따르면 유방은 그를 위해 특별히 궁전에 전각 하나를 따로 마련해주었다. 유방은 옥으로 된 검을 차고, 옥으로 된 식탁에서 식사를 했는데, 한신도 똑같은 대우를 받았다. 전각을 비롯해 복장과 의복, 수레, 음식 등 모든 것이 같았다. 유방의 휘하 장수들 모두 크게 놀라 입을 다물지 못했다. 한신 또한 마찬가지였다.

이해 8월 중추, 한신의 군사가 마침내 관중을 향해 출진했다. 주목할 것은 이에 앞서 한신이 먼저 군사들을 시켜 자오도의 불타버린 잔도를 수리하는 척했다는 점이다. 유방군의 움직임을 수시로 점검하며 나름 경계를 늦추지 않았던 장함이 이 계책에 그대로 말려들고 말았다.

장함은 왜 한신이 진창으로 빠져나올 것을 예상하지 못했던 것일까? 그것은 한신의 역발상 때문이었다. 한신이 진창으로 들어간 경로는 그 누구도 상상하기 어려운 진군 경로였다. 장함은 잔도의 수리 기간이 제법 오래 걸릴 것으로 착각해 군사들을 자오도의 잔도 주변으로 집결시켰다. 당대의 병법가인 장함이 한신에게 감쪽같이 넘어간 셈이다.

척후로부터 이 사실을 보고 받은 장함이 황급히 군사를 돌려 지금의 섬서성 보계현 동쪽에 있는 진창 경계에서 영격했으나 별다른 준비 없이 대처한 까닭에 크게 패했다. 퇴각하는 도중에 지금의 섬서성 호치에서 전열을 정비한 뒤 다시 맞서 싸웠으나 또 패하고 말았다. 장함은 어쩔 수 없이 자신의 근거지인 폐구廢丘로 달아나 성문을 굳게 닫은 후 방어에 주력했다. 이 사이 선봉대인 한신의 군사 뒤를 좇아온 유방의 본대가 옹 땅을 평정한 뒤 동진해 함양에 이르렀다. 당시 함양은 항우의 분탕으로 인해 폐허나 다름없었다. 유방은 군사를 이끌고 폐구를 포위한 뒤 제장들을 각지로 파견해 여타 지역을 경략하게 했다. 새왕 사마흔과 적왕 동예는 결코 적수가 되지 못했다. 이들 모두 항복했다. 유방이 그 곳에 위남渭南과 하상河上, 상군上郡 등을 두었다. 마침내 실력으로 관중을 탈환해 명실상부한 관중왕에 오른 것이다. 모두 한신을 과감히 군사軍師로 발탁한 덕분이다.

물러설 곳이 없어야 필사적일 수 있다

—

기원전 205년 가을 8월, 유방이 전방인 형양으로 떠나면서 소하에게 관중의 수비 임무를 맡기고 동시에 한신에게 위나라 토벌의 명을 내렸다. 이때 그는 한신을 좌승상으로 삼은 뒤 관영 및 조참 등에게 명해 한신을 곁에서 보필하게 하고 한신에게 전결권을 부여했다.

당시 위왕 위표는 한신의 군사가 몰려오자 지금의 산서성 서남쪽 포판蒲阪에 방어진지를 구축하면서 지금의 산서와 섬서 임진관臨晉關 사이에 있는 황하 나루터를 봉쇄했다. 포판은 남쪽으로 흘러 온 황하가 동쪽으로 흘러온 위수와 합류하는 지점에 있었다. 위표가 다스리고 있던 곳은 남쪽으로 흐르는 황하의 동쪽 강가인 분수汾水 유역이었다. 남쪽으로 흐르는 황하는 강폭이 좁고, 경사진 협곡을 탁류가 소용돌이치면서 흐르는 까닭에 강을 건널 수 있는 도하 지점이 한정되어 있었다. 한신의 입장에서 보면 임진에서 포판으로 가는 뱃길이 거의 유일한 도하 노선이었다.

기원전 205년 9월, 한신이 임진에 많은 군기를 세우고 많은 배를 있는 대로 그러모았다. 부대가 일거에 도강하려는 것처럼 위장한 것이다. 그러고는 황하를 따라 대군을 북상시켰다. 이어 상류에 있는 하양夏陽에서 병사들에게 명해 나무통 같은 물에 뜨는 것을 안고 강을 건너게 했다. 하양의 맞은편 강기슭에는 황하로 들어가는 분수가 흐르고 있었다. 분수를 따라 올라가면 위표의 서위국 도성인 평양平陽을 향해 곧장 진격할 수 있다.

도강을 마친 한신은 우선 위표의 군사가 주둔하고 있는 포판과 평양 사이의 요충지인 안읍安邑을 습격했다. 안읍은 하동군의 군도郡都다. 이곳을 빼앗기면 평양이 위험해진다. 일종의 급소에 해당한다. 소식을 접한 위표가 황급히 군사를 이끌고 나와 한신의 군사와 맞섰다. 그러나 임진관 일대에서 도하를 준비 중이던 한신의 군사들이 곧바로 황하를 건너 위표 군대의 후미를 쳤다. 협공을 받은 위표의 군사는 제대로 싸워보지도 못한 채 자멸하고 말았다.

한신이 포로로 잡은 위표를 곧바로 형양으로 보내고 여세를 몰아 위나라 전역을 모두 평정했다. 위나라를 향해 출진한 지 한 달 만에 위나라 평정을 끝낸 셈이다. 유방은 이곳에 하동과 상당上黨, 태원太原 등 3개 군을 두었다.

이어 한신은 위나라를 공략한 여세를 몰아 이웃한 대代나라까지 손에 넣었다. 승전보를 접한 유방은 곧 사람을 시켜 한신이 이끄는 정예병을 빼앗아온 뒤 최전선인 형양에 배치했다.

한신이 위나라와 대나라를 공략할 때 구사한 용병술은 놀라운 바가 있다. 불과 두 달 사이에 지금의 산서성 태항산맥과 그 남쪽으로 흐르는 황하 사이의 광대한 영토를 확보한 데 이어 이웃한 진여의 조나라 땅까지 손에 넣었기 때문이다. 조나라를 접수한 과정 또한 전신이라는 명성이 결코 허언이 아니었음을 보여준다.

위나라와 대 땅을 모두 석권한 지 불과 한 달 뒤다. 유방의 명을 받은 한신은 곧바로 남하해 지금의 산서성 태원太原에 이른 뒤 동쪽으로 방향을 틀었다. 험하기로 유명한 정형井陘의 협곡을 지나 조나라의 심장부인 도성 한단으로 돌진하고자 한 것이다.

당시 한신은 자신의 군사를 20만 명이라고 내세웠다. 이에 맞서 진여도 20만 명의 대군을 정형구에 배치했다. 진여도 나름 병법에 일가견이 있는 인물이지만, 한신에는 미치지 못했다.

한신이 사람을 보내 적진을 정탐한 후, 군사를 이끌고 적진이 있는 정형구로 내려갔다. 당시 태항산의 완만한 경사면은 물론 우뚝 솟은 절벽에도 나무가 띄엄띄엄 있었다. 낮에도 어두운 협곡을 행군해 출구에 해당하는 정형구에서 불과 30리도 못 미치는 곳에서 행군을 멈추고 영채를 차렸다. 한밤중에 한신은 출병의 전령을 내렸다. 날쌘 기병 2,000명을 뽑아 각기 한나라를 상징하는 붉은 깃발을 하나씩 가지고 샛길을 이용해 산속에 몸을 엄폐한 뒤 조나라 군사의 동정을 살펴보게 했다. 이때 한신이 병사들에게 이같이 경계했다.

"조나라 군사는 내가 도망치는 것을 보면 반드시 영루를 비우고 나를 쫓아올 것이다. 그때 그대들은 영루로 재빨리 들어가 조나라 깃발을 뽑아낸 뒤 우리 한나라의 붉은 깃발을 세우도록 하라."

이어 휘하 장수들 앞에서 장담했다.

"오늘은 조나라 군영을 깨뜨린 후 그곳에서 잔치를 할 것이오."

장수들 모두 한신의 말을 믿지 못하고 건성으로 응답했다.

"알겠습니다."

한신이 이를 눈치채고 간략히 그 배경을 설명했다.

"조나라 군사는 먼저 용병에 편리한 곳에 기대어 영루를 쌓았소. 게다가 저들은 아직 대장군의 깃발을 보지 못한 까닭에 우리의 선봉을 공격하려 하지 않을 것이오. 아마 이내 험로에 막혀 환군하리라 생각할 것이오."

그리고 1만 명의 군사를 먼저 나아가게 했다. 그들이 출병하자 이내 배수진背水陣을 쳤다. 당시 한신이 배수진을 친 곳은 병주에서 시작해 북쪽으로 흐르다가 정형현의 경계지역으로 들어가는 면만수綿蔓水였다. 조나라 군사들이 이를 바라보며 크게 웃었다. 새벽을 넘긴 시점에 한신이 대장군의 깃발을 세운 뒤 우렁찬 군악소리와 함께 북을 치면서 정형구를 빠져나갔다. 강물을 건너 동쪽으로 집결하자 이를 본 조나라 군사들이 이내 영루의 문을 열고 공격했다. 진여는 한신을 사로잡을 기회가 왔다고 판단해 전군에 총공격을 명했다.

큰 전투가 제법 오래 지속되었다. 도중에 한신과 장이가 짐짓 깃발과 북을 버린 뒤 강가에 만들어놓은 영채로 달아나는 척을 했다. 한신의 병사들이 진여 군대의 추격을 힘겹게 방어하면서 물러서지 않고 맹렬히 저항했다. 얼마 후 과연 조나라 군사들이 영루를 비운 채 총출동해 한나라의 깃발을 다투어 빼앗으며 한신과 장의의 뒤를 쫓았다. 그러나 한신의 군사가 결사적으로 저항하자 조나라 군사는 이들을 이길 수가 없었다.

그사이 한신의 명을 좇아 산등성이에 매복하고 있던 2,000여 명의 기병이 조나라 영루로 급히 들이친 뒤 조나라 깃발을 모두 뽑아버리고 한나라의 붉은 깃발 2,000개를 세웠다. 조나라 군사들은 한신 등을 잡는 것이 어렵게 되자 이내 영루로 귀환하다가 영루가 온통 한나라의 붉은 깃발로 둘러쳐져 있는 것을 보고 경악했다. 이들은 한나라 군사가 이미 영루에 있던 조왕의 장령들을 모두 포획한 것으로 생각했다. 마침내 조나라 병사들이 혼란에 빠져 달아나기 시작했다. 조나라 장수들이 달아나는 군사들의 목을 베며 저지하려 했으나 이미 때는 늦었다.

한나라 군사가 조나라 군사를 협격해 대파한 뒤 남쪽에 있는 저수 泜水 가에서 진여의 목을 치고 조왕 조헐을 사로잡았다. 싸움이 끝난 뒤 제장들이 수급과 포로를 바치며 서로 분분히 축하한 뒤 한신에게 물었다.

"병법에 이르기를, '진을 칠 때 오른쪽으로 산릉을 등지고, 왼쪽 전면으로 수택을 가까이 한다'고 했습니다. 이번에 장군이 오히려 배수진을 치게 하면서 '파조회식'을 언급했으나 저희들은 내심 믿지 못했습니다. 그러나 결국 승리를 거두었습니다. 이는 어떤 전술입니까."

한신이 대답했다.

"이 또한 병법에 있는 것으로 제군들이 자세히 살피지 못했을 뿐이오. 병법에 이르기를, '사지死地에 빠진 뒤에야 생환할 수 있고, 망지 亡地에 놓인 뒤에야 생존할 수 있다'고 하지 않았소. 게다가 나 한신은 평소 장병을 친애할 길이 없었소. 이들을 부리는 것은 훈련받지 않은 저잣거리 사람들과 작전을 구사하는 것과 다름없는 짓이오. 그래서 어쩔 수 없이 이들을 사지에 두어 스스로 분전하게 만들지 않을 수 없었던 것이오. 지금 이들에게 사방으로 도주가 가능해 살아날 수 있는 생지生地를 제공했다면 모두 달아나고 말았을 것이오. 어찌 그런 사람들을 지휘하며 작전할 수 있었겠소?"

이를 듣고 제장들이 모두 탄복했다. 결과적으로 한신은 불과 세 달 만에 위나라와 대나라, 조나라를 차례로 굴복시키는 대공을 세운 것이다. 이로써 팽성대전에서 치명타를 입은 유방은 다시 항우와 접전을 벌일 수 있는 절호의 기회를 맞게 되었다.

편견이 올바른 판단을 가로막는다

—

당시 항우는 한신이 조나라 공략의 여세를 몰아 제나라로 쳐들어오자 크게 놀라 휘하장수 사마용저司馬龍且에게 20만 대군을 이끌고 가서 제나라를 구하게 했다. 사마용저는 제나라 무장으로 있다가 항우군에 가담한 맹장이었다. 제나라를 구원해 한신의 남하를 막아내지 못할 경우 전황은 급격히 유방에게 기울어질 수밖에 없었다. 당시 어떤 사람이 사마용저에게 이같이 간했다.

"한나라 군사는 멀리까지 와서 싸움을 하고 있습니다. 지금 그들의 예기를 당할 길이 없습니다. 정면으로 맞붙을 경우 병서에서 지적했듯이 제나라와 초나라 군사들은 자신들이 살던 지역에서 싸우는 까닭에 이내 쉽게 패해 흩어질 것입니다. 차라리 영루를 굳건히 지키면서 제나라 왕으로 하여금 믿을 만한 신하를 보내 한나라에 함락된 성을 설득하게 하느니만 못합니다. 함락된 성의 군민들은 군왕이 살아 있고 초나라가 와서 구원한다는 소식을 듣게 되면 한나라를 배반할 것입니다. 한나라 군사는 2,000리 밖에서 온 제나라 땅에 머물고 있는 객에 지나지 않습니다. 제나라 성들이 모두 저항하면 형세상 밥 얻어먹을 곳조차 없게 될 것입니다. 그리되면 싸우지도 못하고 이내 항복하고 말 것입니다."

지구전으로 한신의 군사를 고사시키라는 주문이다. 그러나 병법의 대가를 자처한 사마용저는 한신을 업신여기며 단박에 이를 물리쳤다.

"나는 줄곧 한신의 사람됨을 잘 알고 있어 그를 쉽게 상대할 수 있다. 그는 표모漂母에게 밥을 얻어먹었을 정도로 자기 몸 하나 건사할 대책조차 없는 사람이다. 또한 일전에 바짓가랑이 사이를 지나는 모욕을 받았으니 뛰어난 용기도 없다. 그러니 두려워할 바가 못 된다. 게다가 제나라를 구원하러 왔다가 싸우지도 않고 그들을 항복시키면 내게 무슨 전공이 있겠는가? 지금 싸워 승리하면 가히 제나라 땅의 반쯤은 능히 얻을 수 있을 것이다!"

한신은 젊었을 때 집안이 너무 가난한데다 본인 또한 크게 덕을 닦은 적이 없었던 까닭에 남의 천거를 받아 관원이 될 기회가 없었다. 그렇다고 생산업에 종사하거나 장사를 하는 데도 능하지 못해 늘 다른 사람에 의탁해 음식을 얻어먹었다. 하지만 사마천은 〈회음후열전〉에서 한신을 이같이 평했다.

내가 회음에 갔을 때 회음 사람들이 나에게 말하기를, '한신은 포의로 있을 때도 그 뜻이 여느 사람과는 달랐다. 모친이 돌아갔을 때 너무 가난해 장사도 지낼 수 없었다. 그러나 그는 높고 넓은 평지에 무덤을 만들어 그 곁에 1만 호가 들어앉을 수 있게 했다'고 했다. 내가 그의 모친 무덤을 보니 실로 그러했다.

계속 남의 집에 얹혀 밥을 얻어먹자 많은 사람들이 그를 싫어했다. 한신이 자주 밥을 얻어 먹으로 간 곳은 남창南昌의 정장亭長 집이었다. 한신이 매번 밥을 얻어먹으러 오자 남창 정장의 아내가 마침내 화를 냈다. 한번은 한밤중에 밥을 해서 날이 밝기 전에 밥을 모두 먹어 치웠다. 아침 식사 시간이 되어 한신이 어슬렁거리며 남창 정장의 집으로 갔으나 밥통에는 밥이 한 알도 남아 있지 않았다. 한신이 내막을 짐작하고는 화를 내며 끝내 의절하고 말았다. 또 한번은 이런 일이 있었다. 한신이 성 아래에서 낚시를 하고 있을 때 마침 빨래하던 여인이 한신이 굶주린 것을 알고 밥을 내주었다. 〈회음후열전〉은 빨래하는 여인을 표모로 기록해놓았다. 한신이 기뻐하며 표모에게 말했다.

"내가 반드시 당신에게 크게 보답하겠소."

표모가 화를 냈다.

"지금 당당한 대장부가 스스로 밥벌이를 하지 못하고 있지 않소. 내가 왕손王孫을 가엾게 여겨 밥을 준 것이오. 어찌 보답을 바라겠소."

왕손은 원래 왕실의 자제를 뜻하는 말이다. 시간이 지나면서 귀족 자제의 뜻으로 사용되다가 이후 청년에 대한 존칭으로 전용되었다. 사마용저가 한신을 얕잡아보며 표모 운운한 것은 바로 이때의 일화를 언급한 것이다. 이를 통해 열국의 장수들 사이에서 한신의 벼락출세에 관한 일화가 널리 퍼져 있었음을 알 수 있다.

〈회음후열전〉은 한신이 천하쟁탈의 각축전에 뛰어든 배경을 두고 "항량이 회하를 건널 때 칼을 차고 그의 뒤를 좇았다"고 기록해놓았다. 당시 한신은 항량의 휘하로 있었으나 별다른 명성을 얻지 못했다. 알아주는 사람이 없었기 때문이다. 항량이 패한 후 그는 항우에게 소속되었다. 항우는 그를 하급관원인 낭중郎中으로 삼았다. 한신은 자주 항우에게 계책을 올렸으나 항우는 이를 채택하지 않았다. 유방이 한중으로 갈 때 한신도 초나라를 빠져나와 유방에게 갔다. 그러나 여전히 그를 아는 사람은 아무도 없었다. 한신은 양곡창고를 지키는 미관말직을 맡게 되었다.

그러다가 하루는 다른 사람의 죄에 연루되어 참수당할 처지에 놓이게 되었다. 엎친 데 덮친 격이었다. 연루된 자들 가운데 13명이 참수되고 마침내 한신의 차례가 되었다. 한신이 머리를 들어보니 마침 유방과 어렸을 때부터 함께 생장한 등공騰公 하후영夏侯嬰이 보였다. 한신이 하후영을 향해 외쳤다.

"한나라 군주는 천하를 얻기를 원치 않는 것입니까? 왜 장사壯士를 참하려는 것입니까!"

하후영이 기이하게 생각해 곧 풀어주고 이야기를 나누어보았다. 하후영이 듣기에 한신의 말에 조리가 있고 나름 천하대사를 훤히 꿰고 있었다. 하후영이 곧바로 유방에게 이를 보고했다. 그러나 유방은 그를 보급 담당의 치속도위治粟都尉에 제수했다. 이에 불만을 품은 한신이 이내 달아나자 이 소식을 들은 승상 소하가 곧 뒤를 좇아가 그를 설득해서 데려왔다.

기원전 204년 11월, 제나라와 초나라 군사가 한나라 군사와 유수濰水를 사이를 두고 진세를 펼쳤다. 유수는 산동성 동부 소재 고밀현 서쪽을 흐르는 강이다. 한신이 밤에 사람을 시켜 1만여 개의 자루를 만든 뒤 그 속에 모래를 가득 채워 넣어 유수의 상류를 막게 했다. 이어 군사를 이끌고 유수를 반쯤 건너 사마용저를 공격하다가 짐짓 지는 척하며 돌아서서 도망쳤다. 사마용저가 큰소리로 말했다.

"나는 진즉에 한신이 겁쟁이라는 것을 알았다!"

그리고 군사를 이끌고 한신의 뒤를 바삐 좇았다. 한신이 유수를 건너자마자 신호를 보내 물막이 자루를 터뜨리게 했다. 물이 일시에 흘러내려와 사마용저의 군사를 덮쳤다. 태반이 물을 건너지 못한 상황에서 초나라 군사가 두 쪽으로 갈라지고 말았다. 한신이 이 순간을 놓치지 않고 즉시 맹공을 가했다. 사마용저가 맥없이 전사하자 유수의 동쪽에 있던 나머지 초나라와 제나라 연합군은 아연실색해 황급히 사방으로 달아났다. 이로써 제나라 땅도 이내 한신에 의해 완전히 평정되었다.

한신이 황하 이북을 석권하자 황하 이남의 동쪽 반은 제나라, 서쪽 반은 초나라가 장악해 마치 삼국이 정립鼎立하는 형국이 조성되었다. 항우는 한신이 화북 일대를 손에 넣으면서 서쪽의 유방과 북쪽의 한신을 동시에 상대하게 되었다. 객관적으로 볼 때 가장 막강한 무력을 지닌 사람은 한신이었다. 그는 이런 중대한 시점에 1인자의 길로 갈 것인지, 아니면 유방의 충실한 휘하장수로서 2인자의 길로 갈 것인지 여부를 결단해야 했다. 그러나 그는 어정쩡한 입장을 취함으로써 결국 토사구팽의 희생양이 되고 말았다.

때로는 명분과 의리가 대사를 그르친다
—

한신의 제나라 공략은 항우와 유방의 대결로 진행된 초한지제의 구도에 일대 전환점으로 작용했다. 가장 큰 변화는 시종 수세에 몰렸던 유방이 이내 공세로 전환할 수 있는 발판을 마련한 점이다. 위나라와 대나라, 조나라, 연나라에 이어 제나라까지 차례로 손에 넣은 한신 역시 독자 노선을 걷기 시작했다. 사람을 유방에게 보내 자신을 제나라 왕에 봉해줄 것을 청했다.

"제나라는 거짓과 사술을 일삼으며 번복을 잘 하는 나라입니다. 게

다가 남쪽으로 초나라와 접하고 있습니다. 청하건대 임시적으로 가왕假王이 되어 이곳을 완전히 평정하고자 합니다."

이에 유방이 격노했다. 어부지리로 천하를 노린다고 생각한 것이다. 유방이 한신의 사자 앞에서 화를 폭발시켰다.

"나는 여기를 어렵게 지키며 밤낮으로 그가 와서 도와주기만을 기다렸다. 그런데 지금 그대가 자립해 왕이 되겠다는 것인가?"

이때 장량과 진평이 황급히 유방의 발을 밟고는 이내 그의 귀에 대고 말했다.

"한나라는 지금 불리한 처지에 있는데 어떻게 한신이 자립해 왕이 되겠다는 것을 막을 수 있겠습니까? 차라리 그를 왕으로 세워 잘 대우해 스스로 제나라 땅을 지키게 하느니만 못합니다. 그렇지 않으면 변란이 일어날고야 말 것입니다."

유방도 깨달은 바가 있어 곧바로 안면을 바꿔 한신을 칭송했다.

"대장부가 제후왕을 평정하면 곧 자신이 진왕眞王이 되는 것이다. 어찌해 임시적인 가왕이 되겠다는 것인가!"

건달 출신의 놀라운 환면술換面術이 아닐 수 없다. 귀족출신인 항우와 한신 등은 체면을 생각하느라 이런 환면술과 거리가 멀다. 장량의 경우도 별반 다를 게 없다. 장량은 현명하게도 자신의 한계를 알고 철저히 2인자의 길을 걸었다.

기원전 203년 봄, 유방이 이내 장량을 시켜 인수를 들고 가도록 했다. 한신을 정식으로 제나라 왕에 봉한 뒤 그의 군사를 이용해 초나라를 칠 심산이었다. 겉으로는 한신을 진왕으로 임명하면서 속으로는 이를 갈았다. 유방의 입장에서 볼 때 이는 고육책에 지나지 않았다.

항우를 제압하는 순간, 이제 칼끝은 한신을 겨눌 수밖에 없었다.

당시 항우는 한신이 사마용저를 제압했다는 소식을 듣고 경악했다. 당대의 명장 장함을 겪은 이후 내심 최고의 전략가를 자부해온 항우로서는 말로만 듣던 한신의 존재를 처음으로 크게 인식한 순간이었다. 항우는 대책마련에 부심했다. 객관적으로 볼 때 한신이 유방과 힘을 합칠 경우 앞날을 예측하기 어려웠다. 최소한 중립을 지키게 할 필요가 있었다. 곧 당대의 유세객 무섭武涉을 한신에게 보냈다. 그러나 무섭은 한신을 설득하는 데 실패했다. 책사인 괴철이 뒤이어 설득에 나섰으나 한신은 끝까지 망설이며 결단하지 못했다.

〈회음후열전〉은 "한신이 머뭇거리며 차마 유방을 등지지 못했다"고 기록해놓았다. 한신은 유방이 어떤 인물인지를 제대로 파악치 못한 채 계속 착각을 하고 있었던 셈이다. 객관적으로 볼 때 당시 한신이 취할 수 있는 길은 모두 세 가지였다.

첫째, 무섭과 괴철이 충고한 것처럼 자립해 정족지세를 이루는 것이다. 항우와 유방이 오랫동안 대치하며 서로 힘을 소진한 탓에 항우와 유방이 합세해 쳐들어오는 것을 막은 뒤 빈틈을 노려 각개격파를 꾀한다면 능히 천하를 거머쥘 수도 있었다. 이는 삼국시대 당시 하북 일대를 석권한 조조가 걸은 길이다. 한신은 원소와 같은 인물도 없었던 까닭에 오히려 조조보다 유리한 상황이었다. 괴철은 한신의 입장에 서서 가장 바람직한 방안을 제시한 셈이다. 이를 좇지 않은 것은 복을 차버린 것이나 다름없다. 문제는 그 다음이다.

둘째, 삼국시대 당시 사마의처럼 몸을 낮추고 속셈을 철저히 숨기는 길이다. 항우를 제압한 뒤 곧바로 뒤로 물러나는 것이다. 한신이 이같이 했다면 결코 토사구팽을 당하는 참사는 벌어지지 않았을 공산이 크다. 사마의가 그랬던 것처럼 사병계詐病計를 구사하며 철저히 몸을 은신했으면 때가 올 수도 있었다.

셋째, 한신이 취할 수 있는 마지막 길은 삼국시대 제갈량처럼 몸과 마음을 바쳐 충성하는 것이다. 한신은 나름 의리를 중시했던 만큼 정족지세를 취하지 않을 경우 이것이 가장 바람직했다. 그의 자질이나 능력 등에 비추어볼 때 제갈량처럼 시종 2인자의 길로 나아가는 것이 보신할 수 있는 유일한 길이었다. 한신은 유방이 병권을 회수한 뒤 자신을 초왕으로 이봉시킬 때 그 속셈을 읽었어야 했다. 그러나 한신은 이를 읽지 못한 채 초나라의 진왕眞王 노릇을 하고자 했다. 유방의 경계심을 다시 자극한 것이다. 후에 그가 함거에 갇혀 장안으로 끌려온 뒤 회음후로 강봉된 배경이 여기에 있다. 이후에도 목숨을 구할 길은 있었다. 그러나 한신은 회음후로 강봉된 후 병을 핑계로 조회에 나가지 않는 등 또 유방을 자극했다. 모두 혁혁한 전공을 세운 당대 최고 병법가의 지나친 자부심이 화근이었다. 일면 의리를 중시한 '의협'으로 평할 수 있으나 엄밀히 말하면 작은 명분과 의리에 얽매여 대사를 그르친 것에 지나지 않는다.

결단의 순간, 우유부단함을 경계하라

—

기원전 201년 겨울 10월, 항우를 제압하고 천하를 통일한지 3년째 되던 해였다. 어떤 사람이 유방에게 제나라 왕에서 초나라 왕으로 자리를 옮긴 한신이 모반을 꾀하고 있다는 내용의 상서를 올렸다. 유방이 진평을 불러 대책을 묻자 진평이 계책을 냈다.

"예로부터 천자는 순수巡狩를 하면서 제후들을 불러모았습니다. 폐하는 거짓으로 노닐면서 제후들을 초나라의 서쪽 경계에 있는 진현陳縣으로 불러모으십시오. 한신은 별 일 없을 것으로 생각하고 마중을 나올 것입니다. 이때 그를 잡으십시오."

한신이 마중을 나오자 유방이 무사에게 명해 그를 포박한 뒤 황제의 뒤를 따르는 예비용 수레인 후거後車에 싣게 했다. 한신이 탄식했다.

"범리가 구천 곁을 떠나면서 '교활한 토끼의 사냥이 끝나면 사냥개를 삶아먹고, 높이 나는 새의 사냥이 끝나면 좋은 활을 창고에 집어넣고, 적국을 격파하면 모신謀臣을 죽인다'고 말한 것이 사실이구나. 천하가 평정되니 나 또한 팽烹을 당하는구나."

《춘추좌전》의 기록을 보면 그 이전에도 군주가 공신을 제거하는 토사구팽과 유사한 일이 비일비재했다. 왜 이런 일이 일어나는 것일까? 바로 개국 초기에 필연적으로 등장할 수밖에 없는 강신强臣 때문이다. '강신'은 군주를 떨게 만드는 위엄인 진주지위를 지닌 권신을 말한다. 창업주는 온갖 고난을 겪고 새 왕조를 창건한 까닭에 능히 강신을 제어할 수 있다. 그러나 궁중에서 자란 후사는 강신을 제어하는 일이 거의 불가능하다. 한신은 처형장으로 실려 가면서 자신을 '모신謀臣'에 비유했지만 이는 틀린 비유다. 유방이 당시 곧바로 한신의 목을 치지 못한 것은 한신의 공이 너무 현저한 데다 명분이 약했기 때문이다. 건국 초기인 까닭에 아직 천하가 안정된 것도 아니고, 천하의 모든 백성들이 모두 지켜보고 있는 상황에서 함부로 최고의 공신을 곧바로 토사구팽 할 수는 없는 일이었다. 좀더 시간이 필요했다.

당시 유방은 귀경하는 길에 천하에 대사령을 내렸다. 짐짓 황제의 관후寬厚한 인정仁政을 널리 선전하고자 한 것이다. 이어 그간 한신이 세운 공을 감안해 목숨을 살려주는 식으로 너그러움을 보여주면서 회음후淮陰侯로 강등하는 조치를 내렸다. 하지만 이는 사실 한신의 수족을 자른 것이나 다름없었다. '후'는 회음 일대의 몇 개 현을 보유한 토후土侯에 지나지 않는다. 휘하에 용병할 군사가 없다. 유방은 사냥개를 삶아 먹을 시기만을 저울질하고 있었던 셈이다. 당시 제후왕들 가운데 성씨가 다른 사람은 모두 8명이었다. 유방은 이들의 움직임에 촉각을 곤두세웠다. 이들 모두 탄탄한 무력을 바탕으로 천하평정에 핵심적인 역할을 수행한 까닭에 마음을 놓을 수 없었던 것이다. 한신은 비록 회음후로 강등되었지만 가장 큰 경계대상이었다.

빌미는 한신 자신이 제공했다. 그는 회음후로 강등된 후 마음이 늘 우울해 집안에 머물며 거의 외출을 하지 않았다. 그러던 중 한번은 유방이 장수들을 초청해 연회를 베풀었다. 유방이 한신에게 물었다.

"나는 군사를 얼마나 거느릴 수 있겠소?"

"10만 명을 넘지 않을 것입니다."

"그렇다면 그대는 어떠하오?"

"신은 다다익선多多益善입니다."

"그대는 다다익선이라고 하면서 어찌해 나에게 붙잡히게 되었소."

한신이 황급히 말을 바꿨다.

"폐하는 병사를 거느리는 데는 능하지 못해도 장수를 거느리는 데 능합니다. 이것이 제가 대왕께 붙잡힌 이유입니다. 게다가 대왕은 하늘이 내려준 인물로 인력으로 만들어진 것이 아닙니다."

유방은 더는 추궁하지 않았으나 당시 한신은 돌이킬 수 없는 실수를 저지른 것이나 다름없다. 이로부터 5년 뒤인 기원전 196년 한신은 휘하 장수로 있던 진희陳豨와 내통해 모반을 꾀하다가 여후의 간계에 걸려 토사구팽을 당하고 말았다.

한신이 토사구팽을 당한 이유는 전략전술 면에서는 타의 추종을 불허하는 당대 최고의 병법가였지만 정치적 결단에서는 한없이 우유부단했기 때문이다. 유방 휘하의 사람 중 비록 군사적 재능 면에서는 한신만 못하지만 정치적 판단 면에서 매우 뛰어난 인물이 두 사람 있었다. 장량과 진평이 그들이다. 두 사람은 기민한 정치적 처신으로 한신과 달리 토사구팽의 도마 위에 오르지 않고 명을 다할 수 있었다.

난세에는 군사적 재능도 필요하지만 정치적 재능이 더 큰 위력을 발휘한다. 군사적 재능만 뛰어나면 오히려 척결의 대상이 되고 만다. 한신은 당대 최고의 전략가이자 명장이고 한나라 건국의 가장 큰 공신이었다. 그는 능히 유방을 배신하고 정족지세를 이루어 장차 천하를 거머쥘 수도 있었다. 그러나 그는 건달 유방이 베푼 거래 관계의 은혜를 선비의 의리로 착각하는 바람에 대사를 그르치고 삼족이 멸하는 참사를 당했다. 난세라는 혼란한 시기에, 천하를 거머쥐고자 하는 자에게 군사적 재능은 소재小才에 불과하다. 천하대세를 읽는 안목과 비상한 결단, 강고한 의지, 강력한 추진력, 인재를 거두어 부릴 줄 아는 용인술 등이 훨씬 중요하다.

찾記

제16장

―

한무제,
잘못을 바로잡는 것을
주저하지 마라

의도를 감추고 은밀하게 장악하라

—

한무제가 보위에 오르게 된 데는 많은 곡절이 있었다. 당초 한경제가 태자로 있을 때 부황인 한문제漢文帝의 생모 박薄태후는 자기 집안의 딸을 태자비로 삼았다. 그러나 한경제는 보위에 오른 후에도 박씨를 총애하지 않다가 이내 폐위시켰다. 이는 태자 때부터 한무제의 생모인 궁녀 왕씨를 비롯해 장자 유영劉榮을 낳은 제나라 출신 율희栗姬 등을 총애한 결과였다.

왕씨는 원래 연왕 장도의 손녀인 장아臧兒의 소생이었다. 장아가 왕씨에게 시집을 가 아들 왕신王信과 딸 둘을 낳았다. 왕씨가 죽자 그녀는 다시 전씨에게 재가해 아들 둘을 낳았다. 한경제가 태자로 있을 때 장아의 장녀가 김씨에게 시집을 가서 아들을 낳자 장아가 점을 보았다. 점쟁이가 말했다.

"당신의 두 딸이 모두 귀하게 될 것이오."

이 말을 곧이 들은 장아가 곧 김씨에게 시집을 간 장녀를 빼앗아 데려왔다. 김씨가 화를 내며 헤어지려 하지 않자 장아는 장녀를 태자궁으로 들여보냈다. 이내 태자의 총애를 입은 장아의 장녀는 아들 유철劉徹을 낳고 왕부인王夫人이 되었다. 유철이 바로 한무제다. 그러나 유철은 여러 후궁 소생 중 한 명에 불과했다.

당시 한경제의 황태자는 율희 소생 유영이었다. 당읍후 진오陳午에게 시집을 간 한경제의 누나 관도공주館陶公主는 자신의 딸을 태자비로 삼고 싶어 했다. 그러나 율희는 관도공주가 남동생을 위해 여러 미인을 소개한 것에 앙심을 품고 있었던 까닭에 이를 허락하지 않았다. 화가 난 관도공주는 왕부인 소생 유철에게 딸을 시집보냈다.

이를 계기로 관도공주는 매일 율희를 참소하고 왕부인의 아름다움을 칭찬했다. 한경제 역시 유철을 똑똑하다고 여긴 까닭에 이내 태자를 바꾸고자 했다. 이를 눈치 챈 왕부인이 몰래 제후를 접대하는 대행大行에게 사람을 보내 율희를 황후로 세우라고 청하게 했다. 이에 한경제가 대로했다.

"그 말이 네가 해야 할 말인가?"

그러고는 대행을 죽였다. 결국 이듬해인 기원전 150년 겨울, 한경제가 태자 유영을 폐해 임강왕으로 삼자 화가 난 율희는 이를 한탄하다가 이내 분사憤死했다. 여기에는 관도공주와 손을 잡은 한경제의 생모인 두태후竇太后가 깊숙이 개입해 있었다. 한무제가 즉위할 당시 두태후의 위세는 더욱 커졌다. 제대로 된 황제 노릇을 하기 위해서는 우선 황실을 좌지우지하는 이 여인들부터 소탕해야만 했다. 그러나 그녀들의 세력이 너무 막강했기 때문에 이를 은밀히 추진할 필요가 있었다.

한무제가 첫 번째 제거 대상으로 삼은 사람은 관도공주의 딸인 진황후陳皇后였다. 그가 제위에 오른 데는 진황후의 모친 관도공주의 힘이 컸다. 당시 아이를 낳지 못했던 진황후는 9,000만 전이라는 거금을 들여 천하의 모든 명의를 불렀으나 아무 소용이 없었다. 이에 평양공주는 동생인 한무제를 위해 양가 규수 10여 명을 모아 놓고 동생이 방문했을 때 선을 보인 적도 있었다. 그중에는 한무제의 마음을 끌만

한 여자가 없었다. 그러나 잔치가 진행되는 도중 한무제의 시선이 노래를 부르는 가수에게 계속 머물렀다. 그녀의 이름은 위자부衛子夫로 어머니는 평양공주의 노비인 위오衛媼였다.

한무제는 그 길로 위자부를 데리고 궁중으로 들어갔다. 한무제는 위자부를 총애했다. 위자부가 총애를 받는다는 소식을 들은 진황후는 실성에 가까울 정도로 질투했다. 진황후가 질투할수록 한무제는 위자부를 더욱 총애했다. 둘 사이에 1남 3녀가 태어났다. 이에 관도공주는 앙심을 품고 위자부의 배 다른 동생인 위청衛青을 죽이려 했다. 당시 위청은 평양공주의 수레를 돌보는 기노騎奴로 있었다. 위청이 친구의 도움으로 간신히 구출되었다는 소식을 들은 한무제는 곧 궁중으로 그를 불러 태중대부太中大夫에 임명했다. 위자부가 궁중에 들어간 지 4년 뒤, 황실 내 최고의 권력자인 두태후가 죽었다.

두태후가 죽고 주변의 견제가 사라지자 한무제는 주변을 자신의 사람들로 채우기 시작했다. 한무제는 진황후가 나무로 만든 인형을 땅속에 묻어 저주하는 미도媚道를 행해, 법률로 금한 무고巫蠱를 범했다는 이유로 폐출했다. 이 사건을 심리한 사람은 혹리酷吏로 유명한 어사 장탕張湯이었다. 법가사상을 신봉하는 혹리는 가차 없이 의법 조치하는 것으로 악명을 떨쳤다. 장탕은 한무제의 의중을 누구보다 잘 알고 있었다. 무당 초복이 진황후를 교사한 사실이 드러나면서 관련자 300여 명이 모두 주살당했다. 사실 이 사건은 위자부를 황후로 삼기 위한 사전조치로 명백한 날조였다.

기원전 129년 위청이 거기장군車騎將軍이 되었다. 위자부가 궁중에 들어간지 꼭 10년 뒤의 일이다. 이듬해에 위자부는 학수고대하던 황자를 낳고 이내 황후가 되었다. 이를 전후로 한무제는 위자부의 인척을 과감히 등용했다. 위자부의 남동생 위청을 비롯해 조카인 곽거병霍去病 등이 대표적인 인물이다. 왕조를 황실의 소유물로 간주했던 당시 군대는 당연히 황제의 집안 사람이나 외척이 거느려야 하는 것으로 생각했다. 그러나 유씨 황족을 장군으로 삼을 경우 병권을 쥔 인물이 흑심을 품을 우려가 있었다. 이 때문에 한무제가 황후의 친인척을 장군으로 삼은 것이다.

한무제는 자신의 친위세력을 은밀히 양성해 장차 명실상부한 황권을 행사하고자 했다. 그는 여러 차례에 걸쳐 각지의 풍부한 학식을 갖춘 현명한 인재를 추천하게 했다. 각 군국郡國에 하달된 조서에는 추천된 인재들을 장상으로 임명하는 파격적인 인사를 단행할 것이라고 밝혔다. 한무제는 천거를 받고 상경한 이들에게 천하를 다스리는 방책을 묻는 책문策問을 직접 내리면서 그 대책對策을 써내도록 주문했다. 또한 한무제는 자신이 발탁한 인재뿐 아니라 선황 때부터 활약한 인재들도 깊이 신뢰했다.

그는 형식에 얽매이지 않고 그 능력에 따라 인재들을 발탁했다. 그 인물들의 면면을 보면 노비 출신 위청을 비롯해 목동 출신 복식, 장사꾼 출신 상홍양 등 그 출신이 매우 다양하다. 오직 능력만 기준으로 삼아 많은 인재를 과감히 발탁한 한무제의 용인술은 그가 제국통치의 성패는 곧 인재의 발탁 여부에 달려 있다는 사실을 통찰한 결과였다. 이른바 유재시거惟才是擧를 실천한 셈이다. 실제로 그가 발탁한 인물들 모두 중국의 전 역사를 통틀어 한무제의 치세를 가장 빛나는 성세 중 하나로 만드는데 크게 기여했다.

겉에 드러나는 태도로 사람을 판단하지 마라

—

한경제의 치세기간 중인 기원전 154년, 오왕 유비劉濞가 오초칠국의 난을 일으키면서 민월과 동구에 도움을 청했다. 민월은 거부했으나 동구는 1만 명가량의 군대를 출동시켰다. 이들이 장강 남쪽까지 진격했을 때 오왕이 패주했다. 한제국이 은밀히 동구에 뇌물을 보내 매수 공작을 폈다. 이를 까마득히 모르는 오왕 유비는 병사를 위로하러 밖으로 나갔다가 동구군의 창을 맞고 죽었다.

민월로 망명한 오왕 유비의 아들 유구劉駒는 이후 민월왕 영郢을 설득해 동구를 쳤다. 민월왕이 출병해 동구를 포위하자 동구는 한무제에게 원군을 청했다. 당시 열아홉 살이던 한무제가 유학 숭상으로 두 태후의 미움을 사서 태위 자리에서 해임된 전분에게 하문하자 전분은 원군을 보내지 않아도 된다는 입장을 내비쳤다. 진제국 때부터 버려둔 땅이었다는 것이 그 이유였다. 그러나 중대부 장조莊助는 이에 반대했다.

"소국이 궁지에 몰려 구원을 청하는데 천자가 구해주지 않으면 어디에 호소하겠습니까? 그런 식으로는 천하를 거느릴 수 없습니다."

한무제가 이를 옳게 여겨 장조에게 황명을 표시하는 신표인 절節을 내리며 곧 회계군으로 출병하게 했다. 장조는 회계군 출신이었다. 그가 배를 타고 동구로 진격했을 때 민월은 이미 철병한 뒤였다. 민월이 동구를 포위한 지 3년 뒤 광동의 남월로 출병했다. 남월왕이 한무제에게 위급을 알리자 한제국은 왕회王恢와 한안국을 장수로 삼아 원군을 파견했다. 하지만 민월에 내홍이 일어나서 이때도 전투는 벌어지지 않았다.

　호전적인 민월왕은 신민들과 사이가 나빴다. 민월왕의 동생 여선餘
善이 그를 죽인 뒤 그 머리를 왕회에게 보냈다. 기원전 135년 한제국
은 여선의 자립을 인정해 동월왕으로 삼았다. 피를 흘리지 않고 민월
을 물리친 장조는 남월에 가서 환영받았다.

　당시 한제국에게는 이들 백월 등의 남방이나 야랑국 같은 서남쪽
보다 흉노의 세력권에 있는 북방과 서북쪽을 정복하는 것이 훨씬 중
요했다. 한무제는 고조부인 창업주 유방이 흉노에게 포위되어 굴욕
적인 강화를 맺었던 사실을 치욕으로 생각했다.

　민월왕의 머리를 얻어 개선한 왕회와 한안국은 어전회의에서 흉
노대책을 놓고 대립했다. 왕회는 강경책, 한안국은 화친책을 주장했
다. 왕회는 차제에 흉노의 위협을 완전히 뿌리 뽑자는 쪽이었고, 한안
국은 금수의 마음을 지닌 흉노는 덕화의 대상이 될 수 없는 만큼 아예
상대할 필요가 없다는 논리를 폈다. 다수가 화친책에 동조하자 한무
제도 당분간 이를 좇기로 결심했다.

　기원전 133년 왕회는 다시 흉노에 대한 강경책을 건의했다. 이때
그는 화친파를 제압하기 위해 흉노를 유인하는 새로운 계책을 제시
했다. 만리장성이 있는 안문군雁門郡 마읍현馬邑縣의 호족 섭일을 첩자
로 활용하는 방안이었다. 섭일이 거짓으로 흉노에 투항한 뒤 이같이
말했다.

　"내가 마읍에서 관원들을 베고 반기를 들겠다. 그러면 마읍의 재물
을 모두 얻을 수 있다."

　흉노의 우두머리 군신선우는 과연 섭일의 말을 믿었다. 그는 희대

의 영걸로 소문난 모두선우의 손자였다. 군신선우는 10만 기병을 이끌고 마읍을 향했다. 흉노 군사들은 섭일이 죄수들의 목을 즐비하게 성벽에 걸어둔 것을 보고 성안의 반란이 성공한 것으로 착각했다.

그러나 마읍 부근에 있는 계곡에는 한제국의 군사 30만 명이 매복해 있었다. 소나 말 양 등은 초원에 방목되었으나 사람은 그림자도 보이지 않았다. 군신선우가 이상한 생각이 들어 장성 부근의 봉화대를 공격해 일선 지휘관인 위사尉史를 포획했다. 그를 신문한 결과 복병이 있다는 사실이 밝혀졌다. 군신선우가 급히 철군하자 30만 복병은 헛수고만 한 셈이 되었다.

문제는 그 다음이었다. 당시 왕회는 3만의 군사로 흉노의 보급대를 공격하기로 되어 있었다. 그는 흉노의 선봉대가 마읍 공격을 중지했다는 소식을 듣고 보급대를 치지 않았다. 사법총책인 정위廷尉가 이를 문제 삼아 왕회를 참형에 처해야 한다는 결정을 내렸다. 왕회가 승상 전분에게 천금을 보내자 전분이 왕태후에게 손을 썼다. 그러나 한무제는 생모인 왕태후의 부탁에 자신의 입장을 분명히 했다.

"지금 왕회를 주살하지 않으면 천하에 사죄할 길이 없습니다."

흉노의 보급부대는 본대에서 멀리 떨어져 왕회의 군사가 있는 곳까지 다가온 까닭에 그들은 능히 공격할 수 있었다. 황제의 뜻이 확고한 것을 안 왕회는 이내 자진했다. 이 싸움은 한제국의 치욕으로 남게 되었고, 이후 한제국과 흉노의 관계는 더욱 악화되었다.

왕회가 자진한지 4년 뒤인 기원전 129년, 거기장군 위청을 비롯해 공손오公孫敖, 공손하公孫賀, 이광李廣 등 4명의 장군이 각각 1만 명의 기병을 이끌고 네 방면에서 출격했다. 4명의 장군 중 위청만이 상곡上

合에서 추격을 시작해 흉노가 제사를 지내는 용성龍城까지 쳐들어갔다. 이는 대단한 일이었다. 건국 이래 70년 만에 처음으로 장성을 넘어 그 이북으로 진격했기 때문이다. 이때 목을 베거나 포로로 잡은 흉노족도 700명에 달했다.

한무제는 위황후의 동생이 대공을 세운 사실에 크게 만족했다. 이듬해인 기원전 128년 위황후가 아들을 출산했다. 이를 축하하듯 위청이 3만 명의 기병을 이끌고 또다시 안문을 빠져나가 수천 명의 적을 무찔렀다. 위청을 칭송하는 목소리가 조야에서 크게 일었다. 다음해에 위청이 운중 이북으로 출격해 장성 밖으로 서쪽으로 돌면서 진제국 말기에 흉노에게 빼앗긴 오르도스 지방을 회복했다. 황하가 크게 원호를 그리는 안쪽에 위치한 오도로스를 한제국은 삭방군朔方郡을 설치해 직할령으로 삼았다. 위청은 이어 지금의 감숙성 일대인 농서隴西로 출격해 흉노의 백양왕과 누번왕을 격파했다. 이때 참수한 포로가 수천 명이고, 전리품으로 챙긴 가축만도 수십만 두에 달했다. 이때의 전공으로 위청은 장평후長平侯에 봉해졌다. 식읍은 3,800호나 되었다. 3년 뒤인 기원전 124년 위청은 대장군으로 승진한 이후에도 그는 다시 일곱 번이나 원정을 떠났다. 그러나 후반은 생질인 곽거병의 눈부신 전공으로 인해 그의 존재가 두드러지지 않았다.

한무제는 위청보다 곽거병을 좋아했다. 평양공주의 저택에서 하인 노릇을 하면서 노비의 기질이 자연스레 몸에 밴 위청은 누구에게나 지나칠 정도로 겸손했다. 그러나 어렸을 때부터 황후 일족으로 자란 곽거병은 거칠 것이 없었다. 한무제에게는 이 모습이 훨씬 시원스럽게 보였다. 한무제가 손자와 오자의 병법을 가르치려고 하자 곽거병은 이같이 말했다.

"방략 여하를 생각할 뿐, 병법을 배울 것까지는 없습니다."

매우 건방진 말이다. 사마천이 《사기》에서 '병사들을 돌보지 않았다'고 평한 이유다. 실제로 그는 부하장병은 거의 염두에 두지 않았다. 원정에서 돌아왔을 때 군수품 운송 수레인 치중輜重에 좋은 쌀과 고기가 잔뜩 남아 있었다. 그러나 종군 병사 중에는 굶주린 자가 매우 많았다. 《사기》는 장성 밖으로 나갔을 때 군량을 제대로 보급받지 못해 제 힘으로 일어설 수 없을 정도로 쇠약해진 병사가 있는데도 곽거병은 운동장을 만들어 공놀이를 즐겼다고 기록해놓았다.

여기에는 한무제의 탓도 있다. 그는 곽거병이 말대꾸를 한 것을 두고 오히려 크게 칭찬하며 그를 더 좋아했다. 곽거병의 오만과 독주를 조장한 셈이다. 곽거병의 화려한 전공도 따지고 보면 그다지 높이 평가할 만한 것도 아니었다. 한무제는 위황후의 친인척인 곽거병과 위청을 속히 열후에 봉할 속셈으로 그들의 군대에 정예병을 배속시켰기 때문이다.

기원전 121년은 가히 '곽거병의 해'라고 부를 만했다. 그는 이 해에만 세 번이나 원정을 떠났다. 당시 그의 나이는 약관에 불과했다. 첫 번째는 우선 농서로 출격해 흉노의 절란왕을 죽이고 노후왕을 베었다. 혼야왕의 아들을 잡아 목을 베고 휴도왕休屠王의 태자 김일제金日磾를 포획했다. 곽거병의 두 번째 출병은 김일제를 포획한 해인 기원전 121년 여름에 이루어졌다. 이때는 중국 청해성과 감숙성의 경계에 걸쳐 있는 기련산祁連山까지 쳐들어갔다. 이 원정에서 박망후 장건張騫과 합기후 공손오는 곽거병 군단과 합류하는 시기를 놓쳐 참형을

당할 위기에 처했으나 속죄금을 내고 서민으로 강등되었다. 사실 이
는 곽거병이 독주한 결과였다. 이를 뒷받침하는《사기》의 평이 남아
있다.

숙장宿將들이 이끄는 병사와 군마 모두 표기장군의 것만 못했다. 표기장
군은 항상 정예기병과 함께 대군의 앞에 서서 군이 깊이 들어갔다. 싸움에
도 또한 천운이 있었다.

숙장은 백전노장을 말한다. 사마천의 사평처럼 곽거병은 운도 좋
았다. 이해 가을에 하서河西로 출병한 세 번째 원정이 그 실례다. 하지
만 이는 원정이라기보다 혼야왕의 항복을 받기 위한 것이었다. 당시
흉노의 이치사선우는 혼야왕과 휴도왕에게 잇따른 패전의 책임을 물
으려고 했다. 두 왕은 겁을 먹고 한제국에 투항하고자 했다. 휴도왕이
도중에 망설이자 혼야왕이 그를 죽이고 병력을 빼앗았다. 이런 내홍
중에 혼야왕이 병사했다. 흉노 내에서 투항하려는 자와 이를 거부하
는 자가 대립하자 곽거병은 투항을 거부하는 흉노 병사 8,000명을 베
어 버렸다. 이때 투항한 자는 모두 4만 명이나 되었다. 흉노에게는 일
대 타격이었다.

상대를 알아야 제압도 할 수 있다
—

한무제의 흉노에 대한 강경책은 결국 성공을 거두었다. 이는 한제국

의 국력이 크게 신장되고, 위청 및 곽거병 등 명장이 눈부신 활약을 펼치고, 흉노가 내홍을 겪으면서 크게 약화하는 등의 여러 요인이 복합적으로 작용한 결과다. 그러나 가장 중요한 것은 정보전의 승리였다. 한제국은 흉노의 사정을 정확히 파악하고 있었다. 여기에는 서역을 개척한 장건의 공이 매우 컸다. 다음은 한무제가 즉위했을 당시 흉노의 행보에 대한《사기》〈대완열전大宛列傳〉의 기록이다.

흉노는 월지왕月氏王을 처부수고 그 해골을 술잔으로 삼았다. 월지는 도주해 늘 흉노를 원망하며 원수로 여겼으나 함께 이를 치는 자가 없었다.

당시 흉노에게 패한 월지는 돈황 이북으로 달아나면서, 월지왕의 미망인을 군주로 내세웠다. 한무제는 즉위 후 흉노에게 깊은 원한을 품고 있는 월지와 동맹을 맺어 흉노를 협격하고자 했다. 그가 사신으로 보낼 사람을 모집하자 한중漢中 출신으로 200석의 숙위관宿衛官으로 있던 장건이 나섰다.

건원 초 장건은 100여 명을 이끌고 장안을 출발했다. 그러나 황하 서쪽 부근에서 흉노에게 붙잡혀 군신선우 앞으로 끌려갔다. 그가 월지로 가는 사신임을 알게 된 군신선우가 물었다.

"월지는 우리 북쪽에 있다. 한제국이 어떻게 월지로 사신을 보낼 수 있는가? 내가 월지에 사신을 보내고자 하면 한제국은 나에게 이를 허락하겠는가?"

장건은 흉노에 10년 이상 억류되었고, 그곳에서 아내를 얻어 아이를 낳고 살았다. 그러나 그는 한시도 자신의 소임을 잊은 적이 없었다. 감시가 소홀한 틈을 타 아내와 아이, 감보 등과 함께 탈출했다. 서쪽으로 수십 일 동안 여행을 하다 마침내 대완大宛에 이르렀다.

그사이 월지는 흉노의 침공을 받고 이북으로 도주했다가 마침 흉노에게 쫓긴 오손烏孫으로 인해 다시 서남쪽으로 옮겨가야만 했다. 비록 월지는 계속 쫓겨 다녔으나 이것이 오히려 복이 되었다. 이들이 이주한 사마르칸트 부근은 땅이 비옥했다. 남쪽에 있는 대하大夏는 상업을 위주로 한 까닭에 무력이 취약했다. 대하가 월지에게 신종臣從하면서 월지는 졸지에 기름진 땅에 속국까지 거느리게 되었다. 장건이 대완에서 강거국康居國을 경유해 들어간 곳이 바로 월지국이었다. 월지왕은 장건이 아무리 설득해도 동맹에 가담하지 않으려 했다. 《사기》의 해당 기록이다.

월지는 이미 대하를 신하로 삼고 있는데다 땅은 비옥하고 쳐들어오는 적도 없어 마음이 느긋했다. 한제국은 지리적으로 멀다고 생각하고 있던 차에 일부러 호胡에게 보복할 마음이 없었다.

흉노에게 패한 후 부족 전체가 고난의 도피여정에 올랐다가 가까스로 안정을 찾은 상황에서 공연히 흉노를 자극할 필요는 없었다. 장건은 귀국 길에 오를 수밖에 없었다.

그는 곤륜의 남쪽 기슭을 따라 장안으로 오는 천산남도를 택했다. 천산의 남북 두 도로는 흉노의 세력권에 있었기에 차이다무柴達木 분지를 거쳐 농서로 들어가는 길을 택했다. 통상 누란에서 돈황으로 빠지는 것이 옳으나 돈황이 흉노의 지배하에 있었던 까닭에 이같이 정한 것이다. 차이다무 분지의 야강족婼羌族은 장건이 월지에게 얻은 정보에 의하면 독립해 있었다. 그러나 야강족도 이미 흉노에게 복속해 있었다. 장건은 여기서 다시 억류당했다.

1년 남짓한 억류생활 끝에 장건은 요행히 탈출할 기회를 얻었다. 군신선우가 죽고 태자 어단과 군신선우의 동생 이치사가 보위를 놓고 다투었다. 이치사가 싸움에서 이기자 야강족 중 태자파에 속한 사람들은 도주하지 않을 수 없었다. 장건은 이 소란을 틈타 탈출에 성공한 것이다.

기원전 126년 장건이 장도에 오른지 13년 만에 장안으로 돌아왔다. 비록 월지와의 동맹 체결에 실패했으나 그의 보고를 통해, 처음으로 서역의 사정을 소상히 알 수 있었다. 기원전 123년 위청이 대흉노 원정에 나섰다. 장건은 교위校尉가 되어 참전했다. 그의 서역에 관한 지식 덕분에 이 원정에서 한제국의 군사는 물이나 군량 부족의 고통을 겪지 않았다. 한무제는 그의 공을 높이 사 박망후博望侯에 봉했다.

흉노의 직접적인 위협이 사라진 사이 한제국의 전선은 남과 동, 그리고 서쪽으로까지 확대되고 있었다. 남월이 가장 먼저 토벌대상에 올랐다. 지금의 광동성 광주시인 반우番禺를 국도로 삼은 남월은 한제국의 외신을 가장하고 있었으나 왕은 천자의 모습을 하고 있었다. 유방은 기원전 196년에 육가를 파견해 조타를 남월왕에 봉했다. 그러나 형식만 복속일 뿐 사실상의 독립국이었다.

실제로 한제국에 사자를 파견할 때는 왕을 칭하지만 남월 내에서는 여전히 제호를 썼다. 한문제 때 남월의 이런 이중 행태가 알려지자 조타의 손자 조호趙胡는 황급히 태자 영제嬰齊를 볼모로 보냈다. 후에 조호가 죽자 영제가 왕위를 계승했다. 영제는 볼모로 장안에 있을 때 한단의 규씨繆氏를 아내로 삼아 조흥趙興을 낳았다. 그는 한제국의 입조 압력에도 병을 핑계로 가지 않다가 젊은 나이에 죽었다.

기원전 113년 어린 조흥이 남월왕이 되자 태후 규씨가 섭정을 했다. 흉노를 물리친 한제국은 그 여력을 능히 남쪽으로 돌릴 수 있었다. 사자를 보내 다른 제후왕처럼 3년에 한 번 입조할 것을 압박하고 변경의 관문을 없앨 것을 요구했다. 당시 한제국에서 파견한 사자는 안국소계安國少季라는 인물로 남월의 태후 규씨가 볼모로 와 있던 영제에게 총애를 받기 전에 사귀던 남자였다.

수도 장안의 생활을 그리워하던 태후 규씨는 남월이 제후왕의 나라가 되는 것을 반대하지 않았다. 오히려 입조 준비를 서둘렀다. 그러나 승상을 비롯한 남월의 토박이 대신들이 이를 반대했다. 마침내 승상 여가呂嘉가 난을 일으키면서 각지에 격문을 보냈다.

"왕은 연소하고 태후는 중국 사람이다. 또 사자와 간통하고 오직 속국이 되어 선왕의 보기寶器를 전부 천자에게 바쳐 아첨하고자 한다. 많은 사람을 데리고 가서 장안에 이르면 포로로 팔아 노비로 삼으려는 속셈이다."

여가 등은 어린 왕과 태후, 한제국의 사절을 모두 죽였다. 한무제가 대군을 동원했다. 노박덕路博德이 복파장군伏波將軍, 양복楊僕이 누선장군樓船將軍이 되어 남하했다. 대흉노전과는 달리 이때는 수군이 압도적으로 많았다. 해로를 통한 남월작전이 매우 신속했기 때문에 야랑을 통한 육상부대가 남월의 수도 반우에 도착하기 전에 싸움이 끝났다. 여가는 해상으로 달아났으나 곧 붙잡혀 살해되었다. 마침내 남월은 멸망하고 한제국의 영토가 되었다.

지나친 의심은 분별력을 잃게 한다
—

한무제의 말년을 가장 암담하게 만든 것은 잇단 무고巫蠱 사건이다. 사마천이 출옥한 기원전 96년 봄 정월, 장군 공손오가 요참형腰斬刑을 받고 죽었다. 아내의 무고 사건에 연루된 혐의였다. 공손오는 위청이 관도공주에게 붙잡혀 죽게 되었을 때 구해준 인물이다. 이처럼 당시 무고에 연루되면 살아남기 어려웠다.

양릉陽陵의 협객 주안세朱安世는 법을 어겼는데도 좀처럼 잡히지 않았다. 일련의 무고 내막을 소상히 알고 있었기 때문이다. 그런데 주안세가 체포되는 사건이 일어났다. 승상 공손하公孫賀의 아들 공손경성公孫敬聲의 비리로 인해 사단이 난 것이었다.

공손하는 위황후의 큰 언니 위군유衛君孺의 남편이다. 그는 지나치게 소심한 까닭에 10여 년 전에 승상으로 임명되었을 때 엉엉 울며 한사코 고사했다. 한제국의 승상은 큰 사건이 일어나면 그 책임을 지고 주살당하는 일이 많았다. 두영과 이채李蔡, 엄청적嚴青翟, 조주趙周 등 그때까지 9명의 승상 중 4명이 자살하거나 처형 또는 옥사했다. 공손하는 죽을까 두려워 승상 임명을 마다한 것이다.

그는 구경의 한 사람으로 마정을 맡은 태복으로 있었다. 태복으로 있는다면 천자의 거마나 마구간의 일, 군마의 조달 등 주어진 임무를 성심껏 수행하는 한 목숨을 잃을 일이 없다. 그러나 승상이 되면 무슨 일로 목이 달아날지 몰라 두려움에 무릎을 꿇고 '살려달라'며 목 놓아 울었다. 그러나 한무제가 인수를 놓고 나가버려 결국 승상 자리를 맡게 되었다.

공손하가 승상의 자리에 오른 후 태복의 자리는 아들 공손경성에게 넘어갔다. 공손경성은 황태자 유거劉據 및 죽은 곽거병 등과 사촌지간이다. 그는 내심 자신이 무슨 짓을 벌일지라도 별 문제가 없다고 생각했다. 결국 그는 북군北軍의 비용 1,900만 전을 착복했다가 곧 공금횡령으로 수감되었다.

공손하가 위청이나 곽거병처럼 큰 공을 세우면 아들이 석방될 가능성이 있었다. 이리저리 궁리 끝에 암흑가의 우두머리 주안세를 오랫동안 쫓고 있다는 사실을 알게 되었다. 만일 그를 체포하면 대공을 세우는 셈이 된다. 공손하는 전력을 다해 주안세를 체포했다. 주안세는 자신이 붙잡힌 경위를 듣고는 코웃음을 쳤다 .

"승상의 화는 황실에 미칠 것이다. 종남산의 대나무는 내 말을 받아들이기에도 모자랄 것이고, 야곡斜谷의 나무는 내 형틀을 만들기에도 모자랄 것이다."

종남산의 대나무와 야곡의 나무는 그 수가 많기로 유명하다. 그처럼 많은 종남산의 대나무도 자신이 아는 것을 쏟아내면 벌을 받게 될 인간의 수에 못 미칠 것이고, 야곡의 나무를 다 쓰더라도 자신 때문에 붙잡힐 인간의 형틀을 만들기에 부족할 것이라고 위협한 것이다. 실제로 참혹한 일이 벌어졌다.

주안세는 옥중에서 상서를 올렸다. 공손경성이 한무제의 딸 양석陽石공주와 사통하고 있고, 한무제가 감천궁甘泉宮으로 행행行幸하는 도로에 인형을 묻어 황제를 저주했다는 것 등이었다. 이에 사람을 시켜 땅을 파니 과연 인형이 나왔다. 공손하도 이내 투옥되어 옥사하고 일족 역시 몰살당했다. 한무제의 딸 제읍諸邑공주와 양석공주도 주살되었다. 두 공주 모두 위황후 소생이었다. 위청의 아들 위항衛伉도 연좌되어 살해되었다. 한무제가 죽기 4년 전의 일이다.

이로써 위황후는 친딸을 둘이나 잃고, 큰 언니의 집안은 전멸했다. 대장군 위청이 남긴 조카 위항도 죽었다. 위황후의 혈통은 오직 황태자 유거 한 사람만 남았다. 그러나 한무제에게는 유거 이외에도 많은 아들이 있었다.

한무제는 여러 황자 중 한 명이 보위에 오를 경우 제국의 안녕을 위해 그 생모를 죽이는 이른바 자귀모사子貴母死의 효시에 해당한다. 《한서漢書》〈외척전外戚傳〉에 의하면 한무제의 총애를 입은 조첩여는 구익궁鉤弋宮에 머물러 구익부인이라고 불렸다.

훗날 한무제의 뒤를 이어 한소제로 즉위한 유블릉은 구익자로 불렸다. 한무제는 늘 유블릉이 자신을 닮았다며 총애했다. 그러나 그는 한소제를 후계자로 삼으면서 구익부인을 죽이고 말았다. 외척이 발호할 가능성을 미연에 방지한 것이다. 즉위 전후로 한무제가 태후를 비롯한 황실의 외척들에 의해 황권이 얼마나 제약될 수 있는지를 절감한 결과였다.

한무제가 자신을 닮은 어린 유블릉을 총애한 것은 황태자 유거에 대한 불만이 가볍지 않았음을 반증하는 것이다. 당시 황실과 가까운 사람들은 이 사실을 다 알고 있었다. 실제로 유블릉은 기질적으로 한무제와 맞지 않았다. 주안세에 의한 무고옥사를 제1차 무고사건이라고 한다. 공손하 일족이 죽은 것은 그 다음해였다. 이해에 제2차 무고 사건이 터졌다. 황태자 유거가 여기에 말려들고 말았다. 제2차 무고 사건의 주역은 조趙나라 출신 강충江充이었다.

강충은 가무에 뛰어난 미모의 누이동생이 있었다. 그녀는 조왕의 태자에게 총애를 받았다. 조왕은 한무제의 배다른 형인 유팽조劉彭祖로 근엄하고 정무에 열성적이었다. 그러나 그의 동복동생은 120명의 아이를 낳았다는 중산왕 유승劉勝으로 천하의 폭군이었다. 유승은 형 유팽조를 두고 말단 관리와 같은 짓만 한다고 비난했고, 유팽조는 동생 유승을 두고 음탕한 짓에 빠져 제후로서의 책임을 다하지 않는다고 비난했다.

한무제가 강충을 처음 인견했을 때 강충은 기이한 옷차림을 하고 있었다. 한무제는 제후왕을 두려워하지 않고 고발한 그의 용기를 높이 평가해 자신의 곁에 두었다. 강충은 왜 자신이 기용되었는지 잘 알고 있었다. 신분 고하를 막론하고 가차 없이 단속했다. 관도공주와 황태자도 예외가 아니었다. 천자만이 지나는 치도馳道를 황태자 심부름꾼이 거마로 달린 것을 적발한 일도 있다. 황태자는 사람을 보내 사과하고 문제 삼지 않기를 부탁했으나 아무 소용이 없었다.

이 와중에 주안세에 의한 제1차 무고사건이 빚어진 것이다. 강충은 제2의 옥사를 획책했다. 목표는 황태자였다. 치도사건으로 이미 황태자의 미움을 산 데다 한무제의 나이가 66세이고 황태자는 38세인 만큼 승부수를 던질 필요가 있었다. 주안세의 일을 참고해 그는 은밀히 준비했다. 나무 인형을 여러 곳에 파묻었다. 궁중에도 손을 뻗어 황후의 궁전과 황태자의 거처 부근에도 파묻었다. 노쇠한 한무제는 더 의

심이 많아지고 미신에 대한 믿음도 강해졌다. 황태자를 겨냥한 무수한 무고사건이 연이어 터져 나오던 중에 흉노 출신 무당 단하檀何가 말했다.

"궁중에도 '고기蠱氣'가 있습니다. 이를 없애지 않으면 큰일이 납니다."

고기는 사람을 해치거나 물건을 깨뜨리는 모질고 독한 귀신의 기운인 살殺을 뜻한다. 강충이 뒤에서 조종한 것이다. 마침내 후궁 거처뿐 아니라 황후와 황태자 궁전의 땅이 파헤쳐지고 속속 나무 인형이 나왔다. 이 일을 듣고 더는 출구가 없다고 판단한 황태자가 마침내 결단을 내렸다. 황태자의 가신이 사신으로 가장하고 강충을 체포해 황태자 앞에 끌고 왔다.

태자는 자신의 눈앞에서 강충의 목을 베게 했다. 무당 단하도 체포되어 상림원上林苑에서 소살燒殺되었다.

한무제는 위수를 사이에 두고 장안성에서 80킬로미터 정도 떨어진 감천에 있었다. 그는 이곳에 머물던 중 장안의 소식을 듣고 지체 없이 명을 내렸다.

"우거牛車를 차폐물로 삼아라. 백성을 살상하지 말라. 성문을 굳게 닫고 반란자를 나가지 못하도록 하라."

옥사한 공손하 대신 승상이 된 유굴리劉屈氂는 당황해 승상의 인수를 잃어버렸다. 이에 반해 한무제는 진압명령을 내리면서도 전투의 확대를 방지하는 조치를 취했다. 황태자는 모든 관원에게 통고했다.

"황제는 감천에서 와병 중이니, 혹여 변이 있을지도 모른다. 간신이 반란을 꾀하고 있다."

그러나 그의 말과 달리 한무제는 장안성 서쪽의 건장궁建章宮에 모습을 드러냈다. 이로써 반란은 실패로 돌아간 것이나 다름없었다. 황태자는 황급히 장안의 죄수들을 석방하고는 북군의 출동을 촉구했다. 그는 북군의 문전까지 와서 호북군護北軍의 책임자 임안任安을 불러내 부절을 주면서 병력 발동을 명했다. 그러나 임안은 부절을 받은 뒤 안으로 되돌아가자 성문을 닫아버리고 말았다.

황태자는 할 수 없이 시민을 동원해 장락궁長樂宮의 서문 부근에서 승상의 군대와 5일 동안 싸웠다. 수만 명의 사상자가 나왔다. 한무제가 건재하다는 사실이 알려지자 탈주자가 잇따랐다. 한무제가 직할 부대를 동원하자 병력은 날이 갈수록 늘어갔다.

마침내 황태자가 장락궁 남쪽에 있는 두문杜門을 통해 성 밖으로 탈출했다.

종실의 일을 총괄하는 종정宗正 유장劉長과 궁궐의 경호책임자인 집금오執金吾 유감劉敢이 조칙을 받들어 황후의 새수를 회수해 태자를 폐위했다. 이에 충격을 받은 위황후는 그 자리에서 자살했다.

황태자 유거는 동쪽으로 달아나 호현湖縣의 천구리泉鳩里에 숨었다. 의협심 많은 신발 장수가 숨겨주고 식사 시중을 들었으나 워낙 가난해서 황태자를 제대로 대접할 수 없었다. 호화로운 생활에 익숙했던 황태자가 견딜 수 없어, 호현에 사는 황태자의 지기와 몰래 연락을 취하다가 은신처가 발각되었다. 황태자 유거는 목을 매 죽었다. 이때 장부창張富昌이라는 병사가 문을 처부수고 들어갔고, 신안현新安縣의 속리 이수李壽가 함께 죽은 황태자를 안아서 내렸다. 황태자의 두 아이도 이때 살해되었다.

강보에 싸여 있던 황태자의 손자만 목숨을 건졌지만, 투옥되어 여죄수의 젖으로 양육되었다. 성장한 뒤 황실의 적籍을 인정받았으나 여전히 민간에서 생활했다.

황태자가 일으킨 반란의 여파는 컸다. 두문에서 황태자를 놓친 전인과 북군 문전에서 황태자의 부절을 받은 임안까지 요참형을 당했다. 부절을 받은 것은 두 마음이 있다고 의심받은 것이다.

얼마 후 무고사건에는 죄 없는 사람이 많이 연루되었음이 판명되었다. 강충이 농간을 부렸다는 사실도 밝혀졌다. 황태자는 간악한 강충을 죽이는 것이 목적이었고 부황에게 항거할 뜻이 없었다는 것도 판명되었다.

자신의 불찰을 뒤늦게 깨달은 한무제는 강충 일가를 몰살하고 '태자가 황제의 후궁을 희롱하고 있다'는 식의 무함을 일삼은 환관 소문蘇文을 위수의 다리 위에서 불태워 죽였다. 호현에서 황태자에 칼을 들이댔던 자는 봉후가 박탈되고 일족이 몰살되었다. 한무제는 이어 황태자가 죽은 호현에 사자궁思子宫을 짓고 대臺의 이름을 태자의 혼백이 돌아오기를 바란다는 뜻의 귀래망사지대歸來望思之臺라고 지어 속죄하고자 했다.

원래 부황이 오랜기간 재위해 나이가 많고 황태자가 장년인 경우 불행한 사태가 초래될 소지가 크다. 권세와 이익을 추구하는 소인배들이 끼어들기 때문이다. 늙은 제왕의 측근은 이미 당파가 형성되어, 여타 사람들은 좀처럼 끼어들 수 없다. 야심에 불타는 사람은 다음 정권에 참여하기 위해 황태자 주변에 모여들기 마련이다. '제2차 무고사건' 당시에도 강충과 환관 소문 등이 야심을 품고 끼어들었다. 그로 인해 한무제가 부지불식간에 황태자를 멀리 하게 되었다.

　한무제의 '자귀모사' 행보는 나름대로 일리가 있으나 그에 따른 위험성도 안고 있었다. 바로 후사가 고립무원의 처지에 빠지는 것이다. 실제로 그런 일이 벌어졌다. 한무제는 죽기 직전 곽거병의 동생 봉거도위 곽광霍光을 불러 주공이 성왕을 업고 있는 그림을 보여주면서 부디 주공이 되어 태자 유불릉을 잘 보필해달라고 신신당부했다. 곽광은 황공해하며 김일제를 추천했다. 김일제는 흉노 출신임을 이유로 사양하며 곽광의 조수 역할을 하겠다고 했다. 이후 곽광은 멋대로 왕을 폐립하는 등 전횡을 일삼다가 한선제 즉위 후 그의 일족이 몰살을 당했다.

압박과 회유를 적절히 구사하라

—

한경제의 열한 번째 아들인데다 후궁 소생이었던 한무제 유철은, 적장자 승계를 원칙으로 삼은 한제국에서 보위에 오를 가능성이 거의 없었다. 그러나 그는 여인들의 술수로 보위에 오르는 행운을 잡았다. 불리한 조건이었던 자신을 황제로 만든 여인들의 수완에 그는 내심 탄복을 금치 못하면서도 동시에 커다란 두려움을 느꼈음직하다. 게다가 조모인 두태후가 유학을 신봉하는 조정관원을 함부로 다루는 것을 보고 여인들을 정치에서 배제할 생각을 더욱 굳혔을 공산이 크다. 태자 유불릉의 생모 구익부인을 죽인 것도 같은 맥락에서 이해할 수 있다.

독존유술을 선언한 것도 황로를 신봉한 두태후에 대한 반발심과 무관하지 않았을 것이다. 실제로 그는 두태후가 세상을 떠나자마자 지체 없이 최초의 관립대학인 태학을 세워 오경박사를 두고 유학을 체계적으로 가르치는 기틀을 마련했다. 한무제가 이룬 무공은 전무후무한 것이었다. 그러나 유학자들은 그의 통치를 진시황과 유사한 철권통치로 폄하했다. 사실 총 여덟 차례의 대흉노 원정은 원정 때마다 상상을 초월하는 엄청난 인력과 재원이 소진되었다. 그의 치세 때 군사재원을 마련하기 위해 염철의 전매제도가 도입되기도 했다. 염철전매 제도는 재정 확충의 효용성이 매우 높아 청대 말까지 유지되었다.

대외원정과 더불어 철권통치의 주요한 축을 이룬 것은 대내적인 공포정치였다. 그의 천하 순행 때 황제를 제대로 접대하지 못한 지방 수장들은 형벌이 친족에게 미칠 것을 우려해 서둘러 자진했다. 그의 치세 중 열 번째 승상 공손하와 열한 번째 승상 유굴리가 잇달아 주살되면서 역대 승상 중 죽임을 당한 비율이 5할을 넘어섰다. 무고사건으로 태자가 횡사하게 된 것도 같은 맥락에서 이해할 수 있다.

한무제의 철권통치가 잇단 대외원정과 공포정치로 유지된 것은 부인할 수 없는 사실이다. 한무제도 생전에 자신의 철권통치를 잘 알고 있었다. 만년에 한무제는 위청에게 다음과 같은 말을 했다.

"한나라가 처음 일어났을 때 사방에서 이민족이 침입해 중국을 능욕했다. 짐이 군사를 발동해 정벌하지 않았으면 천하인이 불안해했을 것이다. 어쩔 수 없이 백성들을 고생스럽게 했다. 그러나 후세에 또 짐과 같은 행동을 한다면 진시황의 패망을 답습하게 될 것이다."

부득불 백성들을 고생스럽게 했으나 후대에 자신을 모방했다가는 큰 낭패를 볼 것이라고 말한 것이다. 그의 통치를 단순한 철권통치로 단정해선 안 되는 이유다. 사서에는 이를 뒷받침할 만한 일화가 제법 많이 나온다.

그는 기본적으로 형식에 구애되지 않았다. 대장군 위청을 화장실에서 접견하는가 하면 평상복으로 문무백관의 알현을 받기도 했다. 틈만 나면 평상복으로 변장하고 시정을 시찰하곤 했다. 이 와중에 생명을 잃을 뻔한 적도 있다. 서남방 이민족을 정복하기 위해 장안 부근에 엄청난 크기의 곤명지昆明池을 파고 수전연습을 시키기도 했다. 비록 친정에 나서지는 않았으나 모든 중요한 전쟁에 자신의 원래 계획을 밀고 나가는 뚝심을 보였다.

지휘관 선정도 평가할 만하다. 비록 정예기병을 배치하는 배려를 하기는 했으나 위청과 곽거병 모두 뛰어난 군사적 자질을 지닌 자들이었다. 다만 이부인의 오라비 이광리를 이사장군에 발탁한 것에는 문제가 있었다.

상홍양과 동곽함양東郭咸陽, 공근孔僅 등 상인출신을 대거 등용해 국가재정을 튼튼히 하기도 했다. 이는 능력만 있으면 신분 고하를 막론하고 과감히 발탁한 이른바 유재시거惟才是擧 행보에서 비롯된 것이다. 가수 출신 위자부衛子夫를 황후로 삼은 것도 같은 맥락이다.

그렇다고 한무제가 학문에 조예가 없는 것도 아니었다. 당대의 유학자 동중서의 건의를 받아들여 독존유술을 선포하고, 익살스러운 언변과 거침없는 행동으로 수많은 해학을 만들어낸 동방삭東方朔을 곁에 두어 자문을 받고, 풍류재사 사마상여司馬相如를 발탁해 문화 자원을 풍부하게 만드는 등의 업적을 남겼다.

또한 스스로도 뛰어난 문학 실력을 보여주었다. 특히 이부인을 애도하는 부賦는 그 내용이 매우 애절하고 문학성 또한 뛰어나다. 그는 감성적으로도 매우 세련된 사람이었다. 그럼에도 그는 말년에 미신에 빠져들고 황태자를 죽음으로 몰아간 암군 행보를 보였다. 여기에는 그 자신의 잘못도 있지만 당시 민간과 조정에 만연한 미신적인 도참설 등 시대적 풍조가 적잖이 작용했다. 여러 문제점이 있었음에도 한무제는 매우 보기 드문 명군으로 평가된다.

참고문헌

1. 기본서

《논어》, 《맹자》, 《관자》, 《순자》, 《한비자》, 《도덕경》, 《장자》, 《묵자》, 《상군서》, 《안자춘추》, 《춘추좌전》, 《춘추공양전》, 《춘추곡량전》, 《여씨춘추》, 《회남자》, 《춘추번로》, 《오월춘추》, 《월절서》, 《신어》, 《세설신어》, 《잠부론》, 《염철론》, 《국어》, 《설원》, 《전국책》, 《논형》, 《공자가어》, 《정관정요》, 《자치통감》, 《독통감론》, 《일지록》, 《명이대방록》, 《근사록》, 《설문해자》, 《사기》, 《한서》, 《후한서》, 《삼국지》.

2. 저서 및 논문

• 한국어판

가리노 나오키, 오이환 옮김, 《중국철학사》, 을유문화사, 1995.

가이쓰카 시게키, 김석근 외 옮김, 《제자백가》, 까치, 1989.

강상중, 《오리엔탈리즘을 넘어서》, 이산, 1997.

곽말약, 조성을 옮김, 《중국고대사상사》, 까치, 1991.

김엽, 〈전국·진·한대의 지배계층〉, 《동양사학연구》, 1989.

김승혜, 《원시유교》, 민음사, 1990.

김용옥, 《동양학 어떻게 할 것인가》, 민음사, 1985.

김충렬 외, 《논쟁으로 보는 중국철학》, 예문서원, 1995.

김학주, 《공자의 생애와 사상》, 태양문화사, 1978.

김형효, 《맹자와 순자의 철학사상》, 삼지원, 1990.

니시지마 사다오, 최덕경 외 옮김, 《중국의 역사: 진한사》, 혜안, 2004.

동양사학회 편, 《동아사상의 왕권》, 한울아카데미, 1993.

라이샤워 외, 고병익 외 옮김, 《동양문화사》상 · 하, 을유문화사, 1973.

마루야마 마사오, 김석근 옮김, 《일본정치사상사연구》, 한국사상사연구소, 1995.

마쓰시마 다카히로 외, 조성을 옮김, 《동아시아사상사》, 한울아카데미, 1991.

마준, 임홍빈 옮김, 《손자병법강의》, 돌베개, 2010.

마키아벨리, 강정인 옮김, 《군주론》, 까치, 1997.

모리모토 준이치로, 김수길 옮김, 《동양정치사상사 연구》, 동녘, 1985.

모리야 히로시, 이찬도 옮김, 《중국고전의 인간학》, 을지서적, 1991.

모택동, 이승연 옮김, 《실천론 · 모순론》, 두레, 1989.

박덕규 편, 《중국 역사이야기》, 일송북, 2006.

박한제, 《중국 역사기행》, 사계절, 2003.

사마광, 권중달 옮김, 《자치통감》, 삼화, 2009.

서울대동양사학연구실 편, 《강좌 중국사》, 지식산업사, 1989.

소공권, 최명 옮김, 《중국 정치 사상사》, 서울대출판부, 2004.

송영배, 《제자백가의 사상》, 현암사, 1994.

송인창, 〈공자의 덕치사상〉, 《현대사상연구》4, 1987.

벤자민 슈워츠, 나성 옮김, 《중국 고대 사상의 세계》, 살림, 1996.

시오노 나나미, 김석희 옮김, 《로마인 이야기》1~6, 한길사, 1998.

신동준, 《인물로 읽는 중국근대사》, 에버리치홀딩스, 2010.

_____, 《조선국왕 vs 중국황제》, 역사의아침, 2010.

에드워드 맥널 번즈 외, 손세호 옮김, 《서양문명의 역사》, 소나무, 1987.

에드워드 사이드, 박홍규 옮김, 《오리엔탈리즘》, 교보문고, 1997.

양계초, 이민수 옮김, 《중국문화사상사》, 정음사, 1980.

양지강, 고예지 옮김, 《천추흥망》, 따뜻한손, 2009.

여동방, 문현선 옮김, 《삼국지 강의》, 돌베개, 2010.

오카다 히데히로, 이진복 옮김,《세계사의 탄생》, 황금가지, 2002.

윤내현,《상주사》, 민음사, 1984.

윤사순,《공자사상의 발견》, 민음사, 1992.

이강수, 〈장자의 정치윤리사상〉,《정신문화연구》, 1986.

이성규,《중국고대제국성립사연구》, 일조각, 1984.

이재권, 〈순자의 명학사상〉,《동서철학연구》8, 1991.

이종오, 신동준 옮김,《후흑학》, 인간사랑, 2010.

이춘식, 〈유가 정치사상의 이념적 제국주의〉,《인문논집》27, 1982.

이탁오, 김혜경 옮김,《분서》, 한길사, 2004.

전락희, 〈동양 정치사상의 윤리와 이상〉,《한국정치학회보》24, 1990.

전목, 신승하 옮김,《중국역대정치의 득실》, 박영사, 1975.

____, 추헌수 옮김,《중국의 역사정신》, 연세대 출판부, 1977.

____, 권중달 옮김,《중국사의 새로운 이해》, 집문당, 1990.

전세영,《공자의 정치사상》, 인간사랑, 1992.

전해종 외,《중국의 천하사상》, 민음사, 1988.

정영훈, 〈선진 도가의 정치사상〉,《민주문화논총》, 1992.

조광수, 〈노자 무위의 정치사상〉,《중국어문논집》4, 1988.

중국북경대철학과연구실 편, 박원재 옮김,《중국철학사》, 자작아카데미, 1994.

차하순 편,《사관이란 무엇인가》, 청람, 1984.

최명,《삼국지 속의 삼국지》, 인간사랑, 2003.

____,《춘추전국의 정치사상》, 박영사, 2004.

최성철, 〈선진유가의 정치사상 연구〉,《한국학논집》11, 1987.

크레인 브린튼 외, 민석홍 외 옮김,《세계문화사》, 을유문화사, 1972.

풍우란, 정인재 옮김,《중국철학사》, 형설출판사, 1995.

퓌스텔 드 쿨랑주, 김응종 옮김,《고대도시》, 아카넷, 2000.

플라톤, 박종혁 옮김,《국가 · 정체》, 서광사, 1997.

한국공자학회 편,《공자사상과 현대》, 사사연, 1986.

한조기, 이인호 옮김,《사기강의》, 돌베개, 2010.

해리슨 솔즈베리, 박월라 외 옮김,《새로운 황제들》, 다섯수레, 1993.

헤로도토스, 박광순 옮김,《역사》, 범우사, 1995.

헬리 글래스너 크릴, 이성규 옮김,《공자: 인간과 신화》, 지식산업사, 1989.

황원구,《중국사상의 원류》, 연세대출판부, 1988.

• 중국어판

郭志坤,《荀學論稿》, 三聯書店, 1991.

匡亞明,《孔子評傳》, 齊魯出版社, 1985.

喬木靑,〈荀況'法後王'考辨〉,《社會科學戰線》2, 1978.

金德建,《先秦諸子雜考》, 中州書畵社, 1982.

勞思光,〈法家與秦之統一〉,《大學生活》153~155, 1963.

童書業,《先秦七子思想硏究》, 齊魯書社, 1982.

鄧小平,《鄧小平文選》, 人民出版社, 1993.

毛澤東,〈新民主主義論〉,《毛澤東選集》2, 人民出版社, 1991.

潘富恩·甌群,《中國古代兩種認識論的鬪爭》, 上海人民出版社, 1973.

方立天,《中國古代哲學問題發展史》, 中華書局, 1990.

傅樂成,〈漢法與漢儒〉,《食貨月刊(復刊)》5~10, 1976.

史尙輝,〈韓非-戰國末期的反孔主將〉,《學習與批判》, 9, 1974.

徐復觀,《中國思想史論集》, 臺中印刷社, 1951.

聶文淵,〈孟子政治觀中的民本思想〉,《貴州社會科學》, 1, 1993.

蕭公權,《中國政治思想史》, 臺北聯經出版事業公司, 1980.

蘇誠鑑,〈漢武帝"獨尊儒術"考實〉,《中國哲學史硏究》1, 1985.

蘇新鋈,〈孟子仁政首重經濟建設的意義〉,《中國哲學史硏究》1, 1988.

蕭一山,《淸代通史》, 臺灣商務印書館, 1985.

孫 謙,〈儒法法理學異同論〉,《人文雜誌》6, 1989.

孫家洲,〈先秦儒家與法家"忠孝"倫理思想述評〉,《貴州社會科學》4, 1987.

孫開太,〈試論孟子的"仁政"學說〉,《思想戰線》, 4, 1979.

孫立平,〈集權·民主·政治現代化〉,《政治學硏究》5~15, 1989.

梁啓超,《先秦政治思想史》, 商務印書館, 1926.

楊立著,〈對法家"法治主義"的再認識〉,《遼寧大學學報, 哲學社會科學》2,

1989.

楊善群, 〈論孟荀思想的階級屬性〉, 《史林》, 2, 1993.

楊雅婷, 〈荀子論道〉, 《中國文學研究》2, 1988.

楊幼炯, 《中國政治思想史》, 商務印書館, 1937.

楊鴻烈, 《中國法律思想史》, 商務印書館, 1937.

呂 凱, 〈韓非融儒道法三家成學考〉, 《東方雜誌》23-3, 1989.

呂思勉, 《秦學術概論》, 中國大百科全書, 1985.

吳 康, 〈荀子論王霸〉, 《孔孟學報》22, 1973.

吳乃恭, 《儒家思想研究》, 東北師範大學出版社, 1988.

吳辰佰, 《皇權與紳權》, 儲安平, 1997.

王德敏, 〈管子思想對老子道德論的影響〉, 《中國社會科學》, 2, 1991.

王德昭, 〈馬基雅弗里與韓非思想的異同〉, 《新亞書院學術年刊》9, 1967.

王道淵, 〈儒家的法治思想〉, 《中華文史論叢》19, 1989.

王文亮, 《中國聖人論》, 中國社會科學院出版社, 1993.

王錫三, 〈淺析韓非的極端專制獨裁論〉, 《天津師大學報》, 6, 1982.

王亞南, 《中國官僚政治研究》, 中國社會科學出版社, 1990.

王威宣, 〈論荀子的法律思想〉, 《山西大學學報, 哲學社會科學》2, 1992.

王曉波, 〈先秦法家之發展及韓非的政治哲學〉, 《大陸雜誌》65-1, 1982.

于孔寶, 〈論孔子對管仲的評價〉, 《社會科學輯刊》4, 1990.

熊十力, 《新唯識論: 原儒》, 山東友誼書社, 1989.

劉奉光, 〈孔孟政治思想比較〉, 《南開學報, 哲學社會科學》6, 1986.

劉如瑛, 〈略論韓非的先王觀〉, 《江淮論壇》1, 1982.

劉澤華, 《先秦政治思想史》, 南開大學出版社, 1984.

游喚民, 《先秦民本思想》, 湖南師範大學出版社, 1991.

李 侃, 〈中國近代'儒法鬥爭'駁議〉, 《歷史研究》3, 1977.

李德永, 〈荀子的思想〉, 《中國古代哲學論叢》1, 1957.

李宗吾, 《厚黑學》, 求實出版社, 1990.

李澤厚, 《中國古代思想史論》, 人民出版社, 1985.

人民出版社編輯部 編, 《論法家和儒法鬥爭》, 人民出版社, 1974.

林聿時·關 峰,《春秋哲學史論集》, 人民出版社, 1963.

張豈之,《中國儒學思想史》, 陝西人民出版社, 1990.

張國華,〈略論春秋戰國時期的"法治"與"人治"〉,《法學研究》2, 1980.

張君勱,《中國專制君主政制之評議》, 弘文館出版社, 1984.

張岱年,《中華的智慧: 中國古代哲學思想精髓》, 上海人民出版社, 1989.

田久川,〈孔子的覇道觀〉,《遼寧師範大學學報, 社會科學》5, 1987.

鄭良樹,《商鞅及其學派》, 上海古籍出版社, 1989.

曹 謙,《韓非法治論》, 中華書局, 1948.

趙光賢,〈什麼是儒家? 什麼是法家?〉,《歷史教學》1, 1980.

曹思峰,《儒法鬪爭史話》, 上海人民出版社, 1975.

趙守正,《管子經濟思想研究》, 上海古籍出版社, 1989.

趙如河,〈韓非不是性惡論者〉,《湖南師範大學社會科學學報》22-4, 1993.

曹旭華,〈'管子'論富國與富民的關係〉,《學術月刊》6, 1988.

趙忠文,〈論孟子'仁政'與孔子'仁'及'德政'說的關係〉,《中國哲學史研究》3, 1987.

鍾肇鵬,《孔子研究, 增訂版》, 中國社會科學出版社, 1990.

周立升 編,《春秋哲學》, 山東大學出版社, 1988.

周雙利,〈略論儒法在'名實'問題上的論爭〉,《考古》4, 1974.

周燕謀 編,《治學通鑑》, 臺北, 精益書局, 1976.

曾小華,《中國政治制度史論簡編》, 中國廣播電視出版社, 1991.

陳大絡,〈儒家民主法治思想的闡述〉,《福建論壇, 文史哲》6, 1989.

陳飛龍,《荀子禮學之研究》, 文史哲出版社, 1979.

陳進坤,〈論儒家的"人治"與法家的"法治"〉,《廈門大學學報, 哲學社會科學》2, 1980.

鄒華玉,〈試論管子的"富國安民"之道〉,《北京師範學院學報, 社會科學》6, 1992.

湯 新,〈法家對黃老之學的吸收和改造: 讀馬王堆帛書《經法》等篇〉,《文物》8, 1975.

夏子賢,〈儒法鬪爭的歷史眞相〉《安徽師大學報, 哲學社會科學》3, 1978.

郝鐵川,〈韓非子論法與君權〉《法學研究》4, 1987.

韓學宏,〈荀子'法後王'思想研究〉,《中華學苑》40, 1990.

向仍旦,《荀子通論》, 福建人民出版社, 1987.

黃公偉,《孔孟荀哲學證義》, 臺北, 幼獅文化事業公司, 1975.

黃偉合,〈儒法墨三家義利觀的比較研究〉,《江淮論壇》6, 1987.

黃俊傑,〈孟子王覇三章集釋新詮〉,《文史哲學報》37, 1989.

曉 東,〈政治學和政治體制改革〉,《瞭望》20 · 21, 1988.

• 일본어판

加藤常賢,《中國古代倫理學の發達》, 二松學舍大學出版部, 1992.

角田幸吉,〈儒家と法家〉《東洋法學》12-1, 1968.

岡田武彦,《中國思想における理想と現實》, 木耳社, 1983.

鎌田 正,《左傳の成立と其の展開》, 大修館書店, 1972.

高文堂出版社 編,《中國思想史》, 高文堂出版社, 1986.

高山方尚,〈商子 · 荀子 · 韓非子の'國家': 回歸と適應〉,《中國古代史研究》4, 1976.

高須芳次郎,《東洋思想十六講》, 東京, 新潮社, 1924.

高田眞治,〈孔子的管仲評-華夷論の一端として〉,《東洋研究》6, 1963.

顧頡剛 著 小倉芳彦 等 譯,《中國古代の學術と政治》, 大修館書店, 1978.

菅本大二,〈荀子の禮思想における法思想の影響について〉,《筑波哲學》2, 1990.

館野正美,《中國古代思想管見》, 汲古書院, 1993.

溝口雄三,《中國の公と私》, 研文出版, 1995.

宮崎市定,《アジア史研究》I ~V, 同朋社, 1984.

宮島博史 外,〈明淸と李朝の時代〉,《世界の歷史》, 中央公論社, 1998.

金谷 治,《管子の研究: 中國古代思想史の一面》, 岩波書店, 1987.

內山俊彦,《荀子: 古代思想家の肖像》, 東京, 評論社, 1976.

大久保隆郎也,《中國思想史上: 古代.中世》, 高文堂出版社, 1985.

大濱 晧,《中國古代思想論》, 勁草書房, 1977.

大野實之助,〈禮と法〉,《東洋文化研究所創設30周年紀念論集: 東洋文化と明日》, 1970.

渡邊信一郞,《中國古代國家の思想構造》, 校倉書房, 1994.

木村英一,《法家思想の探究》, 弘文堂, 1944.

____,《孔子と論語》, 創文社, 1984.

茂澤方尚,〈韓非子の'聖人'について〉,《駒澤史學》38, 1988.

服部 武,《論語の人間學》, 東京, 富山房, 1986.

福澤諭吉,《福澤諭吉選集》, 岩波書店, 1989.

山口義勇,《列子硏究》, 風間書房, 1976.

森 秀樹,〈韓非と荀況-思想の繼蹤と繼絕〉,《關西大學文學論集》28-4, 1979.

森 熊男,〈孟子の王道論: 善政と善教をめぐって〉,《硏究集錄, 岡山大學敎育
學部》50-2, 1979.

上野直明,《中國古代思想史論》, 成文堂, 1980.

相原俊二,〈孟子の五覇について〉,《池田末利博士古稀記念東洋學論集》,
1980.

上田榮吉郞,〈韓非の法治思想〉,《中國の文化と社會》13, 1968.

小林多加士,〈法家の社會體系理論〉,《東洋學硏究》4, 1970.

小野勝也,〈韓非.帝王思想の一側面〉,《東洋學學術硏究》10-4, 1971.

小倉芳彦,《中國古代政治思想硏究》, 靑木書店, 1975.

松浦 玲,〈'王道'論をめぐる日本と中國〉,《東洋學術硏究》16-6, 1977.

守本順一郞,《東洋政治思想史硏究》, 未來社, 1967.

狩野直禎,《韓非子の知慧》, 講談社, 1987.

守屋 洋,《韓非子の人間學: 吾が存に善なる恃まず》, プレジデント社, 1991.

信夫淳平,《荀子の新硏究》, 硏文社, 1959.

兒玉六郞,〈荀況の政治論〉,《新潟大學敎育學部紀要, 人文社會科學》31-1,
1989.

安岡正篤,《東洋學發掘》, 明德出版社, 1986.

安居香山 編,《讖緯思想の綜合的硏究》, 國書刊行會, 1993.

栗田直躬,《中國古代思想の硏究》, 岩波書店, 1986.

伊藤道治,《中國古代王朝の形成》, 創文社, 1985.

日原利國,《中國思想史》上・下, ペリカン社, 1987.

木村英一,〈王道から覇道への轉換〉,《中國哲學史の展望と模索》, 東京, 創文社, 1976.

張 柳雲,〈韓非子の治道與治術〉,《中華文化復興月刊》3~8, 1970.

町田三郎 外,《中國哲學史研究論集》, 葦書房, 1990.

佐川 修,〈董仲舒の王道說: その陰陽說との關連について〉,《東北大學敎養部紀要》19, 1974.

中村 哲,〈韓非子の專制君主論〉,《法學志林》74-4, 1977.

中村俊也,〈孟荀二者の思想と'公羊傳'の思想〉,《國文學漢文學論叢》20, 1975.

紙屋敦之,《大君外交と東アジア》, 吉川弘文館, 1997.

陳柱著 中村俊也 譯,《公羊家哲學》, 百帝社, 1987.

津田左右吉,《左傳の思想史的研究》, 東京, 岩波書店, 1987.

淺間敏太,〈孟荀における孔子〉,《中國哲學》3, 1965.

淺井茂紀他,《孟子の禮知と王道論》, 高文堂出版社, 1982.

村瀬裕也,《荀子の世界》, 日中出版社, 1986.

貝塚茂樹 編,《諸子百家》, 筑摩書房, 1982.

布施彌平治,〈申不害の政治說〉,《政經研究》4-2, 1967.

戶山芳郎,《古代中國の思想》, 放送大敎育振興會, 1994.

丸山松幸,《異端と正統》, 每日新聞社, 1975.

丸山眞男,《日本政治思想史研究》, 東京大出版會, 1993.

黃 介騫,〈荀子の政治經濟思想〉,《經濟經營論叢》5-1, 1970.

荒木見悟,《中國思想史の諸相》, 中國書店, 1989.

• 서양어판

Ahern, E. M., *Chinese Ritual and Politics*, Cambridge Univ. Press, 1981.

Allinson, R.(ed.), *Understanding the Chinese Mind: The Philosophical Roots*, Hong Kong: Oxford Univ. Press, 1989.

Ames, R. T., *The Art of Rulership: A Study in Ancient Chinese Political Thought*, Honolulu: Univ. Press of Hawaii, 1983.

Aristotle, *The Politics*, London: Oxford Univ. Press, 1969.

Barker, E., *The Political Thought of Plato and Aristotle*, New York: Dover Publications, 1959.

Bell, D. A., "Democracy in Confucian Societies: The Challenge of Justification ", in Daniel Bell et al., *Towards Illiberal Democracy in Pacific Asia*, Oxford: St. Martin's Press, 1995.

Carr, E. H., *What is History*, London: Macmillan Co., 1961.

_____, *Nationalism and After*, London: Macmillan, 1945.

Cohen, P. A., *Between Tradition and Modernity: Wang T'ao and Reform in Late Ch'ing China*, Cambridge: Harvard Univ. Press, 1974.

Creel, H. G., *Shen Pu-hai: A Chinese Political Philosopher of The Fourth Century B.C*, Chicago: Univ. of Chicago Press, 1975.

Cua, A. S., *Ethical Argumentation: A study in Hsün Tzu's Moral Epistemology*, Univ. Press of Hawaii, 1985.

De Bary, W. T., *The Trouble with Confucianism*, Cambridge, Mass: Harvard Univ. Press, 1991.

Fingarette, H., *Confucius: The Secular as Sacred*, New York: Harper and Row, 1972.

Fukuyama, F., *The End of History and the Last Man*, London: Hamish Hamilton, 1993.

Hegel, F., *Lectures on the Philosophy of World History*, Cambridge: Cambridge Univ. Press, 1975.

Held, D., *Models of Democracy*, Cambridge: Polity Press, 1987.

Hsü, L. S., *Political Philosophy of Confucianism*, London: George Routledge & Sons, 1932.

Huntington, S. P., "The Clash of civilization ", *Foreign Affairs 7*, no.3, summer.

Johnson, C., *MITI and the Japanese Miracle*, Stanford: Stanford University Press, 1996.

Machiavelli, N., *The Prince*, Harmondsworth: Penguin, 1975.

Macpherson, C. B., *The Life and Times of Liberal Democracy*, Oxford Univ. Press, 1977.

Mannheim, K., *Ideology and Utopia*, London: Routledge, 1963.

Marx, K., *Oeuvres Philosophie et Économie 1-5*, Paris: Gallimard, 1982.

Mills, C. W., *The Power Elite*, New York: Oxford Univ. Press, 1956.

Moritz, R., *Die Philosophie im alten China*, Berlin: Deutscher Verl. der Wissenschaften, 1990.

Munro, D. J., *The Concept of Man in Early China*, Stanford Univ. Press, 1969.

Peerenboom, R. P., *Law and Morality in Ancient China: The Silk Manuscripts of Huang-Lao*, Albany: State Univ. of New York Press, 1993.

Plato, *The Republic*, Oxford Univ. Press, 1964.

Pott, W. S., *A Chinese Political Philosophy*, Alfred A. Knopf, 1925.

Rawls, J., *A Theory of Justice*, Cambridge: Harvard Univ. Press, 1971.

Rubin, V. A., *Individual and State in Ancient China: Essays on Four Chinese Philosophers*, Columbia Univ. Press, 1976.

Sabine, G., *A History of Political Theory*, Holt, Rinehart and Winston, 1961.

____, *The Theory of Democracy Revisited*, Catham House Publisher, Inc., 1987.

Schwartz, B. I., *The World of Thought in Ancient China*, Cambridge: Harvard Univ. Press, 1985.

Schumpeter, J. A., *Capitalism, Socialism and Democracy*, London: George Allen & Unwin, 1952.

Strauss, L., *Natural Right and History*, Chicago Univ. of Chicago Press, 1953.

Taylor, R. L., *The Religious Dimensions of Confucianism*, Albany: State Univ. of New York Press, 1990.

Tocqueville, Alexis de, *Democracy in America, Garden City*, New York: Anchor Books, 1969.

Tomas, E. D., *Chinese Political Thought*, New York: Prentice-Hall, 1927.

Tu, Wei-ming, *Way, Learning and Politics: Essays on the Confucian Intellectual*, Albany: State Univ. of New York Press, 1993.

Waley, A., *Three Ways of Thought in Ancient China*, doubleday & company, 1956.

Weber, M., *The Protestant Ethics and the Spirit of Capitalism*, London: Allen and Unwin, 1971.

Wu, Geng, *Die Staatslehre des Han Fei-Ein Beitrag zur chinesischen Idee der Staatsräson*,

Wien · New York, Springer-Verl., 1978.

Wu, Kang, *Trois Theories Politiques du Tch'ouen Ts'ieou*, Paris: Librairie Ernest Leroux, 1932.

Zenker, E. V., *Geschichte der Chinesischen Philosophie*, Reichenberg: Verlag Gebrüder Stiepel Ges. M. B. H., 1926.

국립중앙도서관 출판시도서목록(CIP)

사기의 숲에서 사람을 배우다 : 사마천이 가르쳐주는 거
의 모든 인간사의 해법 / 지은이: 신동준. ― 고양 : 위즈
덤하우스, 2015
p. ; cm

ISBN 978-89-6086-890-8 03320 : ₩15000

인생훈[人生訓]
사기(역사)[史記]

199.1-KDC6
179.7-DDC23   CIP2015033751

사마천이 가르쳐주는 거의 모든 인간사의 해법
사기의 숲에서 사람을 배우다

초판 1쇄 인쇄 2015년 12월 11일 **초판 1쇄 발행** 2015년 12월 17일

지은이 신동준 **펴낸이** 연준혁

출판 2분사 1부서 편집장 김남철
편집 김하나리
디자인 김준영

펴낸곳 (주)위즈덤하우스 **출판등록** 2000년 5월 23일 제13-1071호
주소 경기도 고양시 일산동구 정발산로 43-20 센트럴프라자 6층
전화 031)936-4000 **팩스** 031)903-3891
홈페이지 www.wisdomhouse.co.kr

값 15,000원 ⓒ신동준, 2015
ISBN 978-89-6086-890-8 03320